dtv

Das Öl wird zunehmend knapp – auch wenn aus bestimmten Kreisen verkündet wird, man könne durch Verbesserungen bei den Fördertechniken oder durch den Rückgriff auf unkonventionelle Ölvorkommen wie Ölschiefer, Ölsande oder Schweröl die Versorgung der Erdbevölkerung sichern. ›Ölwechsel!‹ erklärt und belegt, warum das Hoffen auf verbesserte Fördertechnik, die Ergiebigkeit der unkonventionellen Ölvorkommen oder auch auf den Einsatz von Erdgas vergeblich ist. Die Autoren erläutern, welche machtpolitischen Interessen hinter der Energiepolitik stehen und wer sich aus welchen Gründen manipulativ zu dem Thema äußert. Sie zeigen Möglichkeiten, wie wir ohne Erdöl und andere nicht-regenerative Energien auskommen können und wie eine zukunftsfähige Energieversorgung aussieht.

»Die Studie beeindruckt durch brisante Fakten zu den verbleibenden Ölreserven, den politischen Konflikten um das Erdöl sowie durch engagierte Alternativstrategien.«
Robert-Jungk-Bibliothek für Zukunftsfragen (JBZ)

Colin J. Campbell, Jahrgang 1931, Dr. und Geologe, hat in Oxford Geologie studiert, war danach jahrzehntelang in leitender Position bei großen Ölfirmen tätig und hat selbst große Ölfelder erschlossen. Er kennt den Sachverhalt wie kein anderer.
Frauke Liesenborghs, Jahrgang 1954, Soziologin und Journalistin, ist seit 1993 Geschäftsführerin des Global Challenges Network (GCN). Sie wurde 1998 mit dem Umweltpreis des bayerischen Umweltministeriums ausgezeichnet.
Jörg Schindler, Jahrgang 1943, Wirtschaftswissenschaftler und Geschäftsführer der Ludwig-Bölkow-Systemtechnik GmbH, ist im Vorstand des GCN.
Werner Zittel, Jahrgang 1955, Dr. rer. nat. und Diplomphysiker, war am Institut für Technische Physik in Stuttgart sowie bei der Fraunhofer-Gesellschaft in München tätig und arbeitet seit 1989 ebenfalls bei der Ludwig-Bölkow-Systemtechnik.

Colin J. Campbell, Frauke Liesenborghs,
Jörg Schindler und Werner Zittel

Ölwechsel!

Das Ende des Erdölzeitalters und die Weichenstellung für die Zukunft

Deutscher Taschenbuch Verlag

Die Beiträge von Colin J. Campbell wurden
von Helga Roth ins Deutsche übertragen.

Dieses Buch wurde mit Unterstützung der
»Association for the Study of Peak Oil« (ASPO) erstellt.
Nähere Informationen siehe *www.peakoil.net*
und *www.energiekrise.de*

Grafiken, soweit nicht anders vermerkt,
von Global Challenger Network (GCN).
Karte auf Seite 127: ›dtv-Atlas zur Weltgeschichte‹, Band 2

Aktualisierte Neuausgabe
Januar 2007

www.dtv.de

Umschlagkonzept: Balk & Brumshagen
Umschlagfoto: mauritius images/COMSTOCK
Satz: KCS GmbH, Buchholz bei Hamburg
Gesetzt aus der Times
Druck und Bindung: Druckerei C. H. Beck, Nördlingen
Gedruckt auf säurefreiem, chlorfrei gebleichtem Papier
Printed in Germany · ISBN-13 978-3-423-34389-3
ISBN-10 3-423-34389-3

Inhalt

Einleitung

Rechnet man weltweit alle Ölreserven zusammen, dann sind wir nur noch wenige Tropfen vom weltweiten Fördermaximum oder kurz »Peak Oil« entfernt – und in vielen Fördergebieten sogar schon darüber. Diese These von der Endlichkeit des Öls haben die Autoren in der Erstausgabe dieses Buches bereits im Jahr 2002 aufgestellt, in die öffentliche Diskussion gebracht und sind auf große Resonanz gestoßen. Doch so richtig »glauben« wollte man in Deutschland noch nicht, dass wirklich ein »Ölwechsel« bevorstand. Nur vier Jahre später haben die Realitäten die Behauptung vom »Peak Oil« bestätigt. Nicht nur unsere energieintensiven Lebensstile, auch der wachsende Energiehunger von China und Indien haben binnen kurzer Zeit zu einer steigenden Nachfrage und zu den Fragen geführt: Haben wir genug und wie lange noch? Wo wird noch produziert? Welche Felder sind bereits erschöpft? Wer besitzt Zugang zum Öl und ist von welchen Interessen bei der Verteilung geleitet? Wie sehen energetische Alternativen aus? Der Informationsbedarf zu diesem Thema ist sehr hoch, die Veröffentlichungen dazu jedoch oft unzureichend und widersprüchlich. Es gab also genug gute Gründe, das Buch aktualisiert neu aufzulegen und profunde Informationen zu liefern, ob, wie und wo das schwarze Gold noch sprudelt.

Immer wieder gibt es Meldungen, in denen über wachsende Ölreserven und neu entdeckte Ölfelder berichtet wird. Doch ist es wirklich so einfach, »woanders tiefer« zu bohren? Der erste Teil des Buches behandelt deshalb ausführlich die Entstehungsgeschichte des Öls und stellt die Entwicklung der Fördermengen in den weltweit relevanten Ölfeldern dar. Denn wenn im Ölgeschäft Quantitäten angegeben werden, ist es immer sinnvoll, sich diese Zahlen etwas genauer anzusehen: OPEC-Förderquoten werden in Abhängigkeit zu den Reserven festgelegt. Der Hang zur Geheimhaltung und zu intransparenten Daten ist deshalb verständlich. In einem eigenen Kapitel wird ausgeführt, wer an diesem Zahlenspiel mit welchen Interessen beteiligt ist. Nur die allergrößten Optimisten setzen deshalb auf die Erschließung riesiger neuer Vorkommen.

Was sich oft sehr gewaltig anhört, relativiert sich bei näherer Betrachtung. Ein Beispiel: Zunächst werden die geschätzten zehn Milliarden Barrel Öl im Naturreservat in Alaska unter der Erde bleiben müssen. Würden sie jedoch gefördert, blieben die USA bei ihrem aktuellen Energiebedarf tatsächlich von Importen unabhängig – immerhin ein ganzes Jahr lang! Kaum also anzunehmen, dass nur der massive Einspruch der Naturschützer die Förderung verhindert hat. Denn auch die Erschließung ist in den letzten Jahren finanziell und technisch immer riskanter geworden. Die muss sich dann wirklich rechnen.

Unbestritten ist, dass mit der Entdeckung des Rohstoffs »Öl« viel Komfort und Bequemlichkeit in den Alltag einzog. Schneller, besser, mehr – das galt zumindest für die westlichen Industriestaaten. Und jetzt ist es da, das weltweite Fördermaximum: Es wird heute mehr verbraucht als gestern noch gefördert. Vor hundert Jahren waren es 20 Millionen Tonnen Öl, jetzt sind es 4 Milliarden. Mit dem Erdöl ist eine rasante technologische Entwicklung in die Welt gekommen, die zwar alle Lebensbereiche des Menschen betrifft, aber bei weitem nicht alle gleich gut. Ein kleiner Teil der Weltbevölkerung hat den größten Anteil am Energieverbrauch, doch über 2 Milliarden Menschen haben immer noch keinen Strom. Da jedoch 80 Prozent aller Umwelt- und Entwicklungsprobleme von Energiefragen abhängen und der Ölkuchen gleichzeitig immer kleiner wird, muss nicht nur eine gerechtere Verteilung in Zukunft eine Rolle spielen, sondern eben auch ein intelligenterer Umgang mit Energie.

Außer der drohenden Knappheit gibt es noch einen weiteren guten Grund, mit Erdöl endlich sparsamer umzugehen: Kaum jemand bezweifelt mehr, dass die explodierende Verbrennung von Erdöl für die globale Erwärmung, für Hurrikane, Dürren und einen steigenden Meeresspiegel ursächlich ist. Die großen Versicherer und Klimaforscher können es belegen und in den neuen Szenarien wird offensichtlich, wie dynamisch schnell sich dieser Klimawechsel weiter entwickeln wird. Der Zeitpunkt zum Energiesparen ist definitiv gekommen, verkündete der Chef der Internationalen Energieagentur (IEA) Claude Mandil im April 2006. Selbst die Regierung des Öllandes Kanada startete eine Werbekampagne: Weniger Auto, weniger Klimaanlage, weniger Heizung, weniger Geräte –

das spart teures Öl und den Ausstoß des Klimakillers Kohlendioxid. Dieser sehr wichtige und komplexe Zusammenhang zwischen dem Verbrauch endlicher Ressourcen wie Öl, Gas und Kohle und den Klimafolgen wird jedoch öffentlich bereits intensiv diskutiert. Ohne die Dringlichkeit des Klimaproblems in Frage stellen zu wollen, will dieses Buch in erster Linie die Ressourcenproblematik thematisieren.

Noch herrscht in der konventionellen Ökonomie die Meinung vor: Viel und billige Energie ist die notwendige Voraussetzung für stetiges Wirtschaftswachstum. Ein Blick einerseits auf die Verschwendungswirtschaft in den inzwischen zusammengebrochenen Staaten des real existierenden Sozialismus und andererseits in das wirtschaftlich erfolgreiche Japan mit weit höheren Energiekosten als in den übrigen industrialisierten Ländern führt dieses Argument ad absurdum. Hohe Energiepreise lassen sich somit sogar als Voraussetzung zur Lösung unseres Energieproblems identifizieren, auch wenn dies zunächst zynisch klingen mag. Seit dem 11. September 2001 sind das Bewusstsein und die Wahrnehmung für instabile Verhältnisse allgemein gestiegen und werden entsprechend instrumentalisiert. Geopolitische Spannungen beispielsweise im Iran, Tschad, in Nigeria oder Venezuela werden dafür benutzt, die Legende fortzuschreiben, dass die Macht über das Öl bei denen bleiben sollte, die seit den Anfängen der Ölproduktion Zugang und Verteilung kontrolliert haben. Auf diesen Machtpoker wird in diesem Buch ausführlich eingegangen.

Die Kernfrage ist jedoch: Wo wird die Energie herkommen, wenn die endlichen Ressourcen Erdöl, Kohle und Erdgas nicht mehr in diesem großen Umfang zu nutzen sind? Können die erneuerbaren Energien den stetig steigenden Bedarf wirklich decken? Reicht die Zeit aus, tatsächlich einen grundlegenden Strukturwandel in der Energieversorgung zu vollziehen, oder hat dieser nicht bereits begonnen? Im dritten Teil des Buches werden die neuen Energieproduzenten vorgestellt. Viele sind schon längst aus ihrer Pionierphase hinaus, haben sich bewährt und werden als echte Alternativen akzeptiert. Der technologische Fortschritt in der fossilen Ära hat viele zukunftsfähige, schadstofffreie und risikolose Energien verfügbar gemacht – Sonne, Wasser, Wind, Biomasse und Erdwärme. Doch ein Strukturwandel bedeutet immer mehr als nur den Austausch der Mittel. Nach dem notwendigen »Ölwechsel« werden wir in der post-fossilen Welt mit der prinzipiell immer eher knappen und eher teuren Energie sorgfältiger umgehen. Der Lebensstil des »Nordens«, der sich daraus ergibt, wird nicht mehr auf Kosten der weniger entwickelten Länder und nachfolgender Generationen gehen und »Kriege um Öl« sind dann endgültig Geschichte.

Frauke Liesenborghs, im Juli 2006

Geologie

Wie ist das Erdöl entstanden? Geologische Annäherungen

In der Wissenschaft wurde lange darüber gestritten, wie Erdöl entstanden ist. Fest steht, dass es sich dabei um einen äußerst komplizierten Prozess handelt, der sich in gewaltigen – nur schwer vorstellbaren – Zeitfenstern abspielte. Zum besseren Verständnis ist es notwendig, wenigstens einen kurzen Blick auf die Erkenntnisse zur geologischen und geochemischen Entstehung von Erdöl und Erdgas zu werfen. Vor dem Hintergrund dieses Wissens werden die vielfältigen Dimensionen von politischer Macht und wirtschaftlichen Interessen besser verständlich, die mit dem »schwarzen Gold« bis heute verbunden sind.

Zunächst ein kleiner Ausflug: Wenn man in der Grafschaft Dorset an der englischen Küste entlangfährt, stößt man nahe der Ortschaft Kimmeridge auf schwarzen Ton. Der riecht stark nach Petroleum und manchmal ist er sogar brennbar. Dieser Ton wurde am Ende des Jura, das heißt vor ca. 140 Millionen Jahren, hier abgelagert. Eine chemische Analyse hat nun gezeigt, dass dieser Ton etwa 10 Prozent organische Materie enthält. Die verschiedenen organischen Bestandteile wiederum, die in dieser Materie gefunden wurden, sind charakteristisch für Plankton und Algen. Bemerkenswert ist diese nur etwa 100 Meter dicke Tonschicht deshalb, weil sie darüber Aufschluss gibt, wie das gesamte Öl in der Nordsee entstanden ist. Dieser Ton gehört zu einer gewaltigen Schicht, die ursprünglich an einem anderen Ort und unter einmaligen Bedingungen abgelagert wurde – einmalig deshalb, weil solche Umstände weder vorher noch nachher innerhalb der von uns überschaubaren Zeitspanne von 600 Millionen Jahren in Nordwesteuropa aufgetreten sind.

Das Wissen um die Entstehung und die Zusammensetzung des Erdöls ist relativ jung. Anfangs hatte man ölig riechende und manchmal mit einer Ölhaut überzogene dunkelfarbige Schiefer und schlammiges Kalkgestein als mögliche Ölquellen angesehen. Über den tatsächlichen Entstehungsprozess und die unterirdische Wanderung der schwarzen Flüssigkeit war zunächst wenig bekannt. Heute ist das Geheimnis gelüftet: Erdöl ist in der Hauptsache eine komplexe, vielfältige Mischung aus gasförmigen, flüssigen und festen Kohlenwasserstoffen, und es entsteht nur unter ganz bestimmten Temperaturbedingungen. Erst durch die wissenschaftlichen Fortschritte in den letzten 25 Jahren in Geochemie und Geologie wurde es möglich, die Entstehung von Kohlenwasserstoff-Muttergestein (dazu später mehr) nachzuvollziehen, wofür die Tonschicht von Kimmeridge ein gutes Beispiel ist.

Die Kimmeridge-Tonschicht wurde im Jura, einer Zeitperiode der globalen Erwärmung, in warmem und von der Sonne durchleuchtetem Wasser abgelagert. Das waren ideale Bedingungen für die Entwicklung und Vermehrung von Algen. Weiterhin muss man bedenken, dass Großbritannien damals wegen einer tektonischen Verschiebung der Kontinente den Tropen näher lag als heute. Es war also richtig schön warm. Was passierte dann? Normalerweise wird Algenmaterie zerstört, wenn sie auf den Meeresboden absinkt, doch gewaltige geologische Ereignisse verhinderten diesen Vorgang. Der Nordatlantik begann sich in dem Gebiet, das heute die Nordsee ist, zu öffnen, und es entstanden große Senkungsgräben, ähnlich dem Roten Meer. Auf dem Grund dieser Senkungsgräben entwickelten sich »stabile Bedingungen«: Die organische Materie blieb erhalten und war dabei sehr konzentriert, da vergleichsweise wenig andere Sedimente in die Senkungsgräben hineingespült wurden. Später wurden die Gräben im Laufe einer sehr langen Zeit mit mehreren 1000 Metern von jüngeren Sedimenten überdeckt und erhitzten sich dabei durch den Wärmefluss aus dem Erdinneren. Ab einem bestimmten Zeitpunkt erfolgten chemische Reaktionen ähnlich denen, die im Labor beobachtet werden können: Die organische Materie verwandelte sich entweder in Erdöl oder in Erdgas.

Aufschluss darüber, ob eher Erdöl oder eher Erdgas entsteht, geben unter anderem die Analysen der Kimmeridge-Tonschicht. Bei einer weiteren Probe dieser gleichen Schicht, jetzt aus einem Bohrloch am östlichen Rande der Nordsee entnommen, stellt man eine deutlich andere Zusammensetzung fest. Die organische Materie enthält jetzt Beimischungen von weiteren organischen Substanzen, von denen man nachweisen kann, dass sie von Pflanzen herrühren – ein Hinweis darauf, dass sich in dieser Gegend mehr *pflanzliche* Materie beigemischt hat. Im Laboratorium kann man nun zeigen, dass bei der Erhitzung der ersten – konzentrierten – Algenmasse Öl entsteht, bei der zweiten, mit weiteren pflanzlichen Überresten angereicherten Masse hingegen Gas. Auch das ölige Gestein spaltet sich unter großer Hitzezufuhr in Gas auf.

Die Entstehung von Erdöl, vor allem von sehr großen Mengen Erdöl, scheint folglich nur unter ganz besonderen Umständen überhaupt möglich zu sein und findet nicht einfach so und überall statt. Deshalb sollen im Folgenden die Entstehungsbedingungen von Erdöl etwas systematischer betrachtet werden.

Zaubermittel Algenblüte?

Keine Frage – ein unverzichtbarer Bestandteil der Öl-Ursuppe ist die Alge. Doch sie ist nur ein erster Hinweis auf eine komplizierte Rezeptur, denn eine gelegentlich vorkommende Alge wird niemals die Entstehung eines Ölvorkommens bewirken können. Das in dieser Alge enthaltene Öltröpfchen würde sich schlicht in den immensen Gesteinsmassen, mit denen die sedimentären Becken dieser Welt angefüllt sind, verlieren. Die Entstehung von Öl ist abhängig von einer außergewöhnlich intensiven und konzentrierten Algenblüte. Nur dann können sich organische Kohlenstoff-Ketten bilden. Die Frage ist nun, unter welchen Bedingungen kann es überhaupt zu einer solchen Algen-Hochblüte kommen? Die erste Voraussetzung ist eine relativ hohe Temperatur an der Wasseroberfläche. Weiterhin muss es irgendeine Nährstoffquelle geben, die kontinuierlich den entstehenden Algennachwuchs ernähren kann. Heute weiß man, dass sich das meiste Erdöl-Muttergestein, das sind feinkörnige Schlammablagerungen mit einem hohen Gehalt an organischer Materie, in tropischen Breiten befand. Das galt, wie schon erwähnt, einst auch für Großbritannien, tektonische Verschiebungen der Kontinente verlagerten es erst später in höhere Breitengrade. Perioden globaler Erwärmung, wie zu Zeiten des späten Jura, heizten das tropische Wachstum zusätzlich an. Ebenso beeinflussten Meeresströmungen und küstennahe Winde in Afrika und Südamerika die Versorgung mit Nährstoffen. In großer Tiefe gelegene und mineralhaltige Gewässer wurden nach oben gewälzt und so zur reichen Nährstoffquelle. Algenwachstum vor Jahrmillionen bildete somit das Fundament für Reichtum und technischen Fortschritt unserer Tage – zumindest für einen Teil der Menschheit.

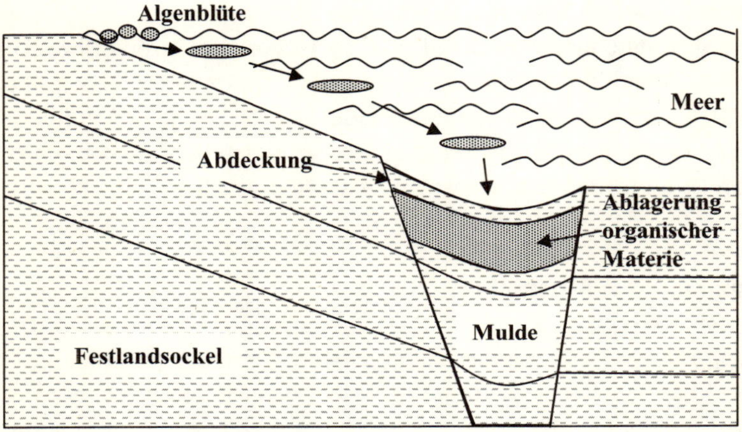

Ablagerung und Abdeckung organischer Materie in einer tektonischen Mulde

An dieser Stelle sei noch einmal auf die enormen Zeitdimensionen hingewiesen, mit der die Entstehung von Erdöl verbunden ist. Niemand würde heute ein schnelles Algenwachstum als »Quelle des Reichtums« bezeichnen. Im Gegenteil – es wird vor allem als Bedrohung angesehen, denn Algen nehmen aus dem Wasser so viel Sauerstoff auf, dass alles andere Leben praktisch erstickt wird. So färben sich beispielsweise die Fjorde Norwegens in den langen nördlichen Sommertagen durch das Algenwachstum milchweiß, und man rät den Menschen in dieser Zeit, keine Muscheln zu essen, weil diese infiziert sein könnten. In den so genannten »roten Gezeiten« nimmt das Meer durch die Fülle toter und lebender Mikroorganismen eine rötliche Farbe an. Wir lesen heute von vergifteten Stränden und Flüssen. Ein Großteil dieser Schäden wird durch Algen verursacht, die sich in nahrungsreichen Abwässern besonders wohl fühlen.

Doch die Algenblüte allein ist noch keine hinreichende Bedingung für die Entstehung von Erdöl, denn selbst eine noch so große Ansammlung von organischem Material in Oberflächengewässern wäre dafür nicht ausreichend. Der größte Teil dieser Materie oxidiert, sobald er der Schwerkraft folgend in die Meerestiefe sinkt, oder wird von anderen Organismen verzehrt. Um diese organische Materie irgendwie zu konservieren, muss es stehende (stagnierende), sauerstofflose (anaerobe) Umgebungen geben. Tiefe Seen oder schmale tektonische Mulden mit keinen oder nur minimalen Strömungen bieten solche Voraussetzungen. Heutige Entsprechungen für derartige Konstellationen wären das Schwarze Meer, der Maracaibo-See (Venezuela) oder die praktisch landumschlossene Adria. Ein besonders ideales Beispiel ist das mit Recht so genannte Tote Meer, weil hier eine weitere Bedingung für die Entstehung von Erdöl gegeben ist – die Konservierung der organischen Materie. Die klimabedingte, permanente Wasserverdunstung führt zu einer hohen Konzentration von Meeressalz. Das dichte salzige Wasser sinkt nun hinunter zu den stagnierenden Tiefen und bedeckt und konserviert das dort abgelagerte organische Material. Die Konservierung kann aber auch auf andere Weise erfolgen, wie etwa durch Tonablagerungen.

Wenn die Situation entstanden ist, dass sich eine Mulde mit organischem Material gefüllt hat, dann passiert über einen großen Zeitraum Folgendes: Die angrenzenden Gebiete und Ränder dieser Mulde erodieren nach und nach. Dabei entstehen Sedimente, die mit den Flussströmungen direkt in die Mulde gespült werden und nun das organische Material abdecken. Diese Abdeckung durch Sedimente, im Toten Meer ist es das Salz, bildet eine weitere notwendige Voraussetzung für die Entstehung von Erdöl. Doch zusätzlich müssen diese hineingespülten Sedimente noch eine bestimmte Eigenschaft aufweisen: Der Deckel muss »dicht« sein. Wenn das angrenzende Land einer zu aktiven Erosion ausgesetzt ist, dann wird zu viel Sand und Kies in die Mulde gespült und der entstandene Deckel ist zu grob und damit durchlässig. Solche geologischen Formationen bilden sich an der Mündung von Flüssen. Einige dieser Deltas enthalten große Mengen von Pflanzenresten, die von ausgedehnten Mangrovenwäldern und Sümpfen stammen. Unter solchen Bedingungen entsteht aber, wie wir noch sehen werden, eher Erdgas statt Erdöl. Ist der Deckel zu durchlässig, so geht das Öl oder Gas verloren.

Hier soll jedoch weiterhin von idealen Bedingungen für die Entstehung von Erdöl, oder – genauer gesagt – erst einmal von einem potenziellen Öl-Muttergestein, ausgegangen werden: Die organische Materie, in der richtigen Konsistenz und Dichte, hat sich abgesetzt und die Sedimente waren von guter Qualität und haben die Mulde perfekt verschlossen. Innerhalb dieser »Verpackung« wird die organische Materie nun von anaeroben Mikroben attackiert, ein Vorgang, der zur Zersetzung der Materie führt. Lange Kettenmoleküle werden aufgespalten. Dabei entsteht Methangas. Dieser Prozess und das dabei entstehende Gas ist uns auch bekannt als »Sumpfgas«, das an der Oberfläche von verfaulender Vegetation in überwachsenen Gartenteichen blubbert, oder als ein Gas, das in Mülldeponien entsteht. Dieses Methan verstärkt die reduzierende Wirkung der Umgebung. Das organische Material wird weiter abgebaut, vor allem durch die Bildung von Wasser und Kohlendioxid. Zurück bleibt eine organische Masse, die viel Kohlenstoff und nur noch wenig Wasserstoff enthält.

Der im Laufe dieser chemischen Reaktionen entstandene unlösliche organische Rückstand wird »Kerogen« genannt. Je nach Beschaffenheit des ursprünglichen organischen Materials, der »Ursuppe« gewissermaßen, und der Umstände des Prozesses, den die chemischen Reaktionen durchlaufen haben – schneller oder langsamer –, bilden sich unterschiedliche Sorten von Kerogen, die sich insbesondere durch das Verhältnis von Kohlenstoff zu noch verbliebenem Methan und Wasserstoff unterscheiden: Aus »Sapropel« kann vorwiegend Erdöl entstehen und aus »Vitrinit« Erdgas. Eine dritte Variante ist »Inertinite«, das weder für die Erdöl- noch für die Erdgasentstehung von Bedeutung ist.

Doch noch ist es nicht so weit, noch ist kein Öl entstanden. Denn zu irgendeinem Zeitpunkt muss Bewegung ins Spiel kommen. Die tektonische Mulde hatte über lange Zeit Bestand und war deshalb ein zuverlässiges und ruhiges Auffangbecken für organisches Material. Wegen der kontinuierlichen Überdeckung mit Sedimenten wird die Formation aber ab einem bestimmten Moment zu schwer. Das organische Material sinkt jetzt langsam ab, konserviert unter einer Last von Sedimenten aus Lehm und Schlick, die von den Flüssen hineingespült wurden. Die Algenblüte an der Meeresoberfläche geht währenddessen übrigens weiter. Allerdings gibt es im Allgemeinen während der Lebensdauer des Absinkens einer bestimmten Mulde nur ein oder zwei weitere Phasen von Algenblüte. Das bedeutet, dass dieses Öl-Muttergestein nicht eine einzige große Ölquelle bildet, sondern dass sich darin nur einzelne ergiebige Lagen befinden, und selbst in reichen Schichten, die übrigens nur einige Meter dick sind, ist die Verteilung ungleich.

In vielen Fällen hört das Absinken der Mulde auf Grund lokaler tektonischer Bewegungen in einem Gebiet einfach auf. Das Vorkommen »verrutscht« regelrecht, und es bleibt nur ein unreifes, für die Ölförderung unbrauchbares Muttergestein übrig. Die so genannten Ölschiefer, auf die später noch eingegangen wird, gehören z. B. in diese wenig ergiebige Kategorie. Doch wir bleiben zunächst noch bei unserem Idealfall.

Der Sinkvorgang des gut abgeschlossenen organischen Materials hat sich fortgesetzt, und das Kerogen wird nun weiter unter einer Schicht jüngerer Sedimente begraben. Wie allgemein bekannt ist, steigen die Temperaturen unter der Oberfläche: in der Regel um 3°C pro 100 Meter (geothermaler Gradient). Unser Material sinkt tiefer und tiefer. Es wird allmählich gekocht, und zwar umso schneller, je höher der geothermale Gradient ist. An einem bestimmten Punkt finden nun neue chemische Reaktionen statt. Sie beginnen in der Regel in einer Tiefe von 2000 Metern. In diesem Tiefenabschnitt, der als »Ölfenster« bezeichnet wird, erfolgt jetzt der letzte Schritt in der Entwicklung von der Alge zum Erdöl.

Zwei Faktoren sind für eine erfolgreiche Entstehung von Öl in dieser letzten Entwicklungsstufe ausschlaggebend: zunächst das Tempo der Umwandlung, das wiederum durch die Hitze bestimmt wird – je höher die Temperatur, desto schneller verläuft der Umwandlungsprozess. Der zweite Faktor betrifft den Grad der Umwandlung des Kerogens in Öl. Auf dem Weg nach unten stellt sich jeweils ein Verhältnis von bereits umgewandelter Menge zu der Menge ein, die noch nicht umgewandelt ist. Je tiefer die Mulde sinkt, desto heißer wird es, und immer größere Anteile des Kerogens verwandeln sich in Öl. Wenn sich nun der Sinkflug des Materials durch das Ölfenster fortsetzt, gelangt das kostbare Muttergestein in einer Tiefe von ca. 4000–5000 Metern in die metagenetische Zone. Hier kann kein Öl mehr entstehen. Durch die hohen Temperaturen in diesen Tiefen bricht der Zusammenhalt der Ölmoleküle auseinander und es entsteht Methangas. Es gibt also nur einen ganz bestimmten Tiefenbereich, in dem sich das Ölfenster »öffnet« und Öl entsteht. In zu geringer Tiefe ist es dafür zu kalt, in zu großer Tiefe wird es zu heiß und es erfolgt eine vollständige Umwandlung zu Gas.

Wenn also nun einige schlaue Leute immer wieder den Vorschlag machen, einfach nur tiefer zu bohren, um mehr Erdöl zu finden, so wissen wir jetzt, warum das wenig sinnvoll ist. Auch für die gerne verbreitete Hoffnung, dass man in sehr tiefen Meeresregionen noch viel neues Öl finden könne, gibt es keine geologische und geochemische Begründung.

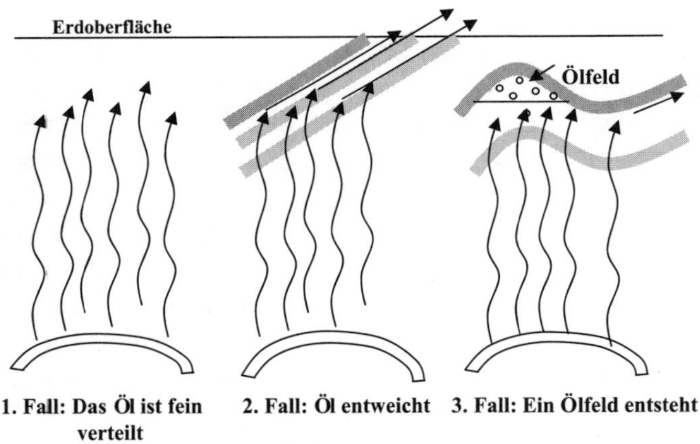

Die Wanderung des Öls aus dem Muttergestein und die Entstehung eines Ölfeldes in einer Falle aus undurchlässigem Gestein

In der beschriebenen »idealen Entstehungsgeschichte« wird nun weiter davon ausgegangen, dass große Mengen von Öl im Muttergestein entstanden sind. Doch bildet sich bei der Umwandlung in Erdöl immer auch noch ein »Abfallprodukt«: Da die Umwandlung nicht zeitgleich für die gesamte Menge des Kerogens vonstatten geht, ist ein Teil des entstandenen Öls länger als der Rest den hohen Temperaturen ausgesetzt und verwandelt sich in Gas. Zudem vergrößert sich während des Umwandlungsprozesses das Volumen der gesamten Materie. Jeder Tropfen Öl sowie das Gas stehen folglich unter sehr hohem Druck. Während das Gestein immer weiter nach unten absackt, steigt der Druck zunehmend. Im schlimmsten Fall platzt die Abdichtung nach oben und Öl und Gas bahnen sich einen Weg in höhere Regionen, in denen der Druck geringer ist. Diese Wanderung ist als ein einmaliges, kurzzeitiges Ereignis in der Erdgeschichte anzusehen. Sie fand nur in der geologischen Zeitspanne statt, in der die für die Bildung von Erdöl und Erdgas erforderlichen Temperaturschwellen überschritten wurden.

Für die Entdeckung und Förderung ist die »Spurensuche« nach den möglichen Ölwanderungswegen unerlässlich. Doch auch diese Suche kann nicht losgelöst von den geologischen Gegebenheiten zu bestimmten Zeiten und an bestimmten Orten vorgenommen werden, denn die bisher beschriebene Entstehungsgeschichte war ja eine »Idealgeschichte«. In der Realität fand sie nicht in dieser Kontinuität statt, sondern unterlag dramatischen Unterbrechungen und Veränderungen. So wurden beispielsweise die Überdeckungen des Ursprungsgesteins immer wieder durch Bewegungen der Erde und durch vulkanische Aktivitäten unterbrochen, Becken und Mulden wurden gefaltet und in komplexen Strukturen neu angeordnet. Diese Strukturen kann man heute dank der Fortschritte seismischer Erkundungstechniken detailgenau kartieren. Die »Röntgenbilder« der Erde sind mittlerweile von sehr hoher Qualität und bilden alle Formen und Dimensionen der geologischen Entwicklungen ab.

Um die Möglichkeit der Entstehung und vor allem der Förderung von Öl und Gas weiter zu verstehen, müssen die den beschriebenen Wanderungsprozess bestimmenden sehr komplexen geologischen Bedingungen entwirrt werden, die nach der Entstehung

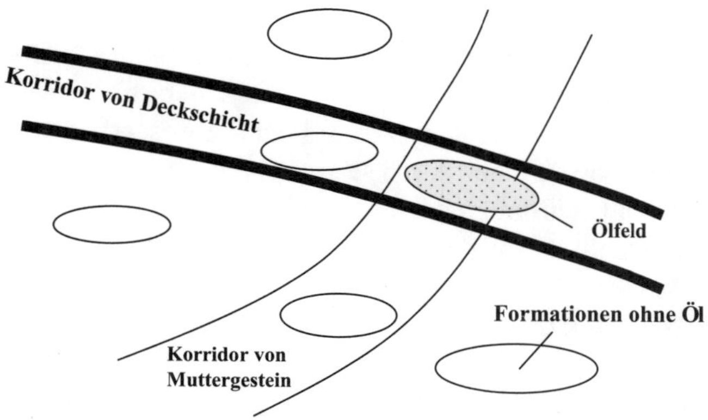

Ölfelder entstehen in einer seltenen Kombination geologischer Faktoren

des Öl-Muttergesteins gegeben sein können. Um es nicht allzu kompliziert zu machen, werden nur die drei wichtigsten Ausgangssituationen der Entstehung von Erdöl betrachtet.

Situation eins: Das Öl-Muttergestein ist unter einer dicken Schicht von gleichförmigem Ton begraben. Entstehendes Öl und Gas bewegen sich entlang von Haarrissen so lange nach oben, bis ein Druckgleichgewicht erreicht ist. Das Ergebnis ist ein fein verteiltes Vorkommen, das nicht ausbeutbar ist.

Situation zwei: Das Öl trifft auf dem Weg nach oben auf poröses Gestein, das am Rand des Beckens bis zur Oberfläche reicht. Die Poren in diesem Transportbett enthalten Wasser. Da das Öl leichter ist als Wasser, dringt es bis an die Oberfläche. Es entweicht und geht damit verloren.

Situation drei: Das Transportbett wurde gefaltet oder verworfen. Das Öl drängt ebenfalls nach oben, aber diesmal kann es nicht entweichen und wird an der höchsten Stelle der Formation wie von einer »Falle« eingeschlossen. Nur derartige »Fallen« bilden Ölvorkommen, aus denen Öl gefördert werden kann. Doch auch das alleine genügt noch nicht, denn die »Falle« muss durch ein darüber liegendes Gestein versiegelt sein. Derartige Versiegelungen sind nie vollkommen und Öl und Gas können im Laufe der Zeit langsam nach außen dringen.

Unser Wissen über das Prinzip und die Entstehungsbedingungen von Öl und Gas lässt sich in wenigen Punkten zusammenfassen:

- Wir haben inzwischen ein umfassendes Verständnis der geologischen Gegebenheiten jener Regionen, in denen sich Erdöl befindet. Es ist mittlerweile relativ einfach, derartige Gebiete zu identifizieren und zu kartieren, sobald die wesentlichen geologischen Informationen durch seismische Erkundungen und Probebohrungen zusammengetragen worden sind.
- Die massenhafte Entstehung von Öl und Gas war ein in erdgeschichtlicher Hinsicht sehr seltenes Ereignis. Außerdem ging der größte Teil des ursprünglich entstandenen Öls durch Leckagen inzwischen wieder verloren.
- Mittlerweile ist die Welt sehr sorgfältig erkundet worden und wir wissen, dass sich ca. 90 Prozent der Erdölvorkommen in nur 30 großen Ölregionen befinden.

Natürlich gibt es immer wieder noch etwas zu entdecken, eine neue Explorationstechnik zu erfinden oder das eine oder andere geologische Detail zu ergänzen. Doch an der Gültigkeit des bisherigen Verständnisses, das sich auf eine große Menge von gut belegtem Detailwissen stützt, ist kaum mehr zu zweifeln. Sowohl die Gegebenheiten bezüglich der bekannten und der noch zu entdeckenden Ölvorkommen als auch die Einschätzung der Möglichkeiten der künftigen Ölförderung sind sehr eindeutig.

Wie viel Öl gibt es überhaupt? Ein erstes Gesamtbild

Es wurde gezeigt, dass sehr spezielle Voraussetzungen für die Entstehung von Erdöl notwendig sind. Die Kombination dieser Ereignisse war selten in der Erdgeschichte und ist an nur wenigen Orten gegeben. So weiß man z. B., dass es keinen Sinn macht, in Gegenden mit magmatischem Gestein wie Granit oder Gneis nach Erdöl zu suchen, sondern nur dort, wo in Vorzeiten Meeressedimente organisches Material einschlossen, denn dies war eine notwendige Voraussetzung zur Entstehung von Erdöl. Zusätzlich entschied aber die geologische Geschichte eines Sedimentbeckens, ob sich Öl überhaupt bilden und später zu ausbeutbaren Feldern ansammeln konnte, ohne schon vorher vollständig zu entweichen. Außerdem konnte sich in zu tiefen Regionen der Erde kein Erdöl konservieren – es wurde wegen der dort herrschenden hohen Temperaturen zu Erdgas zersetzt.

Daraus folgt: Man weiß heute sehr gut, wo und wie Öl entstanden ist und wo es noch erhalten sein könnte. Damit weiß man auch sehr gut, wo es sich lohnt, nach Erdöl zu suchen, und wo nicht. Hier noch auf große Überraschungen zu hoffen, kann keine Grundlage für eine Strategie zur Sicherung der künftigen Energieversorgung sein.

Darüber hinaus kann man aus der historischen Analyse der einzelnen Regionen noch mehr über das Finden von Öl lernen: Die größten Ölfelder einer Region findet man mit einfachen Methoden sehr früh. Heute sind mehr als 43 000 Ölfelder bekannt; die 400 größten Ölfelder enthalten jedoch bereits mehr als 75 Prozent von allem bisher gefundenen Öl und die meisten dieser großen Felder wurden vor mehr als 35 Jahren entdeckt. Die größte in den vergangenen 50 Jahren gefundene Ölregion (mit etwa 60 Milliarden Barrel Inhalt) ist die Nordsee. Sie enthält gerade einmal halb so viel Öl wie das bereits 1948 gefundene größte Ölfeld von Saudi-Arabien.

Zur Definition von Öl

Bei den Überlegungen, wie viel Barrel Öl wo, wann und unter welchen Bedingungen gefördert werden können, stößt man zunächst auf ein grundsätzliches Problem: Die Familie der Kohlenwasserstoffe ist sehr groß und jedes Mitglied hat seine eigenen Beschaffenheiten und Charakteristika, die die Kosten und Abbauprofile bestimmen. Es gibt verschiedene Methoden, die »Familienmitglieder« zu klassifizieren, und es besteht die Gefahr, Äpfel mit Birnen zu vergleichen. Beinahe 95 Prozent des bisher geförderten Öls sind ziemlich leicht zu identifizieren. Dieses »gewöhnliche« und »bequeme« Öl entströmt den künstlichen Bohrlöchern und wird mit Hilfe von Druck und Wasser gefördert. Es wird »konventionelles« Öl genannt, allerdings gibt es keine allgemein gültige Standarddefinition. Für die einen ist konventionelles Öl alles, was kommerziell gefördert werden kann. Andere verstehen darunter das Öl, das bis zu einem bestimmten Ölpreis produziert wird, für wieder andere ist es das Öl, das als Menge in einer Datenbank auftaucht.

All diese Definitionen helfen nicht weiter, wenn es darum geht, die Vorkommen auf der Welt zu schätzen bzw. den Zeitpunkt des Fördermaximums zu bestimmen. Für beides muss eine physikalische, messbare Basis definiert werden. Angesichts der enormen Lücken und Schwächen im vorhandenen Datenmaterial können die Grenzen dieser Basis ruhig ein bisschen verschwommen sein. Es geht im Augenblick darum, das »Klima« zu beschreiben und nicht das »Wetter«. Nachbesserungen sind danach immer noch möglich. Sie werden das Bild nur schärfer machen, nicht aber grundsätzlich verändern.

In gewisser Weise ist es leichter, das zu benennen, worüber wir zunächst nicht sprechen und was zusammen als »unkonventionell« bezeichnet wird: Öl – aus Ölschiefer, Ölsanden und Kohle gewonnen, besonders schweres Öl, Öl aus der Tiefsee und Polaröl. Auch die Kondensatmengen werden ausgeschlossen, die noch aus sehr alten Feldern gefördert werden, sowie synthetisches, aus Erdgas produziertes Öl. Weil viele Menschen die Hoffnungen auf künftig mögliche Produktionsausweitungen auf unkonventionelles Öl gründen, wird darauf in einem eigenen Kapitel noch ausführlich eingegangen werden.

Ölfunde und Reserven

Summiert man alles Öl auf, das bis heute gefunden wurde, so erhält man die so genannten »kumulierten Funde«. Diese betrugen Ende 2004 laut der Industriedatenbank 2308 Gb (Gigabarrel), wenn man auch Flüssiggas und Kondensat mit einbezieht, wie es die meisten Statistiken machen. Zieht man davon die bereits produzierte Menge Öl ab, so erhält man die Ölreserven, die noch vorhanden sind. Ende 2004 waren das noch 1259 Gb.

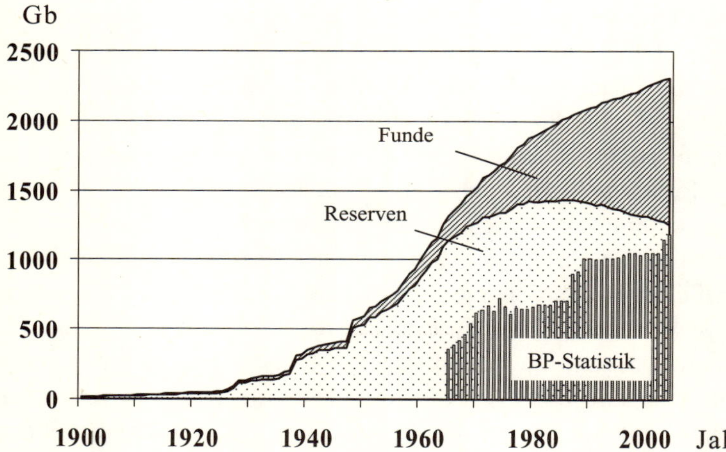

Summenkurve der weltweiten Ölfunde und historische Entwicklung der Ölreserven inkl. Flüssiggasen. Die öffentlich verbreiteten Reservestatistiken zeigen eine andere Tendenz als die historische Entwicklung, wie sie in Industriedatenbanken dokumentiert ist.

Mengenmäßig wurde das meiste Öl in den 1960er Jahren gefunden. Damals waren es im Mittel etwa 40 Gb pro Jahr. Seit dieser Zeit gehen die jährlichen Ölfunde zurück. Auch die verstärkten Explorationsbemühungen Anfang der 80er Jahre, ausgelöst durch die vorangegangenen Ölpreisschocks, konnten den Trend der geringer werdenden Funde kaum beeinflussen. Seit etwa 1980 übersteigt die jährliche Produktion die Neufunde. Es ist wesentlich vernünftiger, anzunehmen, dass dieser Trend der zurückgehenden Neufunde weitergeht, als davon auszugehen, dass noch einmal große Ölfunde gemacht werden, die bisher übersehen wurden.

Doch immer wieder gibt es Meldungen über neue Funde und mögliche Vorkommen. Wenn man diese Meldungen über spektakuläre neue Ölfunde liest, sollte man zunächst einen Bezug zu relevanten Größen herstellen. Meist entpuppen sich diese angeblichen Riesenfunde dann als Eingeständnis, dass man heute schon über kleine Funde froh ist. Zwei wichtige Bezugsgrößen sind z. B. die Weltjahresförderung von Öl (etwa 30 Gigabarrel pro Jahr = Gb/a im Jahr 2004 entsprechend einer Welttagesförderung von ca. 80 Megabarrel pro Tag = Mb/d) und die durchschnittliche Rate der Neufunde (in den 60er Jahren etwa 40 Gb/a).

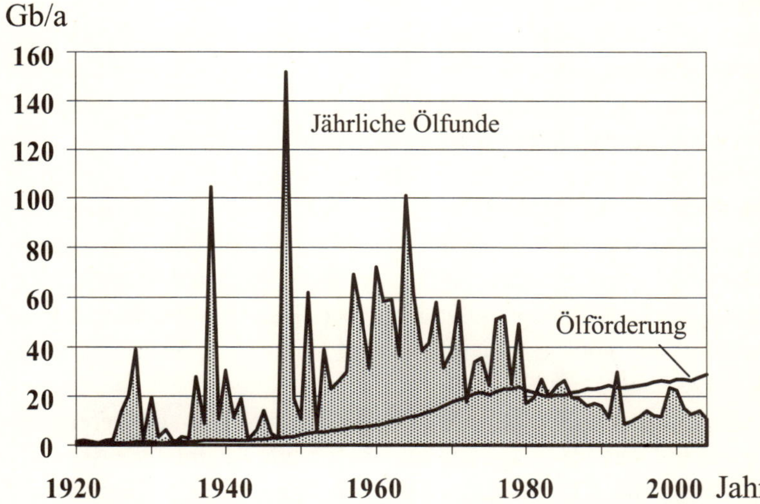

Jährliche Ölfunde (inklusive NGL – Natürliche Flüssiggase) und Weltölproduktion; seit etwa 20 Jahren übersteigt der Ölverbrauch die neuen Funde.

Die Welt ist heute so weitgehend erforscht worden, dass man ziemlich sicher sein kann, dass praktisch alle produktiven Becken mit konventionellem Öl bereits entdeckt worden sind. Das Schlüsselwort ist »praktisch«. Natürlich kann man die Möglichkeit nicht ausschließen, dass man einen wenig produktiven Graben übersehen hat. Aber es gibt keinen Zweifel, dass die größte Menge des Noch-zu-Entdeckenden in den immer kleiner werdenden Feldern der bestehenden produktiven Becken liegt. Aus der historischen Entwicklung der Funde kann man durch Analyse und Extrapolation mit einiger Verlässlichkeit sagen, wie viel Öl man noch finden wird. Die Anzahl der durchgeführten Bohrungen ist ein wichtiges Kriterium für die Schätzung der zu erwartenden Mengen.

Beispielsweise wurden zwischen 1900 und 1960 mit 2250 Bohrungen etwa 800 Gb Öl weltweit auf dem Festland außerhalb Nordamerikas gefunden. In den Jahren bis 1970 kamen 380 Gb hinzu, die schon 1650 Bohrungen erforderten. Weitere 1900 Bohrungen in den darauf folgenden zehn Jahren fanden nur noch 200 Gb neues Erdöl. Zwischen 1980 und 1990 wurden mit 2600 Bohrungen 100 Gb gefunden. Die Dekade von 1990 bis zum Jahr 2000 erbrachte 50 Gb an neuen Funden mit 1700 Bohrungen. In den letzten Jahren von 2000 bis 2004 ist die Erfolgsquote weiter gefallen, nur noch 15 Gb kamen bei mehr als 700 Bohrungen hinzu. Damit sank der durchschnittliche Erfolg je Bohrung von 355 Mb vor 1960 auf 21 Mb in den letzten vier Jahren. Entsprechend gestiegen ist der Aufwand für das Auffinden von zusätzlichem Erdöl.

Die Analysen werden noch genauer, wenn man die Daten nach der Größe der Ölfelder differenziert. Erfahrene Extrapolateure interpretieren die Berichte über Forschungen und Entdeckungen in einem bestimmten Gebiet und sind in der Lage, einen ziemlich vernünftigen Rückschluss in Bezug auf ihre Kenntnis der darunter liegenden Geologie vorzunehmen. Das nennt man heute »altmodische« Abschätzung.

Derartige Extrapolationsmethoden werden auf alle bereits erforschten Gegenden angewendet, um für jede Region eine Abschätzung der künftig wahrscheinlichen Funde zu erhalten. Daraus wird dann die Summe der weltweit noch wahrscheinlichen Funde gebildet. Ebenso kann man abschätzen, wie viele Bohrungen notwendig sein werden, um dieses Öl zu finden, und wie teuer es sein wird. Diese Methode funktioniert umso genauer, je mehr Daten über eine Region bereits vorliegen. Damit erhält man die in Tabelle 1 auf Seite 30 gezeigten Ölmengen, die man wahrscheinlich noch entdecken wird. In Summe sind das etwa 144 Gb.

Die Golfstaaten im Nahen Osten bieten mit 43 Gb noch das größte Potenzial für künftige Funde, gefolgt von den Nachfolgestaaten der ehemaligen Sowjetunion (vor allem Russland und Kasachstan) und Südamerika. Es wird ungefähr noch 30 Jahre dauern, alles zu entdecken. Man müsste allerdings über 80000 Erkundungsbohrungen vornehmen. Das ist eine gewaltige Investition. Die meisten der heutigen kleinen Felder wurden bei der Suche nach großen Feldern gefunden. Fortschritte in der Technologie machen es immer leichter, den Umfang einer Lagerstätte tatsächlich richtig zu beurteilen, und der Tag wird kommen, an dem die erwarteten Risiken sogar bei hohen Ölpreisen größer sind als der Finderlohn.

Die Reduzierung des eigenen Risikos ist der Motor für den Zusammenschluss von größeren Ölkonzernen, wie beispielsweise die Fusion von BP mit Amoco und Arco, Exxon mit Mobil, Chevron mit Texaco, Conoco mit Phillips, Total mit Fina und Elf oder andere mehr. Keiner würde einen Vorteil in diesen Zusammenschlüssen sehen, wenn klar wäre, dass man nennenswerte Ölmengen unter eigener Regie fördern könnte. Sicher ist auch, dass das eine oder andere Ölvorkommen wahrscheinlich unentdeckt bleiben wird, weil sich die Suche danach schlicht nicht rechnet.

Die letzte noch wenig erforschte Ölregion ist die Tiefsee. Diese Region wird in einem späteren Kapitel noch gesondert besprochen.

Insgesamt förderbare Menge

Die insgesamt förderbare Menge, im Angelsächsischen kurz EUR (»Estimated Ultimate Recovery«) genannt, wird als die Gesamtmenge von konventionellem Öl definiert, die bis zum Ende der Förderung gewonnen werden kann.

Die meisten während der letzten 50 Jahre veröffentlichten Schätzungen stützen sich auf die heute immer noch praktizierte altmodische Beurteilung, wie sie oben skizziert wurde. 1942 schien eine Gesamtmenge von 600 Gb realistisch. Der Großteil davon befand sich auf dem Festland. Die Vereinigten Staaten waren die Hauptproduzenten. Mit der Erforschung der Ölquellen im Meer und der Entdeckung mehrerer riesiger Felder vor allem im Nahen Osten stiegen die Schätzungen der EUR stetig an und erreichten 1969 einen Höchstwert von 3 550 Gb. Diese Schätzung erfolgte in einer Zeit, als das Maximum der jährlichen Neufunde erreicht war. Allerdings konnte man das zu dieser Zeit noch nicht wissen. Erst als in den folgenden Jahren auch die Rate der jährlichen Funde zurückging, konnte man verlässlichere Abschätzungen der künftig noch möglichen Funde vornehmen.

Seit dieser Zeit gehen die Abschätzungen deutlich nach unten, denn vor allem die Meeresvorkommen waren weniger ergiebig als zunächst angenommen. Heute geht man von ca. 2000 Gb EUR aus. Allerdings ist auch hier wieder Vorsicht angesagt, da auch bei den Experten sehr unterschiedlich definiert wird, was dem »konventionellen« Öl zugerechnet werden darf.

Was immer die genaue Zahl sein mag – ungefähr 70 Schätzungen von Ölkonzernen, Instituten und einzelnen Wissenschaftlern stützen jedoch die These, dass diese Angaben nicht mehr stark korrigiert werden müssen. Dagegen steht die Meinung einer Reihe von Ökonomen. Für sie sind die Reserven beinahe unendlich vorhanden und die Produktion ist letztlich nur eine Frage des Preises und der Technologie. Auch davon soll später nochmals die Rede sein.

Noch-zu-Produzierendes

Zieht man von der insgesamt förderbaren Menge das Öl ab, das bereits gefördert wurde, so erhält man die Angabe, wie viel Öl in Zukunft noch gefördert werden kann. Diese Ölmenge ist größer als die bekannten Ölreserven, weil sie ja das Öl einbezieht, das man vermutlich noch entdecken wird.

Tabelle 1
Insgesamt förderbare Ölmenge (EUR), bisher bereits gefördertes Öl, noch vorhandene Reserven sowie vermutlich noch zu findendes und noch zu produzierendes Öl in Gb.
(Stand: Ende 2005; Quelle: ASPO 2006)

Region	EUR	produziert	Reserven	zu finden	zu produzieren
Naher Osten/Golf	684	252	384	48	431
Ehem. Sowjetunion	378	196	151	30	181
Lateinamerika	192	113	68	11	80
Afrika	179	86	78	15	93
Nordamerika	226	195	28	4	31
Europa	73	48	21	4	25
Asien	78	46	29	4	32
Sonstige	59	32	20	7	27
Sicherheitszuschlag	31	–	16	16	31
Welt	1900	968	794	138	932

932 Gb ist die Gesamtsumme der Reserven und des Noch-zu-Findenden. Ungefähr die Hälfte davon liegt in den fünf Staaten des Nahen Ostens, den so genannten Golf-Anrainerstaaten. Die Zahlen in der Tabelle unterscheiden sich teilweise deutlich von den historischen Zeitreihen der Länderanalyse. Dies ist darauf zurückzuführen, dass die historischen Zeitreihen aus der Industriedatenbank übernommen wurden, wohingegen in diese Zahlen noch eigene Einschätzungen über die Qualität dieser Daten einfließen, die in erster Linie auf den Angaben der Association for the Study of Peak Oil (ASPO) beruhen. In der ASPO haben sich vor allem ehemals in Ölfirmen arbeitende Geologen zusammengeschlossen, um die Problematik der Ölförderung der Öffentlichkeit zu kommunizieren. Dieses sehr wichtige Thema der Glaubwürdigkeit der Zahlen wird später noch ausführlich behandelt werden. Unterschiede in den Angaben verschiedener Institutionen können aber auch allein schon durch unterschiedliche Definitionen zustande kommen, man muss deshalb mit allen Zahlen sehr vorsichtig umgehen. Man kann daher sagen: Alle Zahlen sind falsch. Die Frage lautet jedoch: Wie falsch? Daher ist es wichtig, auf grundsätzliche Aspekte und auf Trends zu achten und sich nicht so sehr auf einzelne Zahlen zu fixieren.

Rate der Produktion

Um die Größenordnungen der Funde und Reserven, die auf den nächsten Seiten vorgestellt werden, in Relation setzen zu können, hier einige Fragen und die dazu gehörigen Antworten auf der Basis des Jahres 2005: Wie viel Öl wird aktuell gefördert? Ca. 30 Gb pro Jahr. Wie viel wird gefunden? Ca. 5 Gb pro Jahr, Tendenz fallend. Wie eifrig wird gesucht? Ca. 230 erfolgreiche Versuchsbohrungen werden pro Jahr außerhalb von Nordamerika und der ehemaligen Sowjetunion gemacht, Tendenz fallend. Wie hoch ist die jährliche Abbaurate? Sie beträgt ca. 2,5 Prozent des Noch-zu-Fördernden.

Ölfunde und -förderung auf dem Land (onshore)

Aus der stürmischen Nordsee ragt ein riesiger Aufbau. Er steht auf mehrere hundert Meter hohen Beinen. Die schwankende Plattform trägt den Bohrturm, die Verarbeitungsanlagen und die Unterkünfte für die Arbeiter. Arbeitsboote laden Vorräte aus. In einiger Entfernung, auf einem langen Ausleger der Plattform, erleuchtet eine Gasflamme den Nachthimmel. Über allem kreisen die Hubschrauber. An dieses Szenario werden viele denken, wenn das Stichwort Ölförderung fällt. Es kommt fast einem Denkmal für Ingenieurskunst und Technologie gleich. Doch tatsächlich befindet sich der Großteil der Ölvorkommen auf den Kontinenten und wurde schon vor langer Zeit mit Hilfe einer sehr simplen Technologie gefunden – mit dem Hammer des Geologen.

Öl und Gas waren schon in der Antike bekannt: Die Griechen setzten damals mit Pech die feindlichen Flotten in Brand. Auch die Burmesen und Chinesen haben schon sehr früh Bohrungen vorgenommen, und an den Küsten des Kaspischen Meeres verehrten die Menschen ewige Flammen, deren Ursache nichts anderes als plötzlich austretendes Erdgas war. Bei diesen frühen Erscheinungsformen war das Öl aus der Tiefe an die Oberfläche gesickert. Es tropfte in Flüsse, sammelte sich dort in Lachen, die dann auf der Oberfläche des Wassers schwammen. Die Menschen begannen Gruben anzulegen, um es besser auffangen zu können.

In ihren Anfängen war die geologische Feldforschung noch ziemlich abenteuerlich. Zu Fuß oder auf den Rücken von Mulis durchstreiften die Explorateure die Kontinente, ausgerüstet mit Vergrößerungsgläsern, Hämmerchen und Notizblöcken – alles sehr spärliche Werkzeuge. Im Nachhinein erwiesen sich diese als völlig ausreichend, denn viele der größten Ölfelder auf der Erde sind mit solch einfachen Hilfsmitteln entdeckt worden. Doch außer mit mechanischem Werkzeug arbeitete man in der Pionierzeit der Geologie bereits mit geophysikalischen Methoden. Damit konnten beispielsweise Abweichungen der gravimetrischen Felder der Erde festgestellt werden, ein Hinweis auf mögliche Salzüberlagerungen, die eben manchmal auf Ölvorkommen hindeuteten.

Doch wie überall in den Wissenschaften wurde weitergeforscht und -entwickelt, und schon bald gab es eine noch bessere Methode für die Erkundungen unter der Erde: die seismografische Untersuchung. Man ließ in wenigen Metern Erdtiefe Dynamit explodieren. Die dabei entstehenden Druckwellen setzten sich unter der Erde fort und wurden sozusagen an den »Nahtstellen« zwischen verschiedenen geologischen Formationen reflektiert. Gemessen und aufgezeichnet wurden nun die zeitlichen Abstände zwischen Explosion und Echo, und zwar aus unterschiedlichen Distanzen zum Explosionsort. Dieses Vorgehen war äußerst effektiv, um geologische Aufschlüsse über das Erdinnere zu erhalten, aber es war auch eine langsame und mühsame Methode.

Während der ersten Schritte hin zu einer internationalen Ölindustrie entwickelten die Forscher aus langjährigen Beobachtungen ein eher intuitives Verständnis für geologische und weitere Faktoren. Diese Experten sind heute noch unentbehrlich. Sie bewerten Muttergesteine, beurteilen seismische Daten und quantitative Fördermöglichkeiten, analysieren Ergebnisse aus Probebohrungen, extrapolieren diese Daten und machen Aussagen über zukünftige Entwicklungen. Ein Experte für die globale Erwärmung hat es vergleichsweise wesentlich schwerer, Vorhersagen über mögliche Auswirkungen und Veränderungen zu machen. Zu komplex, zu ineinander greifend und vor allem zu unerforscht sind alle möglichen Einflussfaktoren, die das Klima bestimmen. Bei der Ressource Erdöl ist alles viel einfacher, denn der Großteil ist schon gefunden. Theoretisch braucht man nur den Zeitpunkt der Entdeckung und das Förderungsprofil in einen Zusammenhang zu bringen; daraus ist klar abzulesen, wann eine Ölquelle erschöpft sein wird. Natürlich ist ganz offensichtlich, dass es sich hierbei nicht um eine exakte Wissenschaft handeln kann. Auch statistische Techniken, die jede mögliche Beziehung mit mathematischer Genauigkeit ausdrücken können, können individuelle Erfahrung und Beobachtung nicht ersetzen. Beide Herangehensweisen dienen dazu, eine genauere Voraussage über den künftigen Förderverlauf und die möglichen Produktionsmengen für konkrete Fördergebiete zu treffen, um darauf aufbauend an einem klareren Zukunftsbild der weltweiten Ölversorgung arbeiten zu können. Mit der Exploration der Landgebiete begann und wuchs das Verständnis der Geologen für die besonderen natürlichen Voraussetzungen, die die Entstehung von Öl überhaupt erst möglich machten. Mittlerweile gibt es nur wenige international arbeitende Geologen, die die Tatsache der Begrenztheit der Erdölvorkommen leugnen. Schließlich haben sie bereits alles erlebt: die Hoffnung auf neue Funde, Explorationserfolge und Fehlschläge und auch die Erschöpfbarkeit der Reserven – Jubel und Enttäuschung. Mittlerweile gibt es kaum noch Petroleum-Geologen, die auf dem Festland unterwegs sind. Es ist ja beinahe alles exploriert – und zwar mit Hilfe eines Hammers. Mit ihm wurde das meiste Öl auf der Welt gefunden.

Von Nord- bis Südamerika

Die Geburtsstunde der amerikanischen Ölindustrie schlug im Jahr 1859. Der als eigenwillig bekannte Oberst Edwin Laurentine Drake begann in Titusville, Pennsylvania, nach Öl zu bohren. In einer Tiefe von etwas über 2 Metern wurde er fündig und löste damit den ersten »Ölrausch« aus. Unternehmer und Spekulanten gierten danach, dieses faszinierende Brennmaterial zum Ersatz für das damals vorherrschende, aber immer knapper werdende Walfischöl zu machen. Am Anfang waren die Ölbohrungen reine Glückssache, aber bald hatte man die wichtigsten geologischen Voraussetzungen für das Vorkommen von Öl erkannt. Als die ersten Bohrlöcher in Pennsylvania versiegten, begann die Suche nach neuen Regionen, die diese Voraussetzungen erfüllten. Besitzer von ertragreichen Quellen expandierten, kauften Konkurrenten auf und suchten weiter. Die gesamte Ölindustrie war in diesen Anfängen fest in der Hand amerikanischer Unternehmen, denn ihnen und nicht dem Staat gehörte das Land.

Die Standard Oil Company war das bedeutendste Unternehmen, geführt von dem bis heute legendären J. D. Rockefeller. Die schnelle Ausdehnung der Ölsuche in Kalifornien 1879 und anderen Bundesstaaten hatte schnell zu einer Überproduktion geführt. Die Preise fielen und die Gewinne schrumpften. Rockefeller sah einen Ausweg: In dem Unternehmen Standard Oil Company vereinte er die 40 größten Raffinerien des Landes. Um die Jahrhundertwende wurde man dann in Texas fündig. Ölkonzerne wie Texaco und Gulf Oil in Amerika, aber ebenso Shell in Indonesien und British Petroleum im Iran tauchten wie Pilze aus dem Boden auf. Sie schufen eine ganz neue, weil internationale Dimension von Industrie. Diese Unternehmen waren die ersten Global Player und sie sollten zu den größten der Welt werden.

Die Zeit, in der die Bohrtürme aus Holz waren und die Winden mit Dampf betrieben wurden, waren vorüber und eine fortschreitende Technologie ermöglichte es, immer tiefer zu bohren. Eine hohe Fontäne, die aus einem Bohrloch herausschoss, war oft das erste weithin sichtbare Zeichen, dass eine Bohrung Erfolg versprechend sein könnte. Mit der Entwicklung von Messverfahren in den Bohrlöchern wurde auch die Feuergefahr überwunden, denn über die in die Bohröffnungen eingeführten Sonden erhielt man genaue Informationen über die physikalischen, geochemischen und geologischen Gegebenheiten in einem Bohrloch. Weiter wurden Methoden entwickelt, um mit Sprengstoffladungen die ölhaltigen Formationen so »anzubohren«, dass das Öl besser ausfließen konnte.

Doch auch wenn das Wissen seither immer spezialisierter und die Technologie immer weiter verbessert wurde, so kann im Nachhinein festgestellt werden, dass bereits in den 30er Jahren die Petroleumgeologen im Schulterschluss mit den Bohr- und Vermessungstechnikern in den USA die Haupterkundungsarbeit geleistet hatten. Der Höhepunkt der Entdeckungen und die Installation von Bohrtürmen in gigantischer Menge erfolgte in dieser Zeit.

Der für den Konzern Shell arbeitende amerikanische Geologe M. King Hubbert stellte bereits 1956 die These auf, dass der Verlauf der Ölfördermenge mit einigen Jahrzehnten Verzögerung dem mengenmäßigen Verlauf der Entdeckungen der Ölfelder folgen wird. Aus dem Maximum der Explorationserfolge in den 30er Jahren schloss er auf eine Gesamtmenge von etwa 200 Gb Öl und auf ein notwendigerweise folgendes Fördermaximum, das nach seinen Berechnungen Ende der 60er oder Anfang der 70er Jahre eintreten müsse. Er wurde damals erst verlacht und dann vergessen. Insbesondere sein damaliger Arbeitgeber Shell kritisierte ihn für diese These. Doch tatsächlich hat er Recht behalten. Im Jahr 1971 war der Höhepunkt der amerikanischen Ölförderung erreicht. Seither geht die Produktion stetig zurück. Ohne Berücksichtigung der geologisch und geografisch abseits liegenden und erst nach seiner Prognose explorierten Ölgebiete in Alaska und der Tiefsee im Golf von Mexiko befindet sich die Produktion heute auf dem Niveau der 1930er Jahre.

- Pennsylvania, der Bundesstaat, in dem der Ölrausch begann, hat heute nur noch historische Bedeutung. Die Ölfelder sind weitgehend entleert. Mehr als 100 000 Fördersonden holen noch die letzten Tropfen Öl aus dem Gestein. Durchschnittlich sind das aus jeder Ölquelle etwa 50 Liter am Tag, ein kaum bemerkenswerter Beitrag zur Ölproduktion in den USA.
- Texas war lange das Zentrum des Ölbooms in den USA und ist immer noch neben Alaska eine der großen Ölprovinzen. Hier wurde 1930 »East Texas«, das mit 5,6 Gb größte Ölfeld der USA außerhalb Alaskas, gefunden. Doch in Texas ist die Produktion inzwischen auf das Niveau der 30er Jahre zurückgegangen. Der große Unterschied wird deutlich, wenn man die Produktivität der Quellen aus der Frühzeit mit der Ölförderung im Jahr 2005 vergleicht. Beispielsweise wurden im Jahr 1928 in Texas 700 000 b/d (Barrel pro Tag) aus 910 aktiven Quellen gefördert, was eine durchschnittliche Förderrate von 760 b/d je Quelle ergibt. Im Jahr 2005 wurden aus etwa 150 000 Quellen ca. 940 Kb/d gefördert. Das entspricht einer durchschnittlichen Förderrate von 6 Barrel pro Tag, also nur noch dem hundertsten Teil der Produktivität von 1928. Und diese Ölförderung ist äußerst ungleich verteilt. So liefern noch heute die 20 größten Ölfelder 40 Prozent der gesamten Fördermenge. Und die meisten dieser großen Ölfelder produzieren seit vielen Jahrzehnten. Ihr durchschnittliches Fundalter beträgt 62 Jahre, nur zwei Felder wurden nach 1950 gefunden. Längst haben diese den Höhepunkt ihrer Produktivität überschritten und liefern Jahr für Jahr weniger Öl. Beispiel Wasson mit ca. 2 Gb Inhalt: Noch heute gehört es zu den 20 produktivsten Feldern in Texas, obwohl nur noch weniger als ein Viertel des Öls gefördert wird im Vergleich zu 1975 zur Zeit der maximalen Produktionsrate. Seit 1939 liefert dieses Feld Öl. Auch das bereits erwähnte Feld »East Texas« lässt schon lange in der Produktivität nach und liefert weniger als ein Zehntel der Menge, die man in den 30er Jahren fördern konnte. Heute wird versucht, mit jedem erdenklichen Aufwand den Pro-

duktionsrückgang in den großen Feldern zu bremsen. Moderne Fördermethoden werden hier seit langem angewendet.

Alle Fördergebiete in den 48 Zentralstaaten der USA haben die Blütezeit der Ölförderung bereits hinter sich. Die Produktion in diesen Gebieten lag 2005 bei 3,3 Mb/d (ohne Golf von Mexiko), zur Hochzeit der Förderung 1971 war sie mit 9,5 Mb/d fast drei Mal so hoch. So wie man in Amerikas Pionierzeit früher einfach westwärts weiterzog, wenn der Lebensraum zu eng wurde, zog die Ölindustrie in neue Regionen. In den 50er Jahren wurde das flache Küstenwasser des Kontinentalsockels angebohrt, in den 60er Jahren das Öl Alaskas erschlossen, seit den späten 80er Jahren bemüht man sich um die letzte verbleibende Region, das Tiefseeöl im Golf von Mexiko. Und immer setzte man auf neue Technik, um in den neuen Regionen erfolgreich zu sein.

Die neueren Regionen in den USA

Alaska liegt am Polarkreis und dementsprechend aufwändig ist dort die Ölförderung. Das erste größere Feld, »McArthur River«, wurde 1967 in Produktion genommen, aber schon Anfang der 60er Jahre floss in Alaska das erste Öl aus kleineren Quellen. Ende der 60er Jahre wurde dann das mit 13 Gb größte Feld Nordamerikas, »Prudhoe Bay«, entdeckt. Bald nach den Ölkrisen lohnte sich bei den hohen Preisen seine Erschließung und schnell schoss die Produktion in die Höhe und erreichte bald 2 Mb/d. Doch bereits 10 Jahre später, 1989, war der Höhepunkt überschritten. Seither kann auch in Alaska der Förderrückgang trotz aller moderner Technologie nicht mehr aufgehalten werden. In »Prudhoe Bay« wurde jede nur erdenkliche Maßnahme erprobt, um die Förderung zu erhöhen. So wird mit großem Aufwand Wasser in den Untergrund eingepresst, um den Lagerstättendruck zu erhöhen und die Förderrate anzuheben. Dabei vermischt sich das Wasser im Feld mit dem Öl – heute enthält das an die Oberfläche geförderte Öl-Wasser-Gemisch bereits mehr Wasser als Öl, das abgetrennt werden muss. Und Monat für Monat sinkt der Druck und damit die Förderrate weiter ab.

Mit großem Aufwand werden die noch verbleibenden bekannten Felder in Alaska in die Produktion gebracht. Doch diese können den Förderrückgang des größten Feldes nicht ausgleichen.

Auch gibt es nicht genug dieser Felder. 2005 ist die Produktion der gesamten Region auf nur noch gut 40 Prozent vom Höchstwert abgesunken. Der Anschluss neuer Felder verzögert sich immer wieder, weil die klimatischen Bedingungen hart sind und damit die Erschließung teuer wird.

Heute wird auch um eine Ausweitung der Exploration in das Naturreservat in Alaska (ANWR) gerungen. Wenn dieses Gebiet erfolgreich erschlossen werden sollte, dann hofft man, zwischen 0,7 und 2 Mb/d in dieser Region fördern zu können. Doch das würde noch etwa 15–20 Jahre dauern, wenn heute mit den ersten Aktivitäten begonnen würde. Zur Lösung der Energieproblematik wird das nicht viel beitragen.

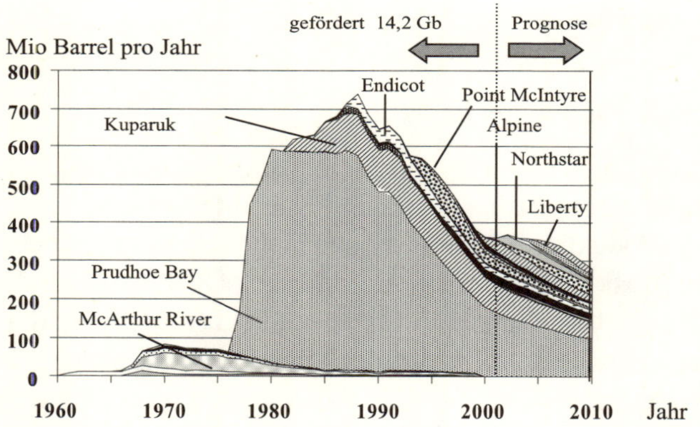

Diese Abbildung zeigt jedes Feld Alaskas in chronologischer Reihenfolge seiner Erschließung.

Kanada

Mit der Suche nach Öl hat man in Kanada schon zu Beginn des 19. Jahrhunderts begonnen, aber erst im Jahr 1947 fand man in Leduc in Alberta das größte Vorkommen des Landes. Es folgten weitere große Funde und heute gilt dieses Gebiet als weitgehend erforscht.

In den 60er und 70er Jahren begann man damit, die arktischen Inseln zu erkunden. Die Ergebnisse waren enttäuschend. Es wurde vor allem Gas gefunden. Im Jahr 1979 endlich machte man eine viel versprechende Entdeckung: das »Hibernia«-Feld mit 0,6 Gb vor der Küste Neufundlands. Es zählt zu den schwierig erschließbaren Ölreserven, da es in einem Gürtel von Eisbergen liegt. Diese gefährden die Exploration und Förderung. Daher ist dieses Feld erst seit 1997 in Produktion.

Kanada hat vier Hauptgebiete, in denen sich Kohlenwasserstoff-Vorkommen befinden. Es wurden viele tausend Versuchsbohrungen gemacht, ohne große Reserven zu finden. Wohl aber ist man auf große unkonventionelle Öl- und Gaslager gestoßen. Doch die Erschließung dieser Öle, die hauptsächlich in Form von Ölsanden vorliegen, ist sehr aufwändig. In den vergangenen 40 Jahren haben sie nur eine sehr geringe Rolle gespielt. Doch davon und von ihrer heutigen und künftigen, immer wichtiger werdenden Rolle wird später noch die Rede sein. Die konventionelle Ölproduktion erreichte im Jahr 1973 mit ca. 2 Mb/d ihren Höhepunkt und ist seither ständig zurückgegangen. Womöglich wird es in Zukunft noch einmal einen kleinen Anstieg geben aufgrund des Anschlusses weiterer kleinerer Felder im Ozean. Die gesamte Ölproduktion Kanadas belief sich 2005 auf etwa 2,6 Mb/d, davon waren 0,7 Mb/d Schweröl und NGL sowie 1,1 Mb/d aus Ölsanden gewonnenes Bitumen und synthetisches Rohöl.

Mexiko

Weitere wichtige Regionen für die Exploration waren Mexiko und die Länder im nördlichen Südamerika wie Trinidad, Venezuela, Kolumbien und Ecuador.

In Mexiko begann die Suche nach Öl um 1900, die erste Quelle wurde 1904 erschlossen. Es gab in den folgenden Jahren einige Entdeckungen in der Region Veracruz. Eine sehr erfolgreiche Bohrung war die 1911 erschlossene Quelle »Potrero del Llano No. 4«. Dieses Vorkommen wurde von britischen Firmen entwickelt, denen der damalige Diktator Porfirio Diaz den Vorzug vor anderen Bewerbern gab. Er soll gejammert haben: »Armes Mexiko, so weit von Gott entfernt und so nahe den USA.« Besonders erwähnenswert ist jedoch die 1916 entdeckte Quelle »Cerro Azul No. 4«. Diese Quelle (ca. 2 Gb groß) erreichte eine Förderrate von 250 000 b/d und war damit zu ihrer Zeit die zweitergiebigste Quelle der Welt. Nach der Enteignung der ausländischen Ölgesellschaften 1938 wurde die Staatsfirma Petroleos de Mexico (PEMEX) gegründet.

Die Onshore-Funde in Mexiko lagen Ende 2004 nach etlichen Höherbewertungen bei 30 Gb. Einschließlich der Funde im Meer (offshore) wurden bisher 66 Gb gefunden. Bisher wurden 35 Gb produziert, so dass noch ca. 30 Gb an Reserven verbleiben. Diese Angaben liegen aufgrund der vielen Höherbewertungen höher als noch vor 5 Jahren.

Doch das kann nicht darüber hinwegtäuschen, dass die Förderung im Jahr 2004 mit 3,83 Mb/d ihren Höhepunkt erreicht hat und seither zurückgeht. Dies ist vor allem auf die nachlassende Förderung aus dem weltgrößten Offshore-Ölfeld »Cantarell« zurückzuführen, auf das mehr als die Hälfte der mexikanischen Ölförderung entfällt.

Venezuela

Nach der Gründung des Bundesstaates Venezuela 1854 war das Land geprägt von Diktaturen, Bürgerkriegen und Armut. 1908 kam der Diktator Juan Vincente Gomez in einem unblutigen Putsch an die Macht. Seine Regentschaft basierte auf Wahlmanipulation, Beschränkung der Pressefreiheit, Bespitzelung der Opposition und Unterdrückung durch willkürliche Festnahmen, und sein Stil war geprägt durch einen verschwenderischen Umgang mit den Staatsfinanzen. Die offensichtliche politische Stabilität seines Regimes und großzügige Konzessionsbedingungen zogen jedoch ausländische Investoren an. Noch vor dem Ersten Weltkrieg kamen holländische und britische Ölfirmen ins Land. Man begann, sich für die Dschungel im Inneren des Landes zu interessieren. Hier mussten die geologischen Pioniere unter extrem harten Bedingungen arbeiten und hatten gegen gefährliche tropische Krankheiten zu kämpfen.

Im Jahr 1914 wurden die beiden ersten erfolgreichen Ölbohrungen im Maracaibo-See durchgeführt. Dort wird zwar auch im Wasser gebohrt, allerdings nicht von riesigen Plattformen aus wie auf hoher See. Deshalb gilt die Gegend von Maracaibo als Onshore-Gebiet. Der erste Fund wurde »Zuimaque Nr. 1« genannt. Die Ölaktivitäten wurden eifrig vorangetrieben. Gleich nach dem Ersten Weltkrieg kam die amerikanische Standard Oil Company und machte den europäischen Firmen Konkurrenz. Bald wurden mehrere große Ölfelder gefunden: 1928 »Quirequire« und »Tia Juno« mit 1 bzw. 5 Gb, 1930 »Bachaquero« mit fast 8 Gb. Die Region des Maracaibo-Sees wurde während der 20er Jahre zu einer der wichtigen weltweiten Ölförderregionen.

Bis 1928 war Venezuela zum weltgrößten Ölexporteur und nach den USA zum zweitgrößten Produzenten geworden. Zu dieser Zeit gab es in Venezuela bereits 85 Ölquellen, die sehr ergiebig waren. Zusammen förderten sie etwa halb so viel Öl wie die über 900 texanischen Ölquellen. Zudem war die Lage der Ölquellen nahe dem Meer günstiger für einen Export gelegen als mexikanische Quellen. Maracaibo ist fast 200 Kilometer näher an New York und 1400 Kilometer näher an Southampton – einem damaligen Zentrum für europäische Ölimporte – als der mexikanische Ölhafen Tampico. Die Erschließungskosten waren dank der hohen Förderraten und der großen Erfolgsquote im Auffinden des Öls um den Faktor 3 niedriger als in den USA.

Dieses billige Öl wurde zum wichtigen Regulator und Machtfaktor der Interessen der internationalen Ölfirmen. Durch Drosselung der Produktion konnten sie die Preise hoch halten, um das teurere nordamerikanische Öl nicht aus dem Markt zu verdrängen. Das alles stimmte mit den Interessen des regierenden Diktators Gomez überein. Die steigenden Absatzmärkte in Nordamerika und Europa garantierten steigende Gewinne, denn Europa wurde zu den Preisen des nordamerikanischen Öls beliefert, jedoch mit billig erschlossenem Öl aus Venezuela – die Differenz konnten die Ölfirmen als Gewinn für sich verbuchen. Zudem profitierte das Regime bei höheren Ölpreisen von höheren Staatseinnahmen.

In den 27 Jahren der Regentschaft von Juan Vincente Gomez veränderte sich Venezuela von einem Agrarstaat zum zweitgrößten Weltproduzenten von Erdöl. Mit den Einnahmen wurden die Auslandsschulden Venezuelas beglichen, Straßen, Eisenbahnen und Häfen gebaut und die Taschen der Machthaber gefüllt. Die Einnahmen waren ungleich aufgeteilt. Der größte Teil der Bevölkerung lebte weiterhin in Armut. Die medizinische Versorgung und die allgemeine Schulbildung blieben nur einer begrenzten Elite zugänglich, die auch den größten Teil der Öleinnahmen beanspruchte. Als Juan Gomez 1935 starb, galt er als reichster Mann Venezuelas.

Nach der Enteignung der ausländischen Ölfirmen in Mexiko

rückte Venezuela 1938 verstärkt ins Zentrum des Interesses der internationalen Ölkonzerne. Doch zunächst galt es, aus den mexikanischen Erfahrungen zu lernen. Die engen Kontakte zur Regierung waren hier hilfreich und 1943 wurde ein »Kohlenwasserstoffgesetz« verabschiedet, das den Ölfirmen eine Verlängerung der Konzessionen für weitere 40 Jahre zusicherte. Im Zweiten Weltkrieg lieferte Venezuela einen Großteil des Ölbedarfs der alliierten Truppen und bekam dadurch eine geostrategische Bedeutung.

Der Unmut in der Bevölkerung wuchs. So fanden im Jahr 1947 auf öffentlichen Druck hin die ersten Wahlen statt. Die gewählte Regierung wurde nach kurzer Zeit durch einen Militärputsch entmachtet und es dauerte noch bis 1958, bis eine gewählte linksdemokratische Regierung ihr Amt antreten konnte, zu einer Zeit, als Fidel Castro im nahen Kuba an die Macht kam. In diesem Jahr wurden auch die großzügigen Zugeständnisse an die Ölfirmen stark reduziert. Angesichts einer drohenden Enteignung ließen die Investitionen in Raffinerien schlagartig nach. In dieser Unsicherheit wurde das Öl so schnell wie möglich gefördert, ganz im finanziellen Interesse sowohl der Firmen als auch der Regierung. Bis zu diesem Zeitpunkt waren fast 100 Gb Öl gefunden, das sind etwa 85 Prozent des bis heute gefundenen dortigen Öls.

Als OPEC-Mitglied profitierte Venezuela von der ersten Ölkrise im Jahr 1973. Die Preise stiegen innerhalb kürzester Zeit von 2 Dollar auf über 12 Dollar je Barrel. Verlockende Gewinne, die der Staat sich nicht länger entgehen und den privaten Firmen überlassen wollte. Aber es dauerte noch bis 1976, bis die Enteignung der privaten Ölfirmen und die Überführung in die Staatsfirma Petroleos de Venezuela vollzogen war.

Außer im Maracaibo-See gibt es noch große Ölfelder nördlich des Orinoco. Dieses riesige Vorkommen enthält sogar mehr Öl als der Nahe Osten, allerdings ist der größte Teil davon unkonventionelles Schweröl. Dieses Schweröl gleicht den kanadischen Teersanden, liegt allerdings viel tiefer unter der Erdoberfläche, so dass für dessen Förderung nur »In-situ«-Verfahren eingesetzt werden können, die einen großen Energie- und Wasseraufwand erfordern.

Der Nahe Osten

Der Nahe Osten ist die bedeutendste Ölregion der Welt und dieser Ölreichtum beeinflusst bis heute die gesamte Weltpolitik. Diese Region wurde hauptsächlich zwischen den beiden Weltkriegen erschlossen. Zunächst suchte man im Iran nach Öl, dann wandten sich die Forscher dem Tal des Euphrat und Tigris im Irak zu sowie Saudi-Arabien. Überall gab es Öl. In diesem Gebiet, das vom Iran bis zur arabischen Halbinsel reicht, liegen Vorkommen, deren Größe äußerst unterschiedlich beurteilt wird. Die offiziellen Statistiken gehen davon aus, dass sich dort ca. 750 Milliarden Barrel an Reserven befinden. Dies entspräche etwa 40 Prozent der Weltvorkommen an konventionellem Öl. Kritische Beobachter – teilweise aus der Explorationsszene –, die sich in der ASPO (Association for the Study of Peak Oil) zusammengeschlossen haben, sehen die tatsächlichen Reserven allerdings deutlich niedriger und eher bei 300 Gb.

Iran

Im Nahen Osten schreibt der Iran am längsten Ölgeschichte. Erdöl gibt es nur im Vorgebirge von Zagros im Südwesten des Landes, im südöstlichen Teil dieses Gürtels findet sich eher Gas. Die Vorkommen erstrecken sich über ein Gebiet von 200 000 Quadratkilometern, eine relativ kleine Fläche im Vergleich zur Gesamtfläche des Landes von 1,6 Millionen Quadratkilometern.

Geologisch gesprochen liegt der iranische Ölgürtel am nordöstlichen Rand eines Ablagerungsbeckens aus dem Mesozoikum und Tertiär, das Muttergestein für Kohlenwasserstoffe enthält. In dem älteren Gestein aus dem Jura, das unter den Ölvorkommen liegt, ist hauptsächlich Gaskondensat entstanden – der Grund für den hohen Gasgehalt. Das hervorragende Muttergestein aus der Mittleren Kreidezeit, das perfekt mit Salz abgedichtet ist, begründet den Ölreichtum des Iran. Die meisten Ölfelder liegen in schmalen Antiklinalfalten, die hoch und steil sind. Deshalb sind die ölhaltigen Schichten sehr dünn und stehen unter hohem Druck. In Verbindung mit der reichhaltigen Gasumgebung führen diese Umstände dazu, dass manche Bohrungen besonders hohe Förderraten haben, selbst wenn das Reservoir nicht sehr groß ist.

Ungefähr 70 Prozent des iranischen Öls verteilen sich auf 28 riesige Felder. Das größte, »Gachseran«, wurde im Jahr 1928 entdeckt und enthält ungefähr 15 Gb. In den 30er Jahren wurden noch einige große Felder entdeckt, dann war es lange Zeit ruhig. Ende der 50er Jahre begann dann eine zweite Erschließungswelle, die bis Anfang der 70er Jahre andauerte. Fast drei Viertel des insgesamt gefundenen Öls wurden in dieser Zeit gefunden. 1999 entdeckte man schließlich ein 6 Gb großes Ölfeld. Dies war der größte Fund seit mehr als 30 Jahren auf dem Festland.

Möglicherweise gibt es noch einige weitere Felder vor der Küste. Dort haben bisher Grenzstreitigkeiten und andere politische Schwierigkeiten die Exploration behindert. Hier könnten noch ungefähr 10 Gb gefunden werden. Doch von dieser Möglichkeit abgesehen scheinen auch im Iran die großen Felder entdeckt zu sein.

Das iranische Fördermaximum wurde im Jahr 1974 mit ungefähr 6 Mb/d erreicht. Danach ist die tägliche Fördermenge bis 1981 auf 1,8 Mb/d gesunken und in den letzten Jahren auf ungefähr 4 Mb/d angestiegen. Bis Ende 2005 wurden etwa 58 Gb produziert. Ob die Produktion weiterhin ausgeweitet werden kann, muss heute sehr bezweifelt werden. Auch hier erscheinen kritischen Beobachtern die staatlichen Reserveangaben viel zu opti-

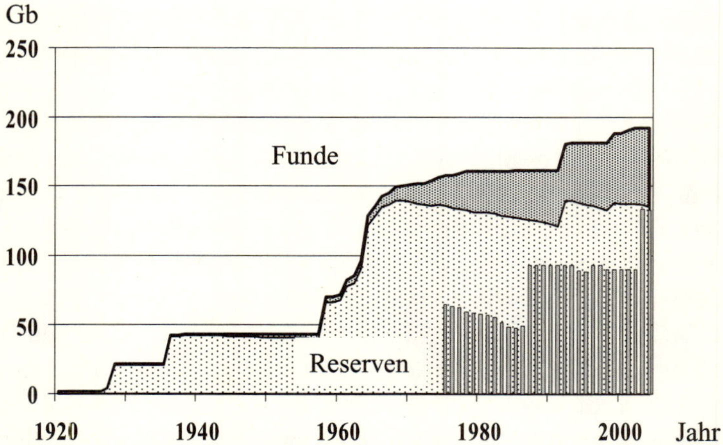

Historische Entwicklung der Ölfunde und der nach Abzug der Produktion verbleibenden Ölreserven im Iran. Eingetragen ist auch die in öffentlich verbreiteten Statistiken (BP) dargestellte Entwicklung der Reserven.

mistisch. Aber auch Stimmen aus der Staatsfirma selbst, der National Iranian Oil Company, warnen davor, große Hoffnungen auf eine künftige Produktionsausweitung zu setzen.

Die offiziellen Statistiken weisen mit etwa 137 Gb noch große Reserven aus. Gegenüber den Angaben in der ersten Auflage dieses Buches im Jahre 2002, 90 Gb, wurden sie um mehr als 40 Prozent höher bewertet. Demnach wären noch fast drei Viertel des insgesamt gefundenen Öls vorhanden. Doch die offiziellen Angaben sind aus verschiedenen Gründen zweifelhaft. Da die meisten Felder vor langer Zeit entdeckt wurden, kann man mit Hilfe von alten Aufzeichnungen nachvollziehbare Schätzungen vornehmen – insbesondere die Firma BP hatte sich hier stark engagiert. Realistisch scheint eine Annahme der Reserven von insgesamt etwa 70 Gb, eine Zahl übrigens, die 1993 von dem iranischen Geologen Manouchehr Takin bestätigt wurde. Danach ist davon auszugehen, dass die Hälfte des einmal vorhandenen Öls verbraucht wurde.

Die meisten Rechte der ausländischen Konzerne im Nahen Osten gingen durch Enteignung verloren. Diese Entwicklung begann 1951 im Iran und setzte sich in den anderen wichtigen Förderländern in den 70er Jahren fort. Das Interesse der Ölländer war, sich größere Anteile an dem Öleinkommen zu sichern. Die Enteignungen hatten weit reichende Auswirkungen auf die internationalen westlichen Ölkonzerne und damit auf das Muster der weltweiten Ölförderung und die Preisbildung. Es war der westlichen Ölindustrie nun nicht mehr möglich, einem quasi »natürlichen« Ablauf der Ausbeutung der Ölreserven zu folgen. Die westlichen Konzerne sahen sich jetzt gezwungen, die vergleichsweise schwierigen und kostspieligen Lagerstätten im Meer auszuschöpfen (Nordsee, Alaska), bevor die verhältnismäßig leichten und billigen Quellen auf dem Land im Nahen Osten erschöpft waren.

Irak

Auch im Irak wurde bereits sehr früh nach Öl gesucht. 1927 wurde das 16 Gb große Feld »Kirkuk« entdeckt, 1957 dann das mit 26 Gb größte Feld des Irak, »Rumaila«. Es ist etwa doppelt so groß wie das größte nordamerikanische Feld »Prudhoe Bay« in Alaska.

Dann nochmals 20 Jahre später fand man das etwa 20 Gb Öl enthaltende dritte Riesenfeld »East Baghdad«. Nach offiziellen Angaben besitzt der Irak heute noch Ölreserven von 115 Gb. Doch dies

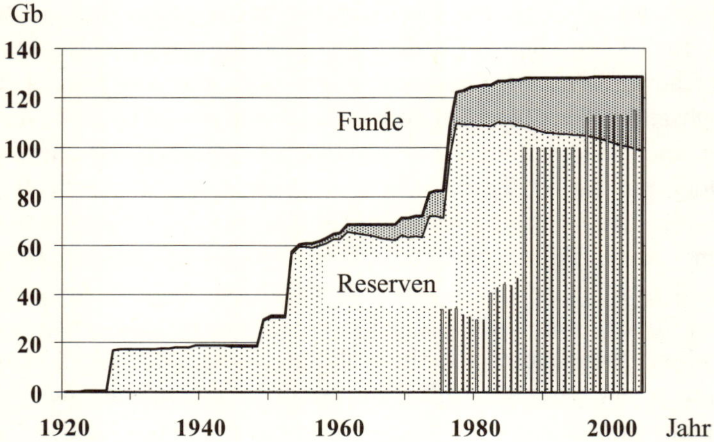

Historische Entwicklung der Ölfunde und der nach Abzug der Produktion verbleibenden Ölreserven im Irak. Eingetragen ist auch die in öffentlich verbreiteten Statistiken (BP) dargestellte Entwicklung der Reserven.

lässt sich nicht durch entsprechende Funde belegen. Bis heute wurden 29 Gb Öl gefördert. Die ASPO geht davon aus, dass noch 63 Gb Öl als Reserve verfügbar sind und weitere 7 Gb gefunden werden. Wie viele Staaten im Nahen Osten behandelt der Irak die Produktionszahlen der individuellen Felder und deren Reserven als Staatsgeheimnis. Daher ist man bei der Zuordnung der Produktion zu den einzelnen Feldern auf eigene Einschätzungen angewiesen.

Nach dem totalen Zusammenbruch der Förderung während des letzten Krieges hat sich die Förderung wieder leicht erholt und lag 2005 bei etwa 1,8 Mb/d. Dies ist deutlich weniger als in den Jahren 1999 bis 2001; ständige Sabotageakte, aber auch die übermäßige Ausbeutung der Felder haben bis heute die Rückkehr zu den alten Förderraten verhindert. Auch in den kommenden Jahren wird man angesichts der politisch instabilen Lage keine deutliche Steigerung erwarten können, zumal ausländische Investoren verständlicherweise keinen großen Ehrgeiz zeigen, sich hier zu engagieren.

Saudi-Arabien

In den 30er Jahren begann man, sich den geologisch schwierigeren Terrains in Kuwait und Saudi-Arabien zuzuwenden. Die Standard Oil erlangte in Saudi-Arabien im Jahre 1932 eine exklusive Position. Dies wurde damals als ein riskantes Unternehmen angesehen, weil dort die Geologie an der Oberfläche nur wenig Aufschluss über das Erdinnere gab: Fast das ganze Land war von endlosen Sanddünen bedeckt. Doch auch hier wurde Öl gefunden, sehr viel Öl sogar, wie man heute weiß. In der Tat wurde Saudi-Arabien zum weltweit größten und wichtigsten Ölstaat.

Bereits in der ersten Explorationsphase wurden große Ölfelder mit mehreren Gb Inhalt entdeckt. Doch relativ spät, erst 1948, wurde ein Riesenölfeld entdeckt, das über 220 Kilometer lang und 25 Kilometer breit ist und sich damit über 5000 Quadratkilometer erstreckt: »Ghawar« sollte mit etwa 100 Gb das weltgrößte Ölfeld werden. Offizielle Angaben beziffern es auf 120 Gb Inhalt, andere Quellen sprechen von etwa 90 Gb. Diese Unschärfe ist aber in Bezug auf die Abschätzung künftiger Produktionsraten aus dem Ghawar-Feld nicht sehr bedeutend.

Jährlich werden etwa 1,6 Gb aus dem Ölfeld entnommen. Wenn man annimmt, dass das Produktionsmaximum dann eintritt, wenn etwa die Hälfte des förderbaren Öls entnommen ist, dann würde diese Unsicherheit zusammen mit der heutigen Produktionsrate das Maximum etwa um 10 Jahre hin oder her schieben. Bis heute wurden mehr als 80 Ölfelder in Saudi-Arabien entdeckt. Doch bereits wenige sehr große Ölfelder enthalten den wesentlichen Anteil. So enthalten die vier größten Ölfelder die Hälfte des bisher gefundenen Öls. Diese produzieren alle seit mehr als 30 Jahren.

In den vergangenen 20 Jahren wurde kaum noch neues Öl gefunden. Bis Ende 2005 wurden etwa 104 Gb gefördert. Nach offizieller Einschätzung wurden etwa 370 Gb gefunden, so dass noch 264 Gb an Reserven verfügbar sein sollten. ASPO hingegen beziffert die Funde auf 258 Gb und die verbleibenden Reserven auf 154 Gb. Das ist eine Diskrepanz von fast 100 Prozent. Die Reserven Saudi-Arabiens und dessen Förderpotenziale bilden eine Schlüsselrolle bei der Frage, ob die Ausweitung der weltweiten Ölförderung möglich ist. Daher hat sich die Diskussion kritischer Beobachter vor allem auf diese Region fokussiert. Insbesondere der amerikanische Investmentbanker Matthew Simmons hat diese mit zahlreichen Veröffentlichungen und Vorträgen angestoßen. Auch der englische Ölexperte Jack Zagar, der maßgeblich an der Erschließung arabischer Ölfelder beteiligt war, hat sich zunehmend kritisch über das Förderpotenzial geäußert. Er beziffert die verbleibenden Reserven auf etwa 160–170 Gb.

Der größte Teil der verbleibenden saudi-arabischen Ölreserven liegt in Feldern, die deutlich kleiner sind als die bisher produzierenden – die meisten enthalten weniger als 1 Gb. Das bedeutet zwangsläufig, dass künftig der Produktionsrückgang großer Felder durch den Anschluss vieler kleiner Felder ausgeglichen oder sogar überkompensiert werden muss. Damit werden auch hier die Produktionsbedingungen ungünstiger, noch lange bevor der letzte Tropfen Öl gefördert ist.

Die Frage der Reserven ist nur ein Aspekt. Ebenso wichtig sind die gegenwärtigen Produktionsbedingungen. Sie geben Aufschluss darüber, ob eine weitere Ausweitung der Förderung möglich oder wahrscheinlich ist. Diese Debatte ist genährt worden von den Ereignissen im benachbarten Wüstenstaat Oman, wo im Jahr 2001 – für viele überraschend – das Fördermaximum erreicht wurde, verursacht durch den Rückgang der Förderung im größten Ölfeld des Landes, »Yibal«. Bei der Erschließung dieses Feldes wurden die modernsten Methoden angewendet: Horizontalbohrungen und das frühzeitige Einpressen von Wasser zur Erhöhung des Lagerstättendruckes bereits lange vor Erreichen des Fördermaximums. Dadurch ist es für einige Jahre gelungen, die Förderrate über das sonst zu erwartende Maß anzuheben. Diese aggressiven Maßnahmen haben die Lagerstätte derart geschädigt, dass die Förderung schneller und stärker als erwartet eingebrochen ist. Heute ist die Förderrate des Feldes bereits um mehr als 60 Prozent gesunken.

Matthew Simmons hat sich über mehrere Jahre mit der Analyse der Ölförderung in Saudi-Arabien beschäftigt und hat in detektivischer Kleinarbeit versucht, ein Bild der Produktionsbedingungen zu zeichnen. Seine Erkenntnisse stützen sich auch auf die Auswertung von saudischen Fachpublikationen, viele Gespräche mit Geologen und Ölingenieuren sowie zwei Reisen nach Saudi-Arabien.

Die ernüchternden Ergebnisse hat Simmons in dem im Mai 2005 erschienenen Buch ›Twilight in the Desert‹ veröffentlicht. Nach seinen Erkenntnissen werden die großen alten Felder in Saudi-Arabien in ähnlicher Weise wie das Feld »Yibal« in Oman bewirtschaftet und somit drohen die vergleichbaren Probleme, die auf eine zu stark forcierte Produktion folgen. Das Fazit von Simmons lautet, dass es wahrscheinlicher ist, dass die Förderung in Saudi-Arabien in naher Zukunft zurückgehen oder sogar einbrechen wird, als dass eine Förderung noch erheblich und andauernd auszuweiten ist. Dem weltgrößten Feld »Ghawar« kommt dabei eine Schlüsselrolle zu, trägt es doch mit 4,5–5 Mb/d entscheidend zur Gesamtproduktion von Saudi-Arabien und auch zur Weltölförde-

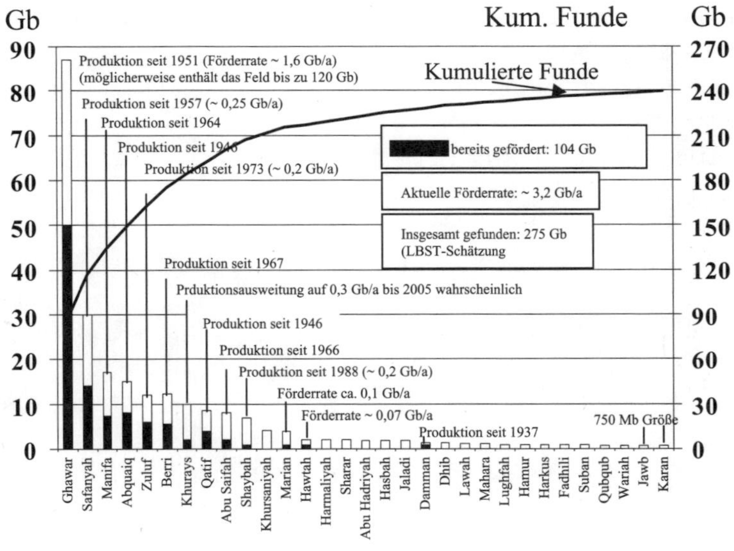

Größenverteilung der Ölfelder in Saudi-Arabien. Der dunkle Bereich zeigt die vermutlich schon entnommenen Ölmengen an.

rung bei. Simmons vermutet, dass Ghawar Ende 2004 das Fördermaximum erreicht hat. Wenn aber Ghawar den Peak überschreitet, so seine Prognose, dann ist auch der Peak der Weltölförderung erreicht. Die kommenden Jahre werden also zeigen, inwieweit Saudi-Arabien tatsächlich in der Lage ist, die Förderung nochmals auszuweiten.

Kuwait

1938 wurde in Kuwait das zweitgrößte Ölfeld der Welt entdeckt – »Burgan« mit 65 Gb. Es ist bemerkenswert, dass die beiden größten je entdeckten Felder – Ghawar und Burgan – zusammen schon etwa 10 Prozent des gesamten bisher gefundenen Ölvorkommens der Welt beinhalten. Schließlich hat man weltweit mehr als 43 000 Ölfelder gefunden.

Im Jahr 2005 hat nach offiziellen kuwaitischen Angaben Burgan sein Fördermaximum bei einer Produktionsrate von 1,9 Mb/d überschritten. Ein starkes und weltweit beachtetes Signal für zurückgehende Förderraten auch im Nahen Osten. Nach offiziellen Angaben lagen die Reserven Ende 2005 bei 100 Gb. Dagegen nimmt ASPO, gestützt auch auf inoffizielle Berichte aus Kuwait, nur etwa 50 Gb an.

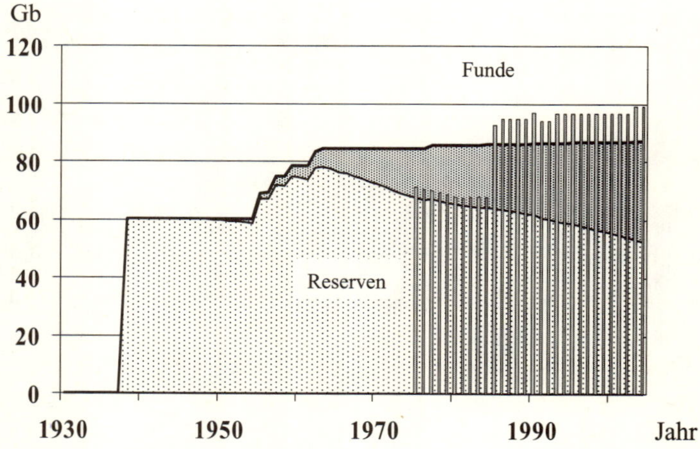

Historische Entwicklung der Ölfunde und der nach Abzug der Produktion verbleibenden Ölreserven in Kuwait. Eingetragen ist auch die in öffentlich verbreiteten Statistiken (BP) dargestellte Entwicklung der Reserven.

Vereinigte Arabische Emirate

Abu Dhabi ist der einzige Staat innerhalb der Vereinigten Arabischen Emirate mit bedeutenden Ölvorkommen. Das Land wurde relativ spät exploriert und das erste große Ölfeld »Bab« mit ca. 8 Gb wurde 1954 entdeckt. Der größte Fund gelang 1964 mit der Entdeckung des Feldes »Zakkum« mit 22 Gb.

Die Summe aller Funde beträgt nach Angaben von IHS-Energy etwa 75 Gb. Mehr als 80 Prozent der Reserven sind in den 10 größten Feldern enthalten. Bisher wurden bereits 20 Gb produziert, so dass die noch verbleibende Reserve etwa 50 Gb beträgt. Die offiziellen Statistiken geben 100 Gb an, ASPO nimmt etwa 40 Gb an.

Die Regionen um das Kaspische Meer und ehemalige Sowjetunion

Die erste registrierte Ölbohrung der Welt fand im Jahr 1848 an einem Ufer des Kaspischen Meeres statt, 11 Jahre, bevor Oberst Drake seine berühmte Bohrung in Pennsylvania durchführte, die gerne als Geburtsstunde der Ölindustrie genannt wird. Bereits im Jahr 1757 hatte der russische Akademiker Mikhail V. Lomonossov nachgewiesen, dass Erdöl organischen Ursprungs ist. Man kann also mit Recht behaupten, dass diese Region die längste Ölgeschichte hat. Auch die eigentliche Wiege der Ölindustrie liegt in Baku am Kaspischen Meer im heutigen Aserbaidschan. Einer der Ölarbeiter war kein Geringerer als Josef Stalin, der später, nach der Bolschewistischen Revolution, Weltgeschichte schrieb. Doch die erste Hochkonjunktur in der Ölförderung wurde 1917 eben durch die Bolschewistische Revolution gestoppt. Danach war es der Zweite Weltkrieg, der die weitere Entwicklung noch einmal unterbrach.

Die Entstehung einer modernen Ölindustrie begann in der Sowjetunion genau genommen erst ab 1950. Durch eine systematische und effektive Exploration wurde ein großes Feld nach dem anderen entdeckt. Die sowjetischen Forscher standen nicht unter kommerziellem Druck und hatten Zeit, wohl überlegt und gründlich die örtliche Geologie zu erkunden. Man kann davon ausgehen, dass sich ihre Verfahren von den »westlichen« nicht sehr unterschieden. Bekannt ist, dass sie Pionierarbeit in der Geochemie geleistet haben und auf diesem Gebiet ihren westlichen Kollegen zunächst weit voraus waren.

Man stieß in den 60er und 70er Jahren auf weitere riesige Felder und so reihte sich die Sowjetunion ein in den Kreis der wichtigsten Ölregionen der Welt mit Ölvorkommen zu Land von beinahe 200 Gb. Dort gibt es drei geologische Formationen, die »ölträchtig« sind: erstens Ölmuttergestein aus der Devon-Schicht (417–354 Mio. Jahre vor unserer Zeit), das in Gebieten westlich des Uralgebirges mit Salz versiegelt wurde; zweitens Öl aus der oberen Jura-Schicht in Verwerfungsbecken, ähnlich der geologischen Situation in der Nordsee und im westlichen Sibirien; und schließlich drittens Öl aus dem Tertiär und Mesozoikum in den Becken, die vor der Karpaten-Himalaya-Kette liegen. Außerdem gibt es ganz im Osten noch ein weiteres wichtiges Ölgebiet in der Provinz Sachalin im Paleo-Delta eines ehemaligen Flusssystems.

Die sowjetischen Statistiken (aus der Zeit vor 1990) über Ölreserven waren nicht sehr aussagekräftig, was unter anderem auch daran liegt, dass zum Teil andere Definitionen der Reserven als in der westlichen Ölindustrie verwendet wurden. Bei den Statistiken über Explorationsbohrungen sah es noch schlechter aus. Hier wurde schlicht übertrieben, denn eine erfolglose Bohrung führte unter dem kommunistischen System womöglich zu drastischen Bestrafungen. Zweifelsohne wird man auch in den nächsten Jahren in den GUS-Staaten noch eifrig auf die Suche gehen und wahr-

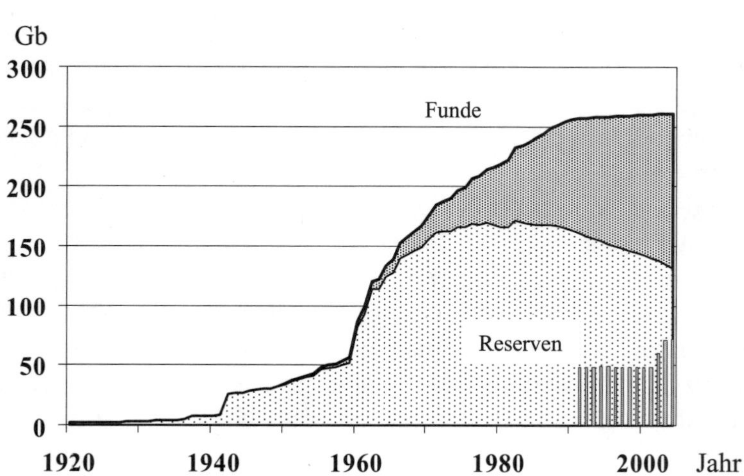

Historische Entwicklung der Ölfunde und der nach Abzug der Produktion verbleibenden Ölreserven in Russland. Eingetragen ist auch die in öffentlich verbreiteten Statistiken (BP) dargestellte Entwicklung der Reserven.

scheinlich weitere Satellitenfelder (kleinere Felder im Umkreis von sehr großen Feldern) entdecken. Zusätzlich wird man auch in die Wiederherstellung von alten Feldern investieren.

Der Ölreichtum des Kaspischen Meeres wird von fünf Anrainerstaaten geteilt: Russland, Aserbaidschan, Kasachstan, Turkmenistan und Iran. Die Felder dieser Region liegen im uralten Delta der Wolga, und die meisten der großen Vorkommen wurden bereits gefunden, wenngleich auch noch nicht alle erschlossen sind. Das Ölpotenzial in den tiefen Beckengebieten im Süden der Region scheint eher bescheiden zu sein, aber wahrscheinlich enthält es eine Menge Gas. Weiter im Norden, vor der Küste von Kasachstan, enthält ein Feld (»Tengiz«) vermutlich 6–10 Gb. Selbst wenn man im Hinblick auf unentdeckte mögliche Vorkommen in noch nicht genau definierten Gebieten zuversichtlich ist, werden die Reserven insgesamt wohl 35 Gb nicht überschreiten.

Während Russland vorwiegend an potenziellen Gasvorkommen interessiert scheint und seine Fischerei-Interessen am Kaspischen Meer nicht unnötig gefährden will, versuchen die Präsidenten der beiden Staaten Aserbaidschan und Kasachstan internationale Firmen mit der Aussicht auf hohe Gewinne anzulocken. Sie erhoffen sich große Investitionen als Basis für einen nationalen wirtschaftlichen Aufschwung. Die Regionen im Süden sind noch kaum exploriert. Während der Iran augenscheinlich noch kein Interesse zeigt, sich dort zu engagieren – das vergleichsweise teuer zu erschließende Öl oder Gas brauchen sie nicht –, ist auch Turkmenistan noch wenig untersucht. Aus geologischer Sicht ist davon auszugehen, dass im tiefen Südteil des Kaspischen Meeres vor allem Gas vorhanden ist, kaum jedoch Öl.

Die internationale Ölindustrie interessiert sich verständlicherweise für die Region um das Kaspische Meer. Doch die geografische Lage und politische Umstände erschweren sowohl den Zugang zu den Feldern als auch den Abtransport von Öl und Gas, da dies Absprachen mit Drittländern erfordert.

Aserbaidschan

In Aserbaidschan wurde ebenfalls schon sehr früh exploriert. Vor etwa 100 Jahren war es wohl die bedeutendste Ölregion der Welt.

Alle förderträchtigen Gebiete befinden sich am oder im Meer östlich von Baku. Anfangs wurden vor allem die Ölfelder unter der Halbinsel Absheron bei Baku erforscht. Marco Polo soll bereits im 13. Jahrhundert berichtet haben, dass es in dieser Gegend eine Substanz gebe, die aus dem Meer geholt werde und gut brennen würde. Aber auch Gasvorkommen sind in dieser Region schon lange bekannt. So wird von spontanen Gasentweichungen berichtet, die sich manchmal entzündeten. Noch heute steht in Surakhany ein Tempel, der an die »immer währende Flamme« und die dadurch initiierten religiösen Empfindungen erinnert.

Der erste Ölrausch begann um 1872, als erste Konzessionsrechte zur Ölförderung vergeben wurden. Schnell stieg die Förderung von wenigen 100 Barrel pro Tag auf fast 200 000 b/d um die Wende zum 20. Jahrhundert. Bald waren Ölfelder mit insgesamt über 5 Gb Inhalt entdeckt, das ist mehr als die Hälfte alles bis heute auf dem Land entdeckten Öls in der Region. In diesen frühen Zeiten wurde das Rohöl bereits zu Kerosin weiterverarbeitet. Dies unternahm die Nobel Brothers Company, die 1883 etwa die Hälfte des Ölexportes aus der Region kontrollierte. In diesem Jahr nahm auch die Baku-Batumi-Eisenbahn ihren Dienst auf und erschloss damit den Weg zum Schwarzen Meer. Ein Exportweg für das Öl war geschaffen. Bereits 1890 besuchte der Gründer von Shell, Marcus Samuel, Baku und sicherte seiner Firma Exportrechte.

1903 wurde eine erste 70 Kilometer lange Pipeline fertig gestellt. Doch zu dieser Zeit begann die Produktion bereits nachzulassen. Während der Russischen Revolution brach sie dann vollständig zusammen, und der Anteil an den Weltölexporten fiel von 31 Prozent im Jahr 1904 auf 8 Prozent im Jahr 1913. Doch die Aussicht auf Öl war immer noch so verlockend, dass im Ersten Weltkrieg deutsche Truppen versuchten, sich einen Zugang zu verschaffen. Im Juni 1918 landeten sie in Batumi – zu spät, um noch den Marsch zu den Ölfeldern anzutreten.

Als sich die Sowjetunion formierte, war die Produktion auf 60 000 b/d zurückgegangen. Doch Lenin erkannte die Schlüsselrolle von Öl als Basis für die Wirtschaft und als Devisenbringer und forcierte eine Revitalisierung der Ölindustrie. Im Jahr 1925 wurde eine neue Pipeline zur Hafenstadt Batumi fertig gestellt. 1930 war die Produktion wieder auf 200 000 b/d gestiegen. Der größte Teil davon wurde in den Westen exportiert. Nach der Machtübernahme durch Stalin wurden internationale Kooperationen eingestellt, nicht aber der Ausbau der Ölindustrie in Aserbaidschan. 1940 stieg die Produktion auf 450000 b/d, das waren drei Viertel der gesamten russischen Ölproduktion und 10 Prozent der Weltölproduktion. Baku wurde zum Zentrum der sowjetischen Ölindustrie.

Während des Zweiten Weltkrieges versuchten deutsche Truppen erneut, einen Zugriff auf diese Reserven zu erlangen. Darin ist die wesentliche Motivation des deutschen Vordringens in Südrussland zu sehen. Die Niederlage bei Stalingrad, die zum Wendepunkt des Krieges wurde, verhinderte das weitere Vorrücken gen Baku. Einnehmen konnte Hitler die Ölfelder nicht mehr, doch die Angst der Sowjets davor war so groß, dass sie im Vorfeld der drohenden Gefahr wichtige Ölausrüstungen von Baku abzogen und weiter nach Norden in die sichere Region zwischen Wolga und Ural brachten. Diese war von Geologen bereits als aussichtsreiche Ölprovinz identifiziert worden. Diese Umorientierung wurde zur Basis des sowjetischen Ölrausches der Nachkriegszeit. In der Tat wurden in den 50er und 60er Jahren zunächst die großen russischen Ölvorkommen im Wolga-Ural-Raum und später die in Sibirien entdeckt. Die Ölindustrie in Aserbaidschan war zum zweiten Mal zusammengebrochen. 1947 wurde ein neuerlicher Anfang versucht, die Förderrate von 1940 jedoch bis heute nicht mehr erreicht.

1949 wurde ein Riesenölfeld mit ca. 1,4 Gb Inhalt im flachen Wasser vor der Küste von Baku gefunden (»Oily Rocks«). Dieses Feld ist schon lange in Produktion und förderte 1970, zur Zeit des Maximums, etwa 140000 b/d. Damit begann die Ausweitung der Ölsuche in das flache Meer. In den 50er Jahren wurden noch wenige kleinere Felder im Offshore-Bereich gefunden. Erst in den späten 70er Jahren und noch während der Zeit des Sowjetimperiums entdeckte man das größte Feld der Region, das einst »28. April« und heute »Guneshli« heißt. 1981 wurde hier mit einer Förderrate von 120000 b/d die Produktion aufgenommen. Von 9 Offshore-Plattformen gingen die Förderstränge bis zu 125 Meter tief in den Meeresboden, die größte Meerestiefe, die bis zum Ende der Sowjetunion erreicht wurde. Doch das Feld selbst erstreckt sich weit in den Tiefwasserbereich hinein. Seit 1991 wird hier zusam-

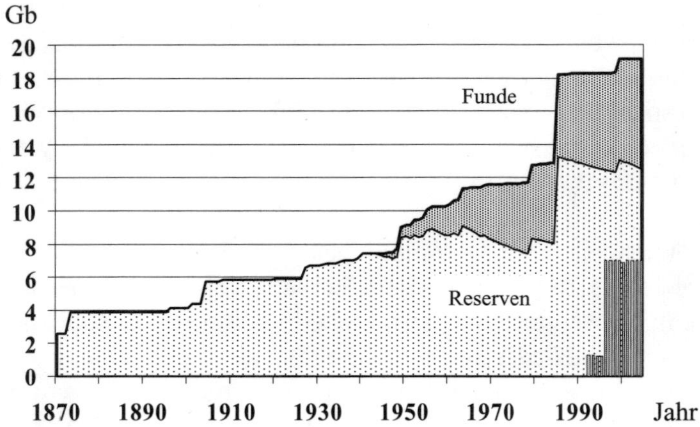

Historische Entwicklung der Ölfunde und der nach Abzug der Produktion verbleibenden Ölreserven in Aserbeidschan. Eingetragen ist auch die in öffentlich verbreiteten Statistiken (BP) dargestellte Entwicklung der Reserven.

men mit internationalen Konsortien exploriert. Inzwischen wurden weitere Felder gefunden, die jedoch alle zur selben geologischen Struktur gehören und unter dem Namen »Azeri-Chirag-Guneshli« (ACG) zusammengefasst werden.

Hier steht den offiziellen Reserven von 7 Gb die Schätzung der ASPO mit 10 Gb gegenüber. ASPO berücksichtigt vor allem die noch nicht erschlossenen Reserven des Feldkomplexes ACG. Dessen Erschließung wird dafür sorgen, dass die nachgewiesenen Reserven des Landes in den kommenden Jahren nochmals ansteigen werden. Die Förderrate des Landes wird den Produktionsplänen der Firmen entsprechend von 0,35 Mb/d im Jahr 2005 auf etwa 1,1 Mb/d gegen Ende dieses Jahrzehntes ansteigen und anschließend wieder schnell zurückgehen, so dass sie im Jahr 2020 bei 0,5 Mb/d liegen wird, falls nicht noch wesentliche neue Funde gemacht werden.

Kasachstan

Im Jahr 1992 wurde Kasachstan am Kaspischen Meer für internationale Firmen zur Ölexploration geöffnet. In den letzten Jahren wurde den Verbraucherstaaten zunehmend die Macht der OPEC-Staaten bewusst und man hoffte, im kaspischen Raum ein Gegengewicht zu schaffen. Kasachstan wurde schon als eine mit Saudi-Arabien vergleichbare Ölregion gefeiert. Noch 1998 schrieb das amerikanische Energieministerium, dass die vermuteten Öl- und Gasvorkommen im Kaspischen Raum mit 178 Gb fast so groß wie die arabischen seien. Vor allem die USA hatten angesichts der steigenden Importabhängigkeit und der politischen Lage großes Interesse an den Ölvorkommen des Kaspischen Meeres. Amerikanische Firmen sind maßgeblich in die großen Projekte involviert, ob »Tengiz«, »Kashagan« oder »Kamchagerak«. Aber auch chinesische Firmen zeigen hier immer stärker Flagge, um ihrem Land einen Anteil am vermeintlichen Reichtum zu sichern. Der Präsident von Kasachstan, Nursultan Nasarbajew, wird nicht müde, auf das große Ölpotenzial seines Landes hinzuweisen, um gleich nachzusetzen, dass dieses Energiepotenzial aber nur mit Hilfe ausländischer Firmen erschlossen werden könnte. Nasarbajew war schon zu Zeiten der Sowjetunion Präsident der damaligen Republik Kasachstan, seine Machtinteressen hat er familienpolitisch abgesichert.

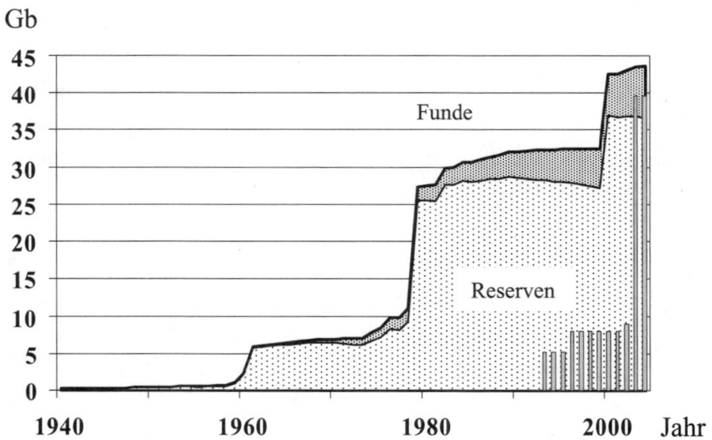

Historische Entwicklung der Ölfunde und der nach Abzug der Produktion verbleibenden Ölreserven in Kasachstan. Eingetragen ist auch die in öffentlich verbreiteten Statistiken (BP) dargestellte Entwicklung der Reserven.

Allen Ölfunden in dieser Region ist eines gemeinsam: Sie sind schwer zu erschließen und die Ölqualität ist sehr schlecht. Insbesondere der hohe Schwefelanteil macht eine Förderung unattraktiv. So ließ die Erschließung dieser Ölfelder lange auf sich warten. Erst in den letzten Jahren haben sich ausländische Firmen mit großen Investitionen hier engagiert.

Insbesondere der Konzern Chevron hat sich bei der Erschließung von Tengiz engagiert. Doch die Abtrennung des Öls vom Schwefel ist aufwändig und umweltgefährdend. Neben den Förderanlagen entstand eine gespenstische Landschaft, bestehend aus Bergen von Schwefel. Tag für Tag werden diese um 4500 Tonnen größer, bisher über 10 Millionen Tonnen. Der Wind trägt den Schwefel in die nahen Städte. Die Bewohner klagen über Augenkrankheiten und Atembeschwerden.

Im Jahr 2000 wurde das Vorkommen Kashagan entdeckt und auf etwa 6–10 Gb geschätzt. Die anfängliche Euphorie hat sich inzwischen gelegt. Es hat sich gezeigt, dass die Ölqualität wegen des hohen Schwefelgehalts noch schlechter ist als die von Tengiz und das Feld zudem unter einem extrem hohen Gasdruck von über 1000 bar steht. Die Erschließung wird sehr teuer werden. Im Sprachjargon der Ölbranche bekam dieses Feld daher den Beinamen »Cash all gone«. Unternehmen wie BP und Statoil haben sich von der Erschließung zurückgezogen.

Heute ist die ganze Region zum politisch umworbenen Spielball der Großmächte geworden. Die Reserven belaufen sich nach offiziellen Angaben Ende 2005 auf 40 Gb, dies liegt sehr nahe an den von der ASPO geschätzten 36 Gb. Tatsächlich ist in Kasachstan noch mit einem deutlichen Anstieg der Förderrate von 1,35 Mb/d im Jahr 2005 auf 2,5–3,5 Mb/d bis 2015 zu rechnen. Dies wird vor allem von der weiteren Erschließung der Felder Tengiz, Karachaganak, Kashagan und Kurmangazy abhängen. Sollte sich die Erschließung aus technischen oder geologischen Gründen verzögern, so wird sich das natürlich in einer entsprechenden Reduktion der landesweiten Förderung auswirken. Nach 2015 wird die Förderrate wieder zurückgehen, falls keine großen neuen Felder gefunden werden, die den Förderrückgang von Tengiz oder Kashagan ausgleichen können.

Der Ferne Osten

Indonesien

Indonesien ist eine Inselgruppe, die sich über 3 000 Kilometer von Asien nach Australien erstreckt. Die großen Inseln Java, Sumatra und ein großer Teil von Borneo gehören dazu. Mit über 200 Millionen Einwohnern ist das Land reich bevölkert. Aus geologischer Sicht ist Indonesien sehr deformiert und vulkanisch, so dass sich die Ölvorkommen auf ein paar bestens bekannte tertiäre Ablagerungsbecken auf Sumatra, die Java-See zwischen Borneo und Sumatra, den Südosten von Borneo und auf einige weitere kleine Flächen konzentrieren. Die Erkundung ist weit fortgeschritten, denn hier begann man bereits im 19. Jahrhundert mit der Ölsuche. Die größten Felder, »Duri« und »Minas« (beide auf Sumatra), wurden schon Anfang der 40er Jahre gefunden, gefördert wurde allerdings erst nach dem Zweiten Weltkrieg. Duri enthält Schweröl und wird mit speziellen Fördertechniken wie der Einpressung von Dampf abgebaut. (Diese Eigenschaften liegen im Grenzbereich zum unkonventionellen Öl). Schätzungsweise können vielleicht noch eine Milliarde Barrel in kleinen Feldern von bereits erforschten Gebieten zu finden sein. Ebenso kann es noch Potenziale in der Tiefsee geben, aber aus geologischer Sicht ist eher wenig zu erwarten.

Indonesien ist seit 1962 Mitglied der OPEC. Seit einigen Jahren bereits kann die zugebilligte Förderquote nicht mehr erfüllt werden, die Ölförderung geht stetig zurück. Seit 2004 muss Indonesien zunehmend Erdöl importieren. Daher stellt sich die Frage, wie lange Indonesien noch Mitglied der OPEC bleiben kann.

China

Bereits vor mehr als 2 000 Jahren wurde in China Öl mit einfachen Anlagen gefördert. Mit Bambusrohren baute man für den Transport die ersten Ölleitungen. Der Aufbau einer Ölindustrie ist jedoch noch sehr jung. Bis 1949 waren nur wenige kleinere Ölfelder gefunden. Diese produzierten mit einer Förderrate von insgesamt etwa 1 600 b/d. Nach der chinesischen Revolution und der Machtübernahme durch Mao Zedong wurde mit der systematischen Ölsuche begonnen und 1952 ein Ölministerium nach russischem Vorbild eingerichtet. Mao hatte die Bedeutung des Erdöls schnell erkannt. Noch während des »langen Marsches« seiner Truppen war er auf importiertes Benzin für die Betankung der Fahrzeuge angewiesen, das seine Fußsoldaten äußerst mühsam in jeweils zwei 20-Liter-Kanistern auf ihren Rücken mitschleppten.

In der Frühphase bediente man sich russischer Geologen als Berater. Auf deren Rat hin wurde in den Regionen Gansu, Xinjiang und Qinghai exploriert. Doch bei den bescheidenen Funden kamen die ausländischen Experten zu dem Schluss, dass China ein ölarmes Land sei.

Bei einem Treffen mit Mao äußerte der chinesische Geologe Li Siguan jedoch die entgegengesetzte Auffassung: Die geologische Struktur Chinas würde darauf hinweisen, dass das Land über ein großes Ölpotenzial verfüge. Li Siguan wurde Direktor des Ministeriums für Geologie und Mineralressourcen. Er setzte seinen ganzen Ehrgeiz daran, diese Prognose auch zu erfüllen, und begann 1954 mit einem Team von Spezialisten, das ganze Land systematisch nach Öl abzusuchen. Bald wurden die Felder »Yumen«, »Karamay« und »Qinghai Qaidam« gefunden, von denen das 1955 gefundene »Karamay« in der Provinz Xinjiang mit fast 6 Gb zu den großen Ölfeldern zählt. Im ersten 5-Jahres-Plan (1953–1957) konnte die Ölproduktion jährlich um mehr als 27 Prozent gesteigert werden. 1959 war die Suche mit dem weiteren Riesenfund von »Daqing« im Nordosten des Landes wieder erfolgreich, ein Jahr nachdem die sowjetischen Ölexperten das Land verlassen hatten. Dieses Riesenfeld enthält vermutlich 18 Gb. Es ist das größte Ölfeld Chinas.

In den 60er Jahren wurde in Daqing mit der Förderung begonnen. Lange Zeit galten diese Aktivitäten als kommunistisches Vorzeigeprojekt, als Beweis für den hohen technologischen Standard der Volksrepublik. 1963 prägte Mao den Slogan: »In der Schwerindustrie gilt es, von Daqing zu lernen.« In den vergangenen 30 Jahren wurden jeweils mehr als 1 Mb/d aus dem Feld gefördert, insgesamt bis heute etwa 12 Gb. Alle seit 1970 gefundenen Felder beinhalten weitere 20 Gb, so dass China insgesamt über Onshore-Funde von etwa 50 Gb verfügt. China gilt heute als gut exploriert. Große Überraschungen werden hier nicht mehr erwartet. Bisher wurden etwa 32 Gb an Öl bereits produziert, davon kommt fast die Hälfte aus Daqing.

Die drei größten Ölfelder Chinas (Daqing, Shengli und Liaohe) sind zweifelsohne im Produktionsrückgang. Allerdings steigt die Offshore-Produktion an. Inzwischen stellt sie 15 Prozent der Gesamtproduktion. Doch die Produktionsbedingungen in diesen von Taifunen bedrohten Gewässern werden immer äußerst schwierig sein. Insgesamt tragen die Funde im Offshore-Bereich nur mit 10 Prozent zu den Ölfunden in China bei. Daher kann nicht erwartet werden, dass der Produktionsrückgang der Onshore-Förderung auf längere Sicht ausgeglichen oder übertroffen werden kann.

Seit 1993 muss China trotz der gestiegenen Ölproduktion auch Öl importieren, da der Verbrauch rasch und stetig steigt. Ein besonderes Problem stellt die zunehmende Motorisierung und damit die Nachfrage nach hochwertigem, schadstoffarmem Benzin dar. Die Benzinherstellung aus chinesischem Öl ist äußerst schwierig, so dass der Raffinationsaufwand überproportional hoch ist. Daher wird China den steigenden Bedarf an hochwertigen Kraftstoffen zumindest einige Jahre durch Importe auf dem Weltmarkt decken.

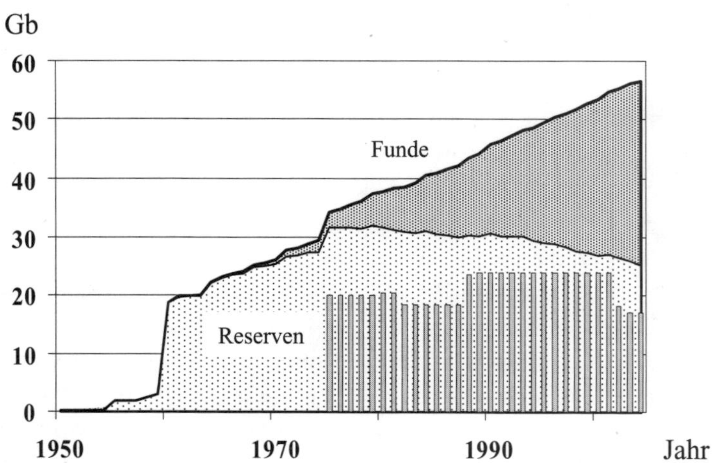

Historische Entwicklung der Ölfunde und der nach Abzug der Produktion verbleibenden Ölreserven in China. Eingetragen ist auch die in öffentlich verbreiteten Statistiken (BP) dargestellte Entwicklung der Reserven.

Seit einigen Jahren tritt China verstärkt auf dem weltweiten Ölmarkt in Erscheinung, um dort Anteile an Ölfeldern zu erwerben.

Öl auf dem afrikanischen Kontinent

In Nordafrika wurde erst relativ spät mit der Exploration zu Lande begonnen, das Hauptinteresse galt dabei Libyen und Algerien. BP entdeckte das riesige »Sarirfeld« im Landesinneren von Libyen, während sich die übrige Industrie auf das Sirte-Becken nahe der Küste konzentrierte. Dort wurden in den Nachkriegsjahren einige große Vorkommen entdeckt.

Frankreich war sich bewusst, von fremdem Öl abhängig zu sein. Wohl auch deshalb wollte General de Gaulle die Hand auf dem französischen Teil Algeriens behalten, wobei es dort zuerst noch gar nicht nach Öl aussah. Doch die intensiven Explorationsanstrengungen wurden durch die Entdeckung des riesigen »Hassi-Messaoud«-Feldes belohnt, welches mit 9,1 Gb das einzige Riesenölfeld mit über 5 Gb in Afrika ist. Frankreich konnte nicht allzu lange von diesem Ölsegen profitieren, denn Algerien wurde 1956 unabhängig und die Franzosen wurden enteignet.

Nigeria

Geologisch liegt das Land mit der höchsten Bevölkerungsdichte Afrikas quer über einer größeren Verwerfungszone, die Afrika und Südamerika trennte, bevor sich der Südatlantik öffnete. Das meiste Öl befindet sich im Niger-Delta, das sich über 160 000 Quadratkilometer zu gleichen Teilen über Land und Meer erstreckt. Shell und BP hatten sich in den frühen 50er Jahren zusammengeschlossen, um Afrika zu explorieren: Shell arbeitete im Westen, im ölreichen Niger-Delta, während die Explorationen von BP im Osten wenig erfolgreich waren. Das erste Öl in Nigeria wurde im Jahr 1954 entdeckt. Die Arbeit begann zunächst auf dem Festland, wurde aber später vor der Küste über ein 50 Kilometer breites Schelf bis zu einer Wassertiefe von 200 Metern ausgedehnt.

Diesen ersten Pionieren auf dem afrikanischen Kontinent folgten bald andere Unternehmen, die auf Ölsuche gingen. Es wurden etwas über 500 Ölfelder entdeckt, die jedoch, wie es für Vorkommen in Deltas typisch ist, eher bescheiden bis klein sind. Nur 15 von ihnen gelten als riesig. Die drei größten mit einem Inhalt von ungefähr je einer Milliarde Barrel sind »Forcardos Yokri« (entdeckt 1968), »Meren« (1965) und »Nembe Creek« (1973). Das letzte Feld, das in der Tiefsee entdeckt wurde, ist das »Bonga«-Feld mit ungefähr 850 Mb (1996). Dieses Öl muss, da es in Gebieten liegt, wo das Meer mehr als 500 Meter tief ist und Öl sehr schwierig zu fördern ist, als »unkonventionell« eingestuft werden. Die meisten der Felder befinden sich im östlichen und nördlichen Gebiet des Schelfs. Oft sind in den Feldern Öl und Gas vermischt. Das Gas wird in Nigeria, trotz Strafandrohung der Regierung, nach wie vor in großen Mengen abgefackelt. Doch Shell, einer der großen Produzenten in Nigeria, hat sich verpflichtet, weltweit ab 2002 kein Gas mehr abzublasen und ab dem Jahre 2005 auch kein Gas mehr abzufackeln.

Nach bisher rund 1200 Versuchsbohrungen sind die Erkenntnisse über dieses Gebiet inzwischen ziemlich umfassend. Wenn überhaupt, wird man nur noch kleine und sehr kleine Felder fin-

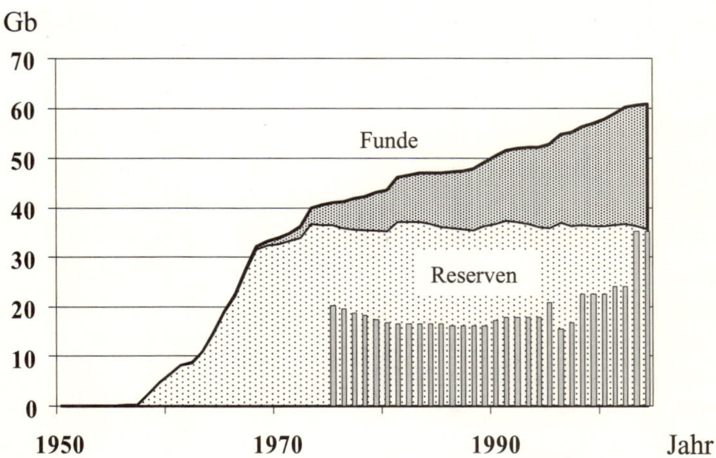

Historische Entwicklung der Ölfunde und der nach Abzug der Produktion verbleibenden Ölreserven in Nigeria. Eingetragen ist auch die in öffentlich verbreiteten Statistiken (BP) dargestellte Entwicklung der Reserven.

den. Insgesamt wurden bisher laut ASPO etwa 50 Gb Öl gefunden, die zur Hälfte bereits gefördert wurden. Gemäß einer Regierungsprognose wird die Ölförderung von 2,6 Mb/d im Jahr 2005 noch auf 4 Mb/d im Jahr 2010 ausgeweitet werden. Danach ist ein Förderrückgang nur vermeidbar, wenn noch bedeutende Funde gemacht werden.

Es ist sehr unwahrscheinlich, dass das OPEC-Mitgliedsland länger als ein Jahrzehnt seine Stellung als Exporteur behalten kann, da der Eigenbedarf steigt. Nigeria verfügt jedoch auch über große Gasreserven, die an Bedeutung gewinnen werden, wenn das Öl zur Neige geht.

Auch im Niger-Delta entdeckte man große Ölvorkommen, die sich, wie man heute weiß, bis in die Tiefsee erstrecken. Zu trauriger Berühmtheit haben es in diesem Zusammenhang die Menschen von Ogoni gebracht. Etwa eine halbe Million leben in dem ölreichen Delta. Der Ölkonzern Shell arbeitet hier seit 1958, jahrzehntelang in enger Allianz mit und unter dem Schutz der nigerianischen Diktatur. Umweltschäden, Ausbeutung, Unterdrückung, Gewalt und Tod haben die Menschen in Ogoni deshalb ertragen müssen. Das Schicksal von Ken Saro-Wiwa, der wegen seines politischen Widerstands gegen Regierung und Konzern zum Tode verurteilt und auch gehängt wurde, ging um die ganze Welt. Die

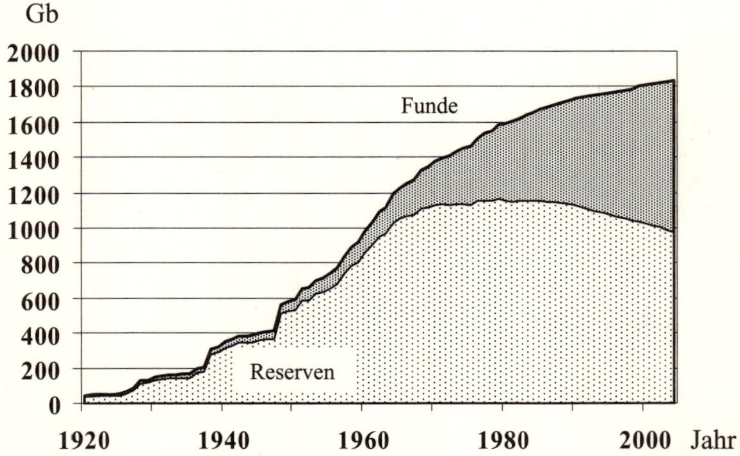

Historische Entwicklung der weltweiten Ölfunde auf dem Festland und der nach Abzug der Produktion verbleibenden Ölreserven.

noch sehr jungen Bemühungen um eine Demokratisierung in dem immer noch extrem korrupten Nigeria haben in dem Konflikt um die Ölressourcen noch keine grundlegende Beruhigung gebracht. Anschläge auf Ölförderanlagen und Sabotage sind an der Tagesordnung. Immer wieder werden Menschen durch explodierende Pipelines verletzt oder getötet. Im April 2001 kam es in einem 1993 von Shell aufgegebenen Ölfeld zur Katastrophe: Das aus einer geborstenen Pipeline schießende Rohöl regnete 9 Tage auf ein Dorf und die umliegenden Felder. Zusätzlich strömte Gas aus. Die Ernte wurde vernichtet, das Vieh vergiftet.

Zusammenfassend kann man sagen, dass die meisten potenziellen Ölvorkommen in den Festlandgebieten der Erde heute bekannt und gründlich exploriert sind. Das gilt darüber hinaus auch für die Kontinentalsockel. Lediglich einige geologisch problematische Gebiete, wie z. B. bestimmte Lagen an Gebirgszügen oder die lebensfeindlichen Wüsten der sibirischen Arktis, bieten noch Erforschungsmöglichkeiten. Auch im Irak gibt es noch einige weiße Flecken auf der Landkarte. Dort verhindern die instabilen politischen Verhältnisse bisher ambitionierte Explorationen.

Die Ölförderung der Staaten außerhalb der OPEC stagniert seit 1979. Damals erreichte sie mit 40 Mb/d ihren Höhepunkt. Im Jahr 2004 lag sie bei 37 Mb/d. Der Anstieg der Gesamtförderung wurde vor allem durch die Ausweitung der Offshore-Förderung erreicht, von 9 Mb/d (1979) auf 25 Mb/d (2004). Doch inzwischen zeichnet sich auch hier eine Stagnation ab. Erstens liegen 80 Prozent der Funde und damit auch der größte Teil der Reserven in den produzierenden Feldern auf dem Festland. Zweitens kommt fast ein Drittel der Offshore-Förderung aus der Nordsee. Diese hat jedoch das Fördermaximum bereits überschritten.

Ölfunde und -förderung im Meer (offshore)

Ende der 50er Jahre waren die meisten der potenziellen Ölvorkommen zu Lande entdeckt und bewertet worden. Viele der Felder befanden sich in Küstengebieten, einige davon lagen direkt unter den Stränden. Daher war es verständlich, dass sich das Forschungsinteresse zunehmend auf das Meer konzentrierte und auf die spannende Frage, welche Ölschätze wohl unter den Wellen verborgen waren. Von den Küsten aus versuchte man, mit der seismografischen Methode die im Meer liegenden Fortsetzungen der Landvorkommen zu finden – in Brunei, Trinidad, Peru und an der Golfküste der USA. Die seismografische Technik auch im Meer anzuwenden war in den Anfängen vor allem kostenintensiv und nicht sehr exakt. Die Messgeräte, installiert auf schwankenden Schiffen mit ungenauer Position, lieferten Daten von nur beschränktem Wert. Heute sind diese Ungenauigkeiten behoben, da mittels Satelliten- und Computer-Technologien relativ preiswert sehr präzise Daten gesammelt und entsprechend die Gebiete im Meer kartografiert werden können. Millionen von Kilometern solcher »Vermessungswege« liegen mittlerweile vor, kreuz und quer durch alle Becken der Welt, und überall korrelieren und interpretieren Computer die Daten. Der Vorteil einer genauen und vollständigen Erfassung und Auswertung seismografischer Daten liegt auf der Hand – denn jede Erkundungsbohrung kann damit sehr genau platziert werden.

Eine andere Erkundungsmethode bestand darin, Plattformen auf Stahlpfählen im Wasser zu errichten, wie im Maracaibo-See in Venezuela. Dieser große technische Aufwand rechnet sich allerdings nur, wenn man sicher ist, dass sich ein profitables Ölfeld vom Festland auch wirklich unter dem Meer fortsetzt. Trotzdem wurde es bald leichter und billiger, Meeresgründe zu erforschen als Landgebiete. Die Daten von Landerkundungen sind von vergleichsweise schlechterer Qualität, und zusätzlich kann der Fundort selbst zum Problem werden: Eine schwimmende Bohrinsel im Meer kann leicht hier- oder dorthin geschleppt werden, der Bau von Zugangsstraßen zu entfernten Orten ist mühsam und teuer.

Für die Erschließung der Ölvorkommen im Meer musste zunächst auch die Bohrtechnik selbst verbessert werden. Es schien unmöglich, feste Plattformen für die Versuchsbohrungen direkt ins Meer zu bauen. Also versuchte man, eine Bohranlage auf einem Lastkahn zu errichten. Die erste war die Breton Rig 20, konstruiert von John T. Hayward. Sie wurde 1949 im Golf von Mexiko in Betrieb genommen. Wetter- und wellenresistent war die Anlage jedoch nicht und sie konnte nur in geschützten Gewässern eingesetzt werden. Doch dann kam jemand auf die geniale Idee, die Bohranlage auf Unterwasserpontons zu stellen. Jetzt schwamm sie direkt unter den Wellenbewegungen und hielt sehr viel mehr aus. Zunächst wurden die Bohranlagen bei Wassertiefen bis zu 200 Meter noch mit konventionellen Ankern vertäut, aber schon bald entwickelte man auch für die Arbeiten in noch tieferen Gewässern bewegliche Bohranlagen und entsprechende Halterungen. Der erste dieser neuen Halbtaucher, wie die neue Generation der Bohranlagen genannt wurde, war die Blue Water No.1. Sie wurde 1962 in Betrieb genommen, bewährte sich ausgezeichnet und wurde entsprechend den Erfordernissen weiterentwickelt. Schließlich konnte selbst in der stürmischen Nordsee mit Bohrungen begonnen werden.

Öl und Gas in der Nordsee

Die Energiereserven in der Nordsee wurden 1959 entdeckt. Man stieß auf das riesige Gasfeld bei der holländischen Küstenstadt Groningen, das bis ins Meer hineinreicht. Dieses Gasfeld ist bis heute die Basis der holländischen Gasproduktion. Der Druck in diesem Feld fiel mittlerweile von ursprünglich 350 bar auf etwa 140 bar zurück und damit verringerten sich auch die Produktionsraten. Das Feld »West Sole« (1965) war die erste von mehreren Entdeckungen großer Ölfelder in der Nordsee. Weitere große Funde folgten: 1969 »Ekofisk« in Norwegen (2,4 Gb), 1970 das britische »Forties Field« (2,7 Gb) und 1971 das riesige »Brent Field« (2,6 Gb). Das größte Feld war jedoch das von Norwegen und Großbritannien 1974 gemeinsam entdeckte Feld »Statfjord« (ca. 5 Gb). In den 90er Jahren wurden noch weitere Felder wie z. B.

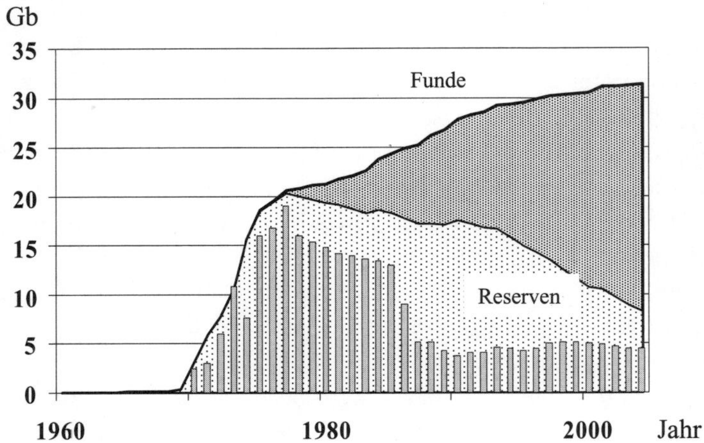

Historische Entwicklung der Ölfunde und der nach Abzug der Produktion verbleibenden Ölreserven in Großbritannien. Eingetragen ist auch die in öffentlich verbreiteten Statistiken (BP) dargestellte Entwicklung der Reserven.

»Shiehallion« und »Foinaven« gefunden, die jedoch bereits deutlich kleiner waren als die der frühen Explorationsphase. Auch hier haben die Fortschritte in der Geochemie und Technologie sowie computergestützte Datenanalysen dazu geführt, dass die Nordsee längst kein Buch mit sieben Siegeln mehr ist. Man kann ihre Reserven ziemlich zuverlässig abschätzen.

Auch wenn aufgrund des technischen Fortschritts Fehlbohrungen zunehmend vermieden und auch kleine und schwierige Felder angezapft werden können, wird die zusätzlich erschlossene Fördermenge kaum ins Gewicht fallen. Die Summenkurve der Funde in Großbritannien deutet auf eine insgesamt förderbare Menge von 32 Gb, nach ungefähr 3 000 erfolgreichen Explorationsbohrungen. Diese Kurve (auch »creaming curve« genannt) zeigt, wie viel bei einer zusätzlichen Bohrung neu gefunden wird, und flacht bei fortschreitender Exploration eines Gebietes immer mehr ab. Sie bestätigt, dass die großen Felder am Anfang gefunden werden und man später immer weniger findet.

Großbritannien hat seine Ölvorräte in großer Geschwindigkeit abgebaut. Man wollte die vorhandenen Reserven möglichst schnell wirtschaftlich verwerten. Für ein einmal mit viel Kapital erschlos-

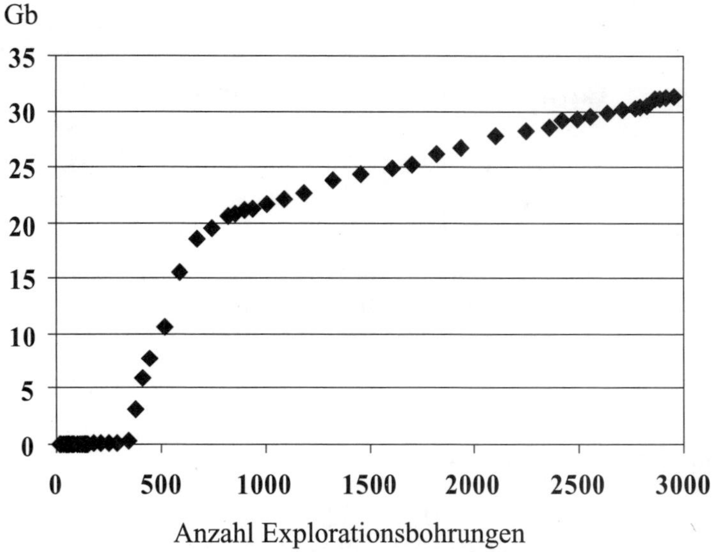

Explorationsbohrungen in der britischen Nordsee. Die großen Felder waren sehr schnell gefunden. Zwar wurden immer wieder neue Ölfelder entdeckt, doch ihre Ölmengen werden immer geringer.

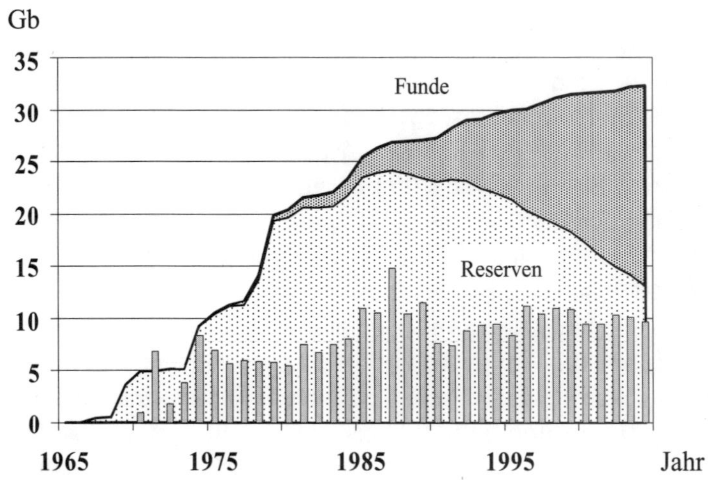

Historische Entwicklung der Ölfunde und der nach Abzug der Produktion verbleibenden Ölreserven in Norwegen. Eingetragen ist auch die in öffentlich verbreiteten Statistiken (BP) dargestellte Entwicklung der Reserven.

senes Feld gilt im Offshore-Bereich ohnehin, dass die eingesetzte Investition möglichst schnell wieder verdient werden soll. Die Förderrate wird also bis zur technisch möglichen Grenze ausgeweitet. Diese Entwicklung wurde noch durch die Steuerpolitik des Landes verstärkt, die viele Anreize und Abschreibungsmöglichkeiten für Explorationsbohrungen bot. Der Preis dieser Politik war eine rasche Erschöpfung der Ölvorräte.

Auch in Norwegen findet man seit einigen Jahren immer weniger. Kleinere Felder werden immer weiter nördlich in der Barentssee unter schwierigeren Bedingungen erschlossen. Auch in Norwegen geht die Förderung seit dem Jahr 2001 zurück.

Drama auf dem Meer

Zurück zur Ölgewinnung: Die Exploration von Ölvorkommen im Meer war, wie beschrieben, schon bald kein Problem mehr. Aufwändig und kostspielig blieb (und bleibt!) die Förderung. Zunächst muss die Ölplattform in Küstennähe für ihren Einsatz ausgerüstet werden. Die Basis besteht aus riesigen Tanks mit drei schlanken, ungefähr 180 Meter hohen Betontürmen und aus Bohranlage, Kränen, Verarbeitungsvorrichtungen und Wohncontainern. Die Plattform, gewaltig wie ein Hotelkomplex, wird von Schleppern ins Meer gezogen und weit draußen auf See befestigt. Nach der Flutung der Tanks sinken die Pfeiler langsam zum Meeresboden. Die Plattform selbst bleibt über den Wellen. Ca. 30 Probebohrungen bis in eine Bohrtiefe von 2000 Metern haben sichergestellt, dass sich unter der Plattform auch tatsächlich unter hohem Druck stehendes Erdöl befindet. Ist die Plattform endlich befestigt, bringen spezielle Arbeitsschiffe Vorräte und weitere Ausrüstung, die auf den schaukelnden Decks von geschickten Kranführern übernommen werden müssen. Und das alles passiert auf sehr engem Raum, auf schlanken Betonstängeln weit draußen in der stürmischen See. Helikopter transportieren die Arbeitsmannschaften hin und her.

Unter diesen erschwerten Arbeitsbedingungen ist es erstaunlich, dass es bisher nicht mehr Unfälle gegeben hat. Doch die Sicherheitsmaßnahmen sowohl seitens der Firmen als auch der beteiligten Behörden sind sehr umfassend und weit reichend. Bei den meisten Unfällen blieben die Schäden und Verluste relativ gering.

Eine dramatische Ausnahme bildete der Brand auf der »Piper-Alpha«-Plattform in Großbritannien im Jahr 1988, bei der 167 Männer starben, bis heute das größte Unglück in der Ölindustrie. Das Unglück wurde ausgelöst durch eine tragische Verkettung von unglücklichen Umständen und falschen Entscheidungen. Zunächst die Ausgangssituation: An den zwei Turbinen der Plattform wurden gleichzeitig Wartungsarbeiten vorgenommen. Die Turbinen haben eine äußerst wichtige Funktion, denn sie pumpen das Gas hoch, das sich über dem Öl befindet. Bei einer der beiden Turbinen war nun die Wartung erfolgreich abgeschlossen, bei der zweiten gab es eine kurzzeitige Betriebsunterbrechung. Doch davon wusste außer den unmittelbar beteiligten Arbeitern niemand. Das provisorische Warnschild war das erste, was wegflog, als plötzlich beide Turbinen wieder in Betrieb genommen wurden. Eine ungeheure Menge Gas strömte aus und entzündete sich sofort. Möglicherweise hätte dieses Feuer gelöscht werden können, doch fatalerweise hatte man auch das automatische Sprinklersystem aus Sicherheitsgründen ausgeschaltet, denn zur selben Zeit untersuchten Taucher die Wasserzuflüsse. Da die Wasserpumpen mit der Sprinkleranlage verbunden sind, hätte für die Taucher die Gefahr bestanden, in das Pumpensystem hineingesaugt zu werden, wenn sich die Anlage in Gang setzte. Doch es kam noch schlimmer. Weitere Gasfelder in der Nachbarschaft waren direkt über Förderrohre mit dem Plattformkomplex verbunden. Die zusätzlichen Gasmengen strömten zur »Piper Alpha« und die Plattform verwandelte sich in ein Inferno. Zunächst überlebten die Männer in ihren feuerfesten Wohncontainern, aber ein Sicherheitssystem nach dem anderen versagte. Die Kabinen füllten sich mit Rauch. Zwei mutige Männer versuchten noch, ein Notfall-Sprinklersystem in Gang zu bringen, aber sie verschwanden in den Flammen und wurden nie wieder gesehen. Es gab nur einen einzigen Fluchtweg, und der war, in das fast hundert Meter tiefer liegende brennende Meer zu springen. Schließlich sackte die komplette Ölplattform ab und brach auseinander. Dass es überhaupt Überlebende gab, grenzt an ein Wunder. Die sehr gründliche Untersuchung des Unfalls führte dazu, dass eine Reihe von Sicherheitsstandards international verbessert wurde. Es hat seitdem auf keiner Plattform mehr eine Katastrophe dieses Ausmaßes gegeben. Doch Unfälle gibt es immer wieder. Im März 2001 führten die schwierigen Förderbedingungen im tiefen Offshore-Bereich vor der Küste Brasiliens und nur nachlässig eingehaltene Sicherheitsvorschriften seitens der Staatsfirma Petrobras dazu, dass die weltgrößte schwimmende Plattform versank und 11 Menschen mit in den Tod riss. Auch in der Nordsee ist Sicherheit noch immer ein Thema. Im Jahr 2006 gab es Kontroversen um angeblich unzureichende Sicherheitsvorkehrungen auf den von Shell betriebenen Plattformen.

Die Offshore-Förderung aus großen Meerestiefen im Golf von Mexiko, vor Brasilien oder vor Westafrika wird in einem späteren Kapitel noch besprochen.

Die zukünftige Entwicklung der weltweiten Ölförderung – ein Ausblick

Die Ölförderung eines jeden Ölfeldes, beginnend mit seiner Erschließung bis zum Versiegen, hat den Verlauf einer Glockenkurve: Zunächst steigt die Produktion des Feldes exponentiell an. Die Produktionsrate kann durch Zubau neuer Förderanlagen gesteigert werden. Je mehr gefördert wird, desto mehr sinkt der Druck im Ölfeld ab, und der Wasserpegel steigt an. Die Förderung des verbleibenden Öls erfordert zunehmend mehr Aufwand. Die Zähigkeit des Öls beginnt das Förderprofil zu bestimmen. Der Zubau weiterer Fördersonden in einem bestehenden Feld kann zur verstärkten Druckabnahme und kurzfristig zu einer Ausweitung der Produktion führen. Schließlich erreicht das Feld sein Produktionsmaximum und die Entnahmerate aus dem Ölfeld wird geringer. Die Produktion geht zurück. Auch moderne Produktionsmethoden (Erhöhung des Druckes durch Einpressen von Wasser oder Gas, Reduktion der Zähigkeit des Öls durch Erhitzen oder durch chemische Additive), die seit nunmehr 25 Jahren erfolgreich angewendet werden, können allenfalls den Produktionsabfall etwas hinauszögern und dämpfen, aber nicht verhindern. Durch »Überaktivität« kann kurzfristig der Produktionsrückgang gestoppt werden. Nach allen Erfahrungen geht der Rückgang anschließend nur noch schneller vonstatten.

Aus ökonomischen Gründen wird man versucht sein, den Rückgang der Produktion jenseits des Maximums zu verzögern. Hier gibt es jedoch einen grundsätzlichen Unterschied zwischen der Förderung auf dem Land und im Meer: Während onshore auch eine langsam zurückgehende Förderung mit mehreren Prozent pro Jahr über viele Jahre hinweg sinnvoll ist, da die getätigten Investitionen die laufenden Betriebsausgaben bei weitem übersteigen, versucht man, in Offshore-Gebieten die Ölfelder so schnell wie möglich auszubeuten. Fällt die Produktion unter eine bestimmte Rate zurück, lohnen sich die hohen Betriebskosten der Plattformen nicht mehr. Somit muss man beim Produktionsprofil grundsätzlich zwischen Onshore- und Offshore-Förderung unterscheiden.

Der charakteristische glockenförmige zeitliche Verlauf der Förderung, der für ein einzelnes Ölfeld gilt, gilt auch für Aggregate von Ölfeldern und somit auch für den Verlauf der Weltölförderung. Glockenkurven in jeweils verschiedenen Stadien führen in Summe wieder zu einer Glockenkurve. Dabei wird der Scheitelpunkt der Kurve (englisch als »peak« bezeichnet) ungefähr dann erreicht, wenn die Hälfte des vorhandenen Öls bereits gefördert ist.

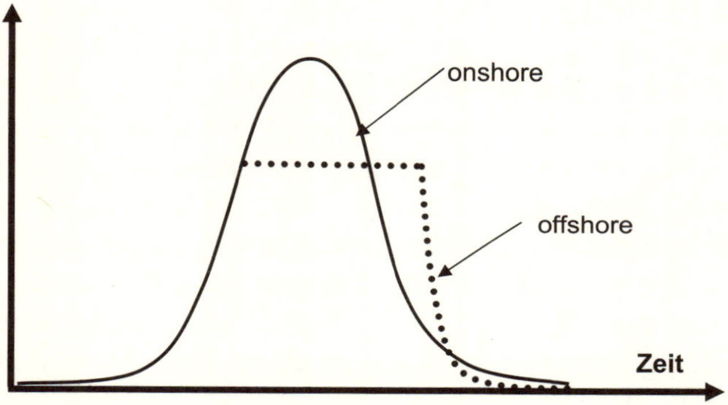

Idealisiertes Förderprofil eines Ölfeldes. Wenn ca. die Hälfte des Öls entnommen ist, hat der Lagerstättendruck so weit nachgelassen, dass die Förderrate kontinuierlich zurückgeht. Offshore versucht man durch künstliche Druckerhöhung die Förderrate möglichst lange aufrechtzuerhalten. Nach Überschreiten des Maximums fällt die Förderrate rapide ab.

Der Einfluss verbesserter Produktionsmethoden

Oft wird behauptet, mit modernen Fördermethoden könne man ein Ölfeld wesentlich besser als früher ausbeuten. Daher würden die bekannten Vorräte länger reichen als noch vor ein paar Jahren angenommen. Das ist zunächst prinzipiell richtig, wird aber in seiner Wirkung deutlich überschätzt. Moderne Fördermethoden werden bereits seit vielen Jahrzehnten angewendet. Insbesondere in den USA setzt man jede erdenkliche Technologie ein, um möglichst viel Öl aus den Feldern zu pumpen. So stieg dort der durchschnittliche Ausbeutungsgrad von 25 Prozent im Jahr 1960 auf 32 Prozent im Jahr 1980. Heute liegt er im Weltdurchschnitt bei 40 Prozent. Das konnte allerdings nicht verhindern, dass die Förderung dennoch seit 1971 stetig zurückgeht. Als ein Beispiel dafür, welchen Einfluss moderne Technologien haben, kann das größte amerikanische Ölfeld »Prudhoe Bay« in Alaska gelten. Die Produktion von »Prudhoe Bay« wurde bereits besprochen. Dieses Feld trägt selbst heute noch mit fast 10 Prozent zur gesamten amerikanischen Ölförderung bei.

Immer dann, wenn die Förderung in einem bereits vor längerer Zeit erschlossenen Feld erneut intensiviert wird, wird in der Fachsprache von »verstärkter Ausbeutung« (enhanced recovery) gesprochen, denn nun soll auch der letzte Tropfen Öl noch gefördert werden. Verstärkt ausbeuten heißt auch: Man vertraut auf den technischen Fortschritt und setzt auf ein immer größer werdendes Wissen über alte und neue Details in den bekannten Feldern. Der Haupteffekt besteht aber nicht darin, mehr Öl aus dem Feld zu entnehmen, sondern das entnehmbare Öl nur etwas schneller zu fördern. All diese Methoden werden nach dem Überschreiten des Produktionsmaximums angewandt, um den Produktionsabfall hinauszuzögern.

Der Höhepunkt der Weltölförderung (Peak Oil)

Für die Versorgung der Welt mit Öl sowie für die Preisbildung auf den Märkten ist die jeweils aktuell verfügbare Menge entscheidend. Im Jahr 2005 betrug die Weltölförderung ca. 80 Millionen Barrel pro Tag. Bestimmend für die künftige Entwicklung wird sein, ob im nächsten Jahr oder in den nächsten Jahren die Förderung weiter ausgeweitet werden kann, an eine obere Grenze stößt oder gar abnimmt. Die Frage ist also, wie lange und wie weit die Weltölförderung noch wachsen kann.

In diesem Zusammenhang ist die Frage nach der Menge der jeweils aktuell verfügbaren Reserven eher zweitrangig. Oft wird die statische Reichweite – »Wie viele Jahre reicht das noch vorhandene Öl bei heutigem Verbrauch?« – als Maß für die Verfügbarkeit von Öl benutzt. Dabei gilt den meisten Menschen eine Reichweite von 40 Jahren als beruhigend langer Zeitraum! Diese Vorstellung an sich ist jedoch aus einer Reihe von Gründen eher irreführend. Zum einen verläuft die Förderung über die Zeit nicht auf einem konstanten Niveau, um dann plötzlich in dem Moment abzubrechen, wenn alles Öl verbraucht ist, sondern der Verlauf folgt der angesprochenen Glockenkurve. Insofern überschätzen die statischen Reichweiten die zeitliche Verfügbarkeit. Weiterhin ist zu beachten, dass nach dem Überschreiten des Fördermaximums in einem Gebiet der Begriff der statischen Reichweite zunehmend problematisch wird. Dies lässt sich leicht am Beispiel der Ölförderung in Deutschland zeigen. Am Fördermaximum im Jahr 1968 betrug die statische Reichweite 11 Jahre. Heute, bei einem Förderniveau von nur noch 34 Prozent der Maximalförderung und wesentlich weniger verbliebenen Reserven, hat sich die statische Reichweite jedoch auf 18 Jahre erhöht. Der wesentliche Aspekt ist der, dass ab dem Moment, ab dem ein Feld sein Fördermaximum überschritten hat, die genaue Höhe der Reserven für die Höhe der künftigen Produktionsraten keine Rolle mehr spielt. Wie auch immer sich am Ende der Produktion die insgesamt förderbare Menge darstellen mag (im Vergleich zu den anfänglichen Schätzungen), die Förderraten werden nur noch zurückgehen. Die einzige Frage, die sich stellt, ist die nach der Geschwindigkeit des Rückgangs und ob, wie und mit welchem Aufwand man die Rate des Produktionsrückgangs noch beeinflussen kann. Entscheidend für strukturelle Änderungen der Energieversorgung ist nicht die (statische oder dynamische) Reichweite der Reserven, also: »Wie lange reicht das gefundene Öl bei vorgegebener jährlicher Förderquote?«, sondern die Frage, ab welchem Zeitpunkt die Ölproduktion aus geologischen, technischen und ökonomischen Gründen nicht mehr erhöht werden kann, sondern »tendenziell« nur noch abnimmt. Der Übergang von tendenziell zunehmender zu tendenziell abnehmender Produktion ist der Zeitpunkt, an dem die Endlichkeit der Ressourcen sich erstmals auch auf den Märkten spiegelt. Ab diesem Zeitpunkt richtet sich in den Köpfen der Menschen der »energiepolitische Kompass« neu aus. Dies wird zu einer weit greifenden und dauerhaften Veränderung des Investitionsverhaltens führen, weg vom Öl und hin zu den möglichen Alternativen der Energieversorgung. Das Erreichen des weltweiten Fördermaximums ist der aussagekräftige Indikator für kommende Strukturbrüche, nicht die Reichweite von Ölreserven, also die Frage nach dem »letzten Tropfen Öl«. Daher wird dieser Strukturbruch sehr viel früher kommen, als die meisten Leute meinen.

Das Maximum (Peak Oil) der weltweiten Ölproduktion ist ein einmaliges historisches Ereignis. Man hat ihn bisher nicht erlebt und wird ihn nach seinem Eintreten nie mehr erleben. Wegen der Singularität des Ereignisses haben die Menschen kein intellektuelles oder emotionales Sensorium ausgebildet, das den Umgang mit diesem Ereignis vorbereiten könnte.

Der Peak sendet auch keine Signale an die Verbraucher und Rohstoffmärkte im Voraus, schon gar nicht mit einem Vorlauf von 10, 20 oder 30 Jahren. Denn die Märkte werden, solange die strukturelle Möglichkeit der Angebotsausweitung besteht, ausschließlich durch kurzfristige Signale beeinflusst. Allein auf die Preise zu schauen, ist also nicht ausreichend.

Der typische Produktionsverlauf ganzer Förderregionen

Der zeitliche Verlauf der Ölförderung einer Region kann in drei Phasen eingeteilt werden: die Phase der kontinuierlichen Ausweitung der Produktion (»Pre-Peak«), die Phase der Stagnation der Förderung (»At Peak« oder »Plateau«) und die Phase der stetig abnehmenden Produktion (»Decline«).

Keine Firma der Welt hebt sich die Ölfelder mit den günstigsten ökonomischen Eigenschaften für die Zukunft auf. Daher werden die größten und ergiebigsten Felder als Erstes in die Produktion gebracht. Diese Felder haben die größten Produktionsraten und die längste Produktionsdauer. In der Frühphase der Produktion ist es relativ einfach, diese durch den Anschluss weiterer Felder auszuweiten. Sobald die großen Ölfelder über das Fördermaximum wachsen, müssen ständig neue Felder angeschlossen werden, um den allgemeinen Förderrückgang auszugleichen. In dieser Phase wird es zunehmend schwieriger, die Produktion noch auszuweiten. Da nun aber die schlechteren, kleineren Felder in die Produktion gelangen, beschleunigt sich mit ihrer schnelleren Erschöpfung der Zwang zum Anschluss von immer mehr neuen Feldern. Es beginnt der Wettlauf gegen den »Decline«. Man kann hier bildlich von einer Tretmühle oder einem Hamsterrad sprechen, das immer schneller gedreht werden muss. Beispiel: Norwegen. Hier begann diese Phase ab ca. 1995.

Mit weiter fortschreitender Produktion wird der Förderrückgang in den produzierenden Feldern so stark, dass er auch durch den Anschluss neuer Felder nicht mehr ausgeglichen werden kann. Die unvermeidliche Phase des Rückgangs der Produktion beginnt. Die jeweils verfolgte Strategie ist dafür entscheidend, wie stark dieser Förderrückgang ausfällt: Je länger man versucht, das Fördermaximum zu halten, umso größer ist der anschließende Rückgang. Die nachfolgende Grafik des Förderprofils von Norwegen zeigt diese Entwicklung eindrucksvoll. Es wird auch deutlich, dass eine Entspannung nur dann eintreten könnte, wenn man neue Ölfelder finden würde, die größer als die bereits gefundenen sind. Sehr selten kommt das tatsächlich immer noch vor. Die Welt ist jedoch so weit erforscht, dass dies mit jedem Jahr unwahrscheinlicher wird.

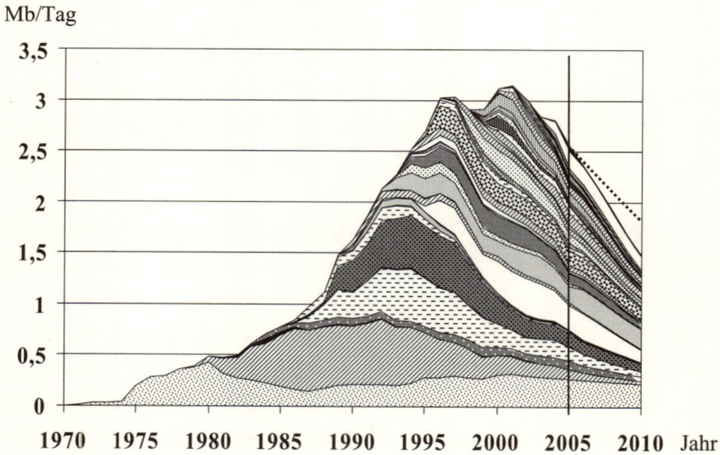

Abbildung der Ölförderung in Norwegen mit den Förderraten zu einem bestimmten Zeitpunkt. Die künftige Entwicklung wurde in Bezug auf den Produktionszustand der einzelnen Felder abgeschätzt.

Im nächsten Bild ist das Förderprofil von Großbritannien gezeigt. Dort ist das Fördermaximum im Jahr 1999 erreicht worden. Alle großen Felder befinden sich längst im Förderrückgang. Im Jahr 2000 konnte erstmals der Förderrückgang in den alten Feldern nicht mehr durch den Anschluss neuer Felder ausgeglichen werden. Seither geht die Produktion zurück. Der Produktionseinbruch nach 1985 war durch administrative Eingriffe nach dem Unfall auf der Produktionsplattform des Feldes »Piper-Alpha« (siehe Seite 71) bedingt. Aufgrund der bekannten Ölfunde konnte man damals im Unterschied zu heute mit einer künftig wieder steigenden Produktion rechnen.

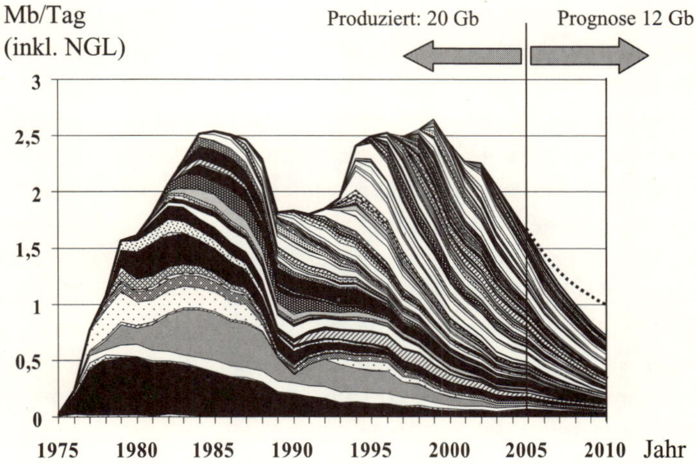

Abbildung der Ölförderung in Großbritannien mit den Förderraten zu einem bestimmten Zeitpunkt. Die künftige Entwicklung wurde in Bezug auf den Produktionszustand der einzelnen Felder abgeschätzt.

Der zeitliche Verlauf der Förderung ist ein Abbild der Geschichte des Entdeckens, daher muss dem Maximum der Ölfunde zeitverschoben auch ein Maximum der Produktion folgen. Der Höhepunkt des Findens liegt schon lange zurück und war bereits in den 60er Jahren erreicht. Damit bestimmen die Menge des bereits gefundenen Öls und seine regionale Verteilung den Produktionsverlauf der Welt in den nächsten 20 Jahren.

Insbesondere Ökonomen sind vielfach der Meinung, dass die Sicherstellung immer neuer Funde nur eine Frage der Kosten und des technologischen Fortschritts sei, durch den vermehrten Einsatz von Geld und Technik also könne man noch fast beliebig viel finden. Die Analyse der historischen Entwicklung der Ölfunde zeigt aber, dass insgesamt immer weniger gefunden wird. Bei einer Erhöhung der Explorationsanstrengungen (sprich höherem wirtschaftlichem Aufwand) wird man durchaus noch etwas finden können, aber eben nur weitere noch kleinere Felder. Anders ausgedrückt: Man kann heute auch nach Stecknadeln im Heuhaufen suchen, was früher nicht möglich war. Allerdings findet man eben auch fast nur noch Stecknadeln. Selbst noch so große Investitionen können daran nichts ändern, aus dem schlichten Grund, weil es fast nichts mehr zu finden gibt. Technologische Fortschritte schlagen sich vor allem in der genaueren Vorerkundung potenzieller Lagerstätten nieder oder aber in einer schnelleren Entnahme des Öls aus der ölführenden Formation. Die wirtschaftlichen Risiken einer Probebohrung werden dadurch eingegrenzt. Folgerichtig kann man aus den Jahresberichten der großen Ölfirmen entnehmen, dass keineswegs mehr Geld für die Exploration neuer Felder ausgegeben wird. Im Gegenteil, bei den Firmen Exxon Mobil, BP und Shell z. B. haben sich diesbezügliche Ausgaben seit 1998 etwa halbiert. Warum auch sollte man Geld ausgeben, wo es nicht mehr viel zu finden gibt? Gestiegen sind dagegen die Ausgaben für die Aufrechterhaltung der Förderung, weil die Förderrate der einzelnen Sonden immer stärker nachlässt. Am stärksten angestiegen sind jedoch die Ausgaben für den Rückkauf eigener Aktien. Waren diese im Jahr 1999 noch vernachlässigbar, so waren sie im Jahr 2005 bei den genannten Firmen genauso groß wie die Explorations- und Förderaufwendungen zusammen, nämlich fast 35 Milliarden US-Dollar.

Dem weltweiten Höhepunkt der Entdeckungen in den 60er Jahren folgte ein schnelles Wachstum der Ölförderung, das um das Jahr 1980 abzuflachen begann. Der überwiegende Teil der heutigen Ölförderung kommt aus alten Feldern. So kommen 90 Prozent unserer Ölproduktion aus Feldern, die älter als 20 Jahre sind, und 70 Prozent stammten aus Feldern von vor 30 Jahren und mehr.

Künftige Fördermöglichkeiten der Welt

So wie die am Beispiel Norwegens und Großbritanniens gezeigte Feldanalyse zu einer immer steiler abfallenden »Basisproduktion« führt, die durch den verstärkten Anschluss neuer Felder ausgeglichen werden muss, gilt dieser Abfall natürlich ebenfalls für die Summenkurven von einzelnen Förderregionen und auch weltweit. Mit fortschreitender Zeit wird die Gruppe der Staaten, die das Fördermaximum überschreiten, größer und die Gruppe der Staaten, die ihre Produktion noch ausweiten können, kleiner. Ungefähr um das Jahr 2000 war das gemeinsame Produktionsmaximum der Staaten außerhalb der OPEC und außerhalb der ehemaligen Sowjetunion erreicht. Eine gewisse Unsicherheit besteht noch bei der Frage, wie viele Jahre Russland seine Produktion noch erhöhen kann. Mit großer Sicherheit wird aber die hohe Produktion der 80er Jahre nicht mehr erreichbar sein. Hier zeichnet sich ab, dass der schnelle Produktionszuwachs der letzten 10 Jahre an seine Grenzen gekommen ist: Gegenüber den Steigerungsraten von 5–10 Prozent pro Jahr in den Jahren 1999–2004 gab es im Jahr 2005 nur noch eine geringe Zunahme von 2,7 Prozent.

Heute ist der Anteil der OPEC-Staaten im Nahen Osten mit 33 Prozent ungefähr so groß wie Anfang der 70er Jahre, als sie durch ihre Macht auf dem Ölmarkt einen Ölpreisschock auslösen konnten. Im Unterschied zu den Preiskrisen der 70er Jahre wird aufgrund der begrenzten Ressourcen außerhalb der OPEC-Staaten der Produktionsanteil der OPEC-Staaten im Mittleren Osten jedoch künftig nicht wieder zurückgehen, sondern nur noch zunehmen, sofern nicht der Weltbedarf zurückgeht.

Es soll im Folgenden versucht werden, ein grobes quantitatives Bild der künftigen Ölförderung zu zeichnen. Dazu werden alle Staaten den jeweiligen oben definierten Phasen, in denen sich ihre Ölproduktion befindet, zugeordnet. Tabelle 2 zeigt die Zuordnung aller wichtigen Förderländer der Welt zu den drei Phasen. Die Zuordnung erfolgte nach eigener Einschätzung gemäß dem historischen Produktionsverlauf und dem Anteil Reserven/Funde (Spalte »Noch vorhanden«). Die Basiszahlen sind der Industriedatenbank entnommen. Zum Vergleich wurden die Reserven und bisherigen Funde aber auch gemäß den Daten der ASPO angegeben. Die große Diskrepanz vor allem in den »Pre-Peak«-Staaten verdeutlicht die schlechte Datenlage, zeigt aber auch, dass selbst diese Staaten bei kritischer Einschätzung nahe an die Grenzen der Förderausweitung gekommen sind. Man mag darüber streiten, ob das eine oder andere Land noch ein paar Jahre vor oder nach dem Maximum steht. Für die grundsätzliche Betrachtung und die Schlussfolgerungen ist dies jedoch unerheblich.

So wurden denn auch gegenüber der zweiten Auflage dieses Buches einige Staaten umgruppiert: So wird Kanada jetzt der Gruppe »Pre-Peak« zugeordnet, da diesmal nichtkonventionelle Ölsande direkt einbezogen werden (ausführlich besprochen im nachfolgenden Kapitel). Iran wird jetzt der Gruppe »At Peak« zugeordnet. Russland, das der Gruppe »Decline« zugeordnet war, wird ebenfalls der Gruppe »At Peak« zugeordnet, da das Fördermaximum zwar 1988 erreicht war, aber in den letzten Jahren von 1999 bis 2004 auf niedrigerem Niveau ein Anstieg um 50 Prozent auf 9,1 Mb/d erfolgte, der jetzt einer Stagnation gewichen ist. China, Libyen und Algerien wurden ebenfalls in diese Gruppe eingegliedert, da nicht ganz klar ist, wie lange deren Förderniveau noch gehalten werden kann. Im Gegenzug bekam der »Club der Staaten jenseits des Fördermaximums« aber Zuwachs: Oman, Argentinien, Indien, Australien und Dänemark haben neben Mexiko in den vergangenen Jahren ihr Fördermaximum überschritten.

Tabelle 2
Produktion des Jahres 2005 sowie Summe der bisherigen Funde und nach Abzug der bereits erfolgten Produktion noch vorhandene Reserven. Der erste Wert bei »kumulierte Funde« und »Reserven« führt die Angaben gemäß der Industriedatenbank, der zweite Wert gemäß ASPO auf.

Regionen	Produktion 2005 Mio. Barrel pro Tag	Anteil an Weltproduktion %	Kumulierte Funde Gb	Reserven 2000 Gb	Noch vorhanden %
Decline	24	30	571 / 468	128 / 113	22 / 24
At Peak	28,5	36	707 / 628	357 / 278	50 / 44
Pre-Peak	27	35	1030 / 666	774 / 403	75 / 60
Total	79,5	100	2308 / 1762	1259 / 794	54 / 45

Nur etwa 27 Prozent der Ölproduktion kommen aus wenigen Staaten, die ihre Produktion möglicherweise noch deutlich ausweiten können (Pre-Peak). Allerdings ist für diese Staaten auch die Datenlage äußerst unsicher. Sie verfügen über mehr als die Hälfte der verbleibenden Weltölreserven und haben ihre eigenen Reserven erst zu 25–40 Prozent verbraucht. Weltweit wurde etwa die Hälfte der bekannten Vorräte bereits verbraucht.

Szenarien zur künftigen Erdölproduktion

Die Gruppierung der Öl produzierenden Länder entsprechend Tabelle 2 bildet eine gute Grundlage für die Abschätzung möglicher künftiger Entwicklungen. Dazu muss man zusätzliche Annahmen bezüglich der Entwicklung des weltweiten Ölverbrauchs oder der erwarteten weltweiten Produktion treffen. Ebenso gilt es, Annahmen über die künftig möglichen oder notwendigen Produktionsraten der Länder in den verschiedenen Produktionsphasen zu machen. Die folgenden Projektionen beziehen sich auf die Jahre 2010 und 2020.

Es werden hier zwei Szenarien vorgestellt: Das erste geht von einem konstanten Verbrauch während der nächsten fünfzehn Jahre aus, das zweite von einem (moderaten) Wachstum der Nachfrage. Diese Szenarien sind bewusst einfach gehalten, um die Nachvollziehbarkeit zu erleichtern und dem Leser eine eigene Einschätzung zu ermöglichen.

Szenario 1 – *Konstanter weltweiter Verbrauch*
Der Produktionsrückgang der im »Decline« befindlichen Länder wird mit 3 Prozent pro Jahr angenommen. Der »Decline« in den Staaten »At Peak« setzt erst im Jahr 2009 ein. Die fehlenden Mengen sollen durch eine Steigerung der Produktion in den »Pre-Peak«-Staaten und durch die Förderung von unkonventionellem Öl (NC) ausgeglichen werden. Auf unkonventionelles Öl wird im folgenden Kapitel noch ausführlich eingegangen.

Tabelle 3
Szenario 1 – Durchschnittliche tägliche Produktion in Millionen Barrel.

Jahr	2000	2005	2010	2020
Decline	27	24	20,6	15,2
At Peak	23,8	28,5	26,8	19,8
Pre-Peak + NC	22,4	27	32	44,5
Total	73,6	79,5	79,5	79,5

Szenario 2 – *Wachstum der Nachfrage*
Das künftige Verbrauchswachstum wird mit 1,5 Prozent pro Jahr angenommen. Das entspricht etwa dem durchschnittlichen Wachstum seit 2000. Bei Ländern im »Decline« wird von einem Rückgang von 3 Prozent pro Jahr ausgegangen. Der »Decline« in den Ländern am Peak setzt erst im Jahr 2009 ein. Die fehlenden Mengen sollen durch eine steigende Produktion in den »Pre-Peak«-Staaten ausgeglichen werden. Dies beinhaltet im Unterschied zum Szenario in der zweiten Auflage des Buches nun auch die Produktion von unkonventionellem Öl.

Tabelle 4
Szenario 2 – Durchschnittliche tägliche Produktion in Millionen Barrel.

Jahr	2000	2005	2010	2020
Decline	27	24	20,6	15,2
At Peak	23,8	28,5	26,8	19,8
Pre-Peak + NC	22,4	27	38,2	64,3
Total	73,6	79,5	85,6	99,3

Wie wahrscheinlich ist eine derartige Entwicklung? Um dies besser beurteilen zu können, muss man sich die wichtigen Regionen etwas detaillierter betrachten:

– Aus den Analysen des vorigen Kapitels lässt sich ableiten, dass am Kaspischen Meer in Kasachstan und Aserbaidschan die Förderung gegenüber 2005 noch um etwa 1,4 Mb/d bis 2010 und 2,5-3 Mb/d bis 2015 ausgeweitet werden dürfte. Danach wird der Mehrertrag gegenüber 2005 auf etwa 2-2,5 Mb/d zurückgehen, falls nicht noch Felder von der Größe eines »Tengiz« oder »Kashagan« gefunden werden, die deren Förderrückgang ausgleichen könnten.
– Tiefseeöl wird von Geologen oft als nichtkonventionelles Öl klassifiziert. Es wird im folgenden Kapitel besprochen. An dieser Stelle sollen nur die wesentlichen Förderangaben vorweggenommen werden: Summiert man die Planungen der Staatsfirma Petrobras auf, so ist zu erwarten, dass die Ölförderung gegenüber 2005 bis 2010 um etwa 0,5 Mb/d ansteigen wird, bis 2015 ungefähr auf diesem Niveau gehalten werden kann und dann zu-

rückgehen wird. Entgegen den Hoffnungen der vergangenen Jahre wird die Ölförderung aus dem Golf von Mexiko wohl nicht mehr ausgeweitet werden können, da die Hurrikanschäden der vergangenen Jahre zu große Spuren hinterlassen haben. Bis 2015 ist vermutlich mit einem Förderrückgang um 0,5 Mb/d zu rechnen. Damit dürfte aus beiden Regionen zusammen bis 2010 eine Steigerung um 0,5 Mb/d zu erwarten sein, die bis 2015 wieder auf den heutigen Stand zurückfallen wird.

- Vor Westafrika liegt die zweite wichtige Tiefseeregion. Wie später noch begründet wird, dürfte aus Nigeria und Angola zusammen die Förderung bis 2010 um etwa 2–2,5 Mb/d ansteigen. Dann aber wird das Fördermaximum überschritten, so dass bis 2015 nur noch mit einem Mehrertrag gegenüber heute von 1,5–2 Mb/d zu rechnen ist.
- In der Summe lassen alle kanadischen Ölsand-Aktivitäten (siehe nächstes Kapitel) bis zum Jahr 2010 eine Produktionsausweitung auf 1,5 Millionen Barrel Tagesproduktion erwarten. Bis 2015 könnte die Rate sogar auf 2–2,5 mb/d steigen. Da jedoch die konventionelle Ölförderung weiter zurückgeht, entspricht dies einer Nettoausweitung der kanadischen Ölförderung von etwa 0,5 Mb/d bis 2010 gegenüber der Förderrate des Jahres 2005. Bis 2015 wird dieser Wert vermutlich weiter ansteigen auf 0,6–0,8 Mb/d. In Venezuela wird die Schwerölförderung ebenfalls leicht ausgeweitet werden, so dass aus dieser Gegend vergleichbare Förderausweitungen zu erwarten sind.

In Summe könnten diese bis 2010 für möglich gehaltenen Produktionsausweitungen von 4,5–5 Mb/d den Förderrückgang der anderen Regionen fast ausgleichen. Dabei ist zu bedenken, dass diesen Angaben meist Prognosen der Ölfirmen oder der Energieinformationsbehörde der USA zugrunde liegen. Diese Einschätzungen waren in der Vergangenheit fast immer zu optimistisch. Es ist sehr gut möglich, dass diese Regionen ihre Förderung nicht in diesem Maß ausweiten können. Ein Verbrauchszuwachs, wie er in Szenario 2 beschrieben wurde, würde eine Förderausweitung um weitere 6 Mb/d erfordern. Diese müsste vor allem von Saudi-Arabien geleistet werden, was die Ausweitung der dortigen Förderung um 40–50 Prozent innerhalb von 5 Jahren erfordern würde. Angesichts des bestehenden Förderrückgangs in der Produktionsbasis

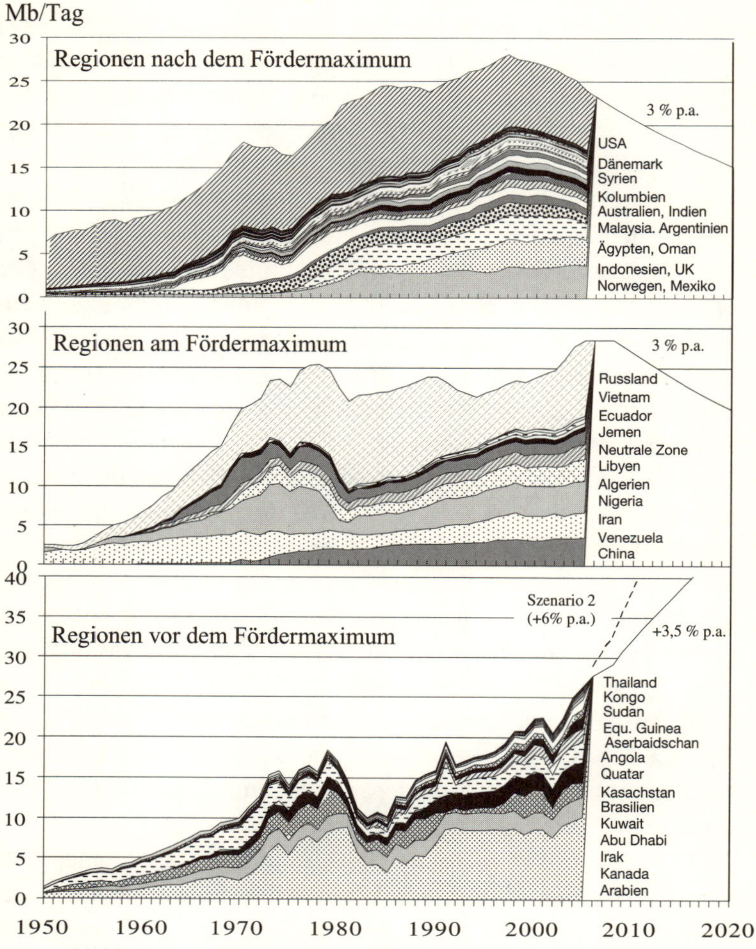

Abbildung der Weltölförderung. Die einzelnen Staaten wurden ihrem Produktionszustand entsprechend drei Gruppen zugeordnet: 1. »Fördermaximum überschritten« (Decline); 2. »am Fördermaximum« (At Peak); 3. »Förderung kann vermutlich noch deutlich ausgeweitet werden« (Pre-Peak).

und angesichts der zurückhaltenden Investitionen ist dies nur schwer vorstellbar.

Rechnet man weiter bis zum Jahr 2015, so kann aus diesen oben zusammengefassten Regionen kein zusätzliches Öl auf den Markt gebracht werden wegen des Förderrückgangs der bestehenden und der meisten der bis 2010 neu erschlossenen Ölfelder. Das aber bedeutet, dass zur Aufrechterhaltung der heutigen Förderrate etwa 10–12 Mb/d zusätzlich aus Saudi-Arabien kommen müssten. Das aber ist noch schwerer vorstellbar. Heute kennen wir weltweit außer »Roncador« in Brasilien und »Kashagan« in Kasachstan fast kein größeres Feld mehr, das erst nach dem Jahr 2010 das Fördermaximum überschreiten wird. Damit ist es nun sehr wahrscheinlich, dass die weltweite Förderung spätestens bis zum Jahr 2010 den Höhepunkt überschreiten wird.

Diese Analyse stützt sich weitgehend nur auf die Beobachtung der bisherigen Förderung und die Planungen zur Erschließung der bereits gefundenen Felder, da diese Angaben als historische Tatsachen unstrittig sind. Sie stützt sich dagegen nur in geringem Maße auf Schätzungen der Reserven oder die Erwartung künftiger Funde. Höherbewertungen der Reserven bereits produzierender Felder werden keinen Einfluss haben, da diese meist für Felder erfolgen, die bereits im Förderrückgang sind.

Wie »reich« ist die Ölverwandtschaft? Die Frage zusätzlicher Reserven

Der Nahe Osten ist, wie man weiß, reich mit Öl gesegnet. Dieser Reichtum ist weniger auf eine besonders große Menge von im Verlauf der Erdgeschichte entstandenem ölhaltigem Muttergestein zurückzuführen, sondern auf den Umstand, dass das Material besonders gut mit Salz abgedichtet wurde und so bis heute erhalten blieb. Zwei andere Gebiete auf der Erde waren in Bezug auf die Entstehungsvoraussetzungen eigentlich wesentlich ergiebiger: ein großes Becken, das sich in der Kreidezeit von Peru bis Trinidad erstreckte, und das Alberta-Becken im westlichen Kanada. Dort entstanden zwar ungeheure Mengen von Ölmuttergestein, aber es mangelte an schützenden Fallen bzw. an hermetischen Abdichtungen. Im Laufe der Erdgeschichte schoben sich große Mengen des Ölgesteins an den Seiten der Fallen vorbei und erodierten dann unter der Einwirkung von Bakterien und chemischen Vorgängen nahe der Erdoberfläche. Hauptsächlich auf diesen beiden Becken ruhen heute die Hoffnungen. Man möchte aus den dort in großen Mengen vorhandenen unkonventionellen Schwerölen und Ölsanden künftig in großem Stil Öl gewinnen.

Unkonventionelles Öl – was ist das?

Als unkonventionelles Öl bezeichnet man Ölschiefer, Ölsand (manchmal auch Teersand genannt), Schwer- und Schwerstöl sowie Flüssiggas und Kondensat. Flüssiggase und Kondensat bestehen aus kurzen Kohlenwasserstoffketten im Übergangsbereich zu Erdgas. Beide sind bei hohem Druck flüssig und bei geringem Druck gasförmig. Das in Gasflaschen verkaufte Propan oder Butan gehört beispielsweise zu dieser Kategorie. Da sich der Lagerstättendruck in einem Ölfeld mit fortschreitender Förderung ändert, variiert auch der Kondensat- und Flüssiggasgehalt. Daher kann dessen Abgrenzung zum Erdgas nicht eindeutig bestimmt werden. Was die Fördercharakteristik betrifft, ähnelt es ihm jedoch sehr. Insgesamt betragen die Fördermengen wenige Prozent der Rohölförderung. Nur in den USA hat NGL (»natural gas liquids«) einen bedeutenden Anteil an der Produktion. In den Reserve- und Produktionsstatistiken, die bei der Länderanalyse durchgeführt wurden, ist NGL wie in den meisten öffentlich verbreiteten Reservestatistiken stillschweigend dem Rohöl zugerechnet und nicht explizit von diesem unterschieden. Daher wird es hier nur der Vollständigkeit halber aufgeführt, aber nicht näher betrachtet.

Ölschiefer sind tonhaltige Sedimentgesteine, die organisches Material enthalten. Ölsande sind Sandsteine, die sehr zähflüssige Kohlenwasserstoffe in sich tragen.

Schweröle sind bezüglich der petrochemischen Eigenschaften am ehesten dem Rohöl vergleichbar. Doch sie unterscheiden sich wesentlich in der Dichte und der Zähigkeit (Viskosität). Dieser Unterschied bestimmt die Fließfähigkeit. Schweröle erfordern erheblich höhere Aufwendungen, um sie aus dem Gestein zu lösen.

Unkonventionelles Öl ist nicht so einfach anzuzapfen. Wer es gewinnen will, muss sich auf eine schwierige, kostspielige und sehr langsame Förderung einstellen. Aus geologischer Sicht liegt der Unterschied von konventionellem und unkonventionellem Erdöl im Fundort und der damit verbundenen Entstehungsgeschichte. So hat sich Schweröl im Vergleich zu konventionellem Öl wesentlich langsamer gebildet. Das wiederum bedeutet, dass sich auch das Profil der Erschöpfung eines Vorkommens anders darstellt. Die Abbaumethoden sind viel stärker mit dem Erz- oder Mineralienabbau verwandt als mit der konventionellen Erdölförderung. Somit kann die Produktion nicht so schnell erhöht werden wie bei der konventionellen Ölförderung. Nach dem Überschreiten des Fördermaximums der konventionellen Ölförderung kann dieser Produktionsrückgang also nicht durch eine entsprechend schnelle Erhöhung des Abbaus unkonventioneller Ölreserven ausgeglichen, geschweige denn übertroffen werden. Im Jahr 2005 betrug der Anteil der unkonventionellen Öle (Bitumen, Synthetisches Rohöl, Schweröl, Tiefsee-Öl und Polaröl) ohne Flüssiggase (NGL) an der Weltölförderung etwa 10 Prozent.

Ökonomen unterscheiden konventionelles und unkonventionelles Erdöl gerne auch über den Preis. Danach wird das teuer zu erschließende Öl als unkonventionell bezeichnet. Weiter unterscheidet man Tiefseeöl und polares Öl (das ist nördlich des Polarkreises gefundenes Öl) als weitere Formen des unkonventionellen Öls. In öffentlichen Statistiken werden diese Ölvorkommen nicht von konventionellem Erdöl unterschieden, da sie oft die gleichen Eigenschaften (Dichte, Viskosität) aufweisen. Aber die Explorateure von Ölfirmen rechnen sie eher dem nichtkonventionellen Erdöl zu. Die Förderung ist wesentlich aufwändiger, weil die Vorkommen in geografisch und klimatisch extremen Zonen auftreten.

Schweröl und Teersand

Schweröl wird durch seine Dichte bestimmt, Teersand durch seine Zähflüssigkeit. Zur Einteilung der Öldichte hat sich die vom American Petroleum Institute eingeführte Messgröße °API (Grad API) durchgesetzt. Je größer deren Wert ist, umso leichter und höherwertiger ist das Öl, je geringer, umso zäher und niedrigwertiger ist es. Auf diese Weise ergeben sich vier Kategorien von Schweröl:

1. Schwere Öle mit einer Dichte von 17,5–20°API
2. Schwere Öle mit einer Dichte von 10–17,5°API
3. Extra schwere Öle mit einer Dichte von weniger als 10°API
4. Teersande (Bituminöse Schweröle mit hoher Viskosität, die mit normalen Methoden nicht gefördert werden können)

Kanada

In jedem Fall wird der westkanadische Teersand zu den Schwerölen gezählt. Das Vorkommen erstreckt sich über ein Gebiet von ca. 80000 Quadratkilometern, das größer ist als die Fläche Bayerns. Allerdings ist die Qualität der Teersande innerhalb dieses Gebietes sehr unterschiedlich.

Eine besonders hohe Konzentration im Boden weisen die Teersande auf, die sich im Athabasca Dome im Osten von Alberta, einer Antiklinalfalte von 240 Kilometern Länge und 110 Kilometern Breite, finden. Diese besondere geologische Formation, die wahrscheinlich einst ein noch viel größeres Gebiet umfasste, bildete eine ideale Ölfalle. Von ganz verschiedenen und weit entlegenen Quellen wurde das Öl hierher bewegt und blieb dann in geringer

Tiefe – damit bei geringer Temperatur, also schlecht versiegelt – am Rande des kanadischen Beckens liegen. Dieses Vorkommen enthält ungefähr 990 Gb.

Insgesamt könnten in dem Gebiet, das sich von Athabaska nach Westen bis Peace River und nach Süden bis Cold Lake erstreckt, über 2 500 Gb Öl vorhanden sein. Das ist mehr als das gesamte abbaubare Vorkommen an konventionellem Öl auf der Erde.

Angesichts solcher Ölmengen könnte man sich entspannt zurücklehnen, wenn es eben das Problem der aufwändigen und kostspieligen Förderung nicht gäbe. Denn um an den Teersand zu kommen, muss zunächst eine Abdeckschicht beiseite geräumt werden. Diese beträgt in den günstigsten oberflächennahen Gebieten etwa 10–20 Meter. Das Öl ist mit etwa 10–20 Prozent Anteil im Teersand enthalten. Der Rest besteht aus Sand, Lehm und etwa 5 Prozent Wasser. In dieser Gegend werden seit 1967 Ölsande abgebaut. Doch die Förderung ist mehr als mühsam, und der Weg vom Ölsand zum Rohölersatz ist weit. So werden denn auch nur etwa 4 Gb als unter heutigen Bedingungen abbauwürdig erachtet. Dieser Wert könnte sich bei deutlich höheren Ölpreisen und verbesserten Abbaumethoden auf bis zu 300 Gb erhöhen. Das wäre etwa so viel Öl, wie in Saudi-Arabien bisher gefunden wurde. Es ist allerdings eine gewisse Skepsis angebracht, ob der Ölsand jemals abgebaut werden wird, da mit zunehmenden Kosten und Umweltbeeinträchtigungen auch die Alternativen zur Ölnutzung attraktiver werden.

Die nachfolgende Beschreibung soll einen Eindruck von den schwierigen Bedingungen des Abbaus und der Produktion geben: Mit riesigen mechanischen Baggern, deren Schaufeln die Größe einer Doppelgarage haben, wird der Teersand zunächst bis zu einer Tiefe von 70 Metern geschürft. Je tiefer man in die Erde vordringt, um die einzelnen, sich überlagernden Schichten abzubauen, umso teurer wird es. Der abgebaute Ölsand hat die Konsistenz einer schlammigen Masse, die mit Molasse vergleichbar ist. Um das Kohlenwasserstoffgemisch (Bitumen) zu gewinnen, das dann in synthetisches Öl umgewandelt werden kann, muss der Teersand weiterverarbeitet werden. Dafür befördern nun riesige Förderbänder das so genannte »Erz« – schließlich ist das Ganze ein Bergbauprozess – zu großen rotierenden Trommeln. Hier wird das Erz mit Dampf, heißem Wasser und Ätznatron vermischt und gesiebt, um die ganz großen Brocken auszusortieren. Als Nächstes wird die Mischung verdünnt und in riesige Kessel gefüllt. Das Bitumen schwimmt als Schaum auf der Oberfläche, während der feine Sand auf den Boden sinkt. Der Bitumenschaum wird nun mit Schwerbenzin (Naphta) verdünnt und zentrifugiert, das Naphta danach für die Wiederverwendung zurückgewonnen. In einer letzten Bearbeitungsphase wird das Bitumen mit Wasserstoff versetzt und die Verunreinigungen werden entfernt. Hier ist vor allem der Schwefelanteil zu nennen, der mehrere Prozent beträgt. Das Endprodukt ist ein synthetisches Rohöl mit einer Dichte von 32° API. Nun erst kann es wie gewöhnliches Öl zu Benzin oder anderen hochwertigen Produkten in einer normalen Raffinerie weiterverarbeitet werden.

Die Produktion von synthetischem Rohöl ist also sehr aufwändig in Bezug auf Zeit, Technik, Energieaufwand und Umweltverbrauch. Augenblicklich ist das relativ preiswerte Gas der bevorzugte Energieträger für die Umwandlung von Teersanden in ein nutzbares Produkt für die Erzeugung von synthetischem Rohöl. Heute wird dazu Gas verwendet, das nahe der Abbaustätten weitab von Pipelines gefördert wird. Mit zunehmendem Anstieg der Gaspreise in Nordamerika tritt diese Verwendung jedoch in Konkurrenz zur direkten Vermarktung des Erdgases. Wenn dann auch noch der Marktwert des eingesetzten Gases bezahlt werden muss, werden die Produktionskosten noch deutlich ansteigen.

Der größte Teil der Ölsand-Schichten in Alberta verläuft tiefer als etwa 70 Meter unter der Oberfläche. Zum Abbau und der Weiterverarbeitung werden dafür besondere Anlagen und Verfahren benötigt, die eine Ölgewinnung direkt in der Lagerstätte (»in situ«) ermöglichen, wie etwa heiße Dampfinjektionen oder besondere Bohrmethoden. Damit aber steigt der Energie- und Wasserbedarf.

Kanada produziert gegenwärtig (Stand: Ende 2005) 534 000 b/d an aus Teersand gewonnenem synthetischem Rohöl. Parallel dazu werden etwa 958 000 b/d Schweröl, Extraschweröl, nicht weiter verarbeitetes Bitumen und 157 000 b/d Kondensat (Flüssiggas) gewonnen. Das ist heute bereits mehr, als in Kanada aus konventionellem Erdöl gewonnen wird. Seit 1995 ist die Produktion von konventionellem Rohöl von 805 000 b/d auf 530 000 b/d gefallen, unter Einbeziehung der Offshore-Förderung vor Neufundland ist sie leicht angestiegen auf 900 000 b/d.

Es ist absehbar, dass der Abbau von Teersanden und die Produktion von synthetischem Rohöl in Zukunft noch gesteigert werden. Aber damit steigen auch die Produktionskosten, die Energieaufwendungen und die Umweltbelastungen. Das bedeutet auch, dass der Abraum in riesigen Schuttbergen zurückbleibt. Bei den heutigen Abbaumethoden, die die ergiebigsten und oberflächennächsten Schichten betreffen, muss zunächst eine Deckschicht von einigen zig Metern abgeräumt werden, bevor das Gestein mit einem Ölgehalt von unter 20 Prozent abgetragen und der Aufbereitung zugeführt werden kann. Letztlich werden pro Tonne erzeugten synthetischen Rohöls etwa 25 Tonnen Abraum weggeschafft, die teilweise mit chemischen Lösemitteln kontaminiert sind. Sollten eines Tages etwa 10 Prozent der heutigen Weltölproduktion aus dieser

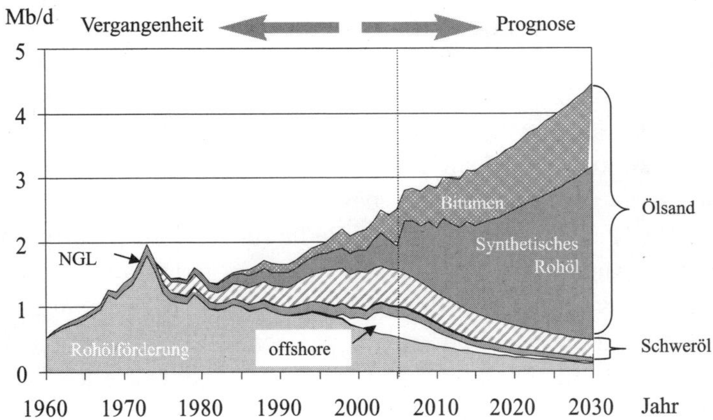

Die Ölförderung in Kanada mit steigendem Anteil von synthetischem Öl und Bitumen aus Ölsanden

Gegend kommen, dann wären das etwa 8 Millionen Barrel Öl täglich – oder anders ausgedrückt, jeden Tag würden etwa 4–5 Cheopspyramiden aus Abraummaterial in Alberta angehäuft werden, jedes Jahr wären das etwa 1600 Pyramiden! Allein das Abtrennen des Schwefels erfordert bereits heute bei einem durchschnittlichen Schwefelgehalt von 3 Prozent das Anhäufen von täglich mehr als 4000 Tonnen Schwefel. Des Weiteren werden täglich etwa 400000–800000 Kubikmeter Wasser benötigt und mit

Naphta und Ölrückständen kontaminiert. Während der Aufbereitung zu synthetischem Rohöl wird so viel Energie benötigt, dass die spezifischen Emissionen von synthetischem Rohöl des Treibhausgases Kohlendioxid mit 330 g/kWh denen von Kohle vergleichbar werden. Die Grafik berücksichtigt die bestehenden Pläne zur Ausweitung der Ölsandförderung sowie den Förderrückgang der konventionellen Ölförderung bis zum Jahr 2015 einigermaßen verlässlich. Demnach ist eine Ausweitung von 1 Mb/d im Jahr 2005 auf 2,2 Mb/d im Jahr 2015 zu erwarten. Insgesamt wird damit die kanadische Ölförderung vermutlich von 2,5 Mb/d auf 3,1 Mb/d ansteigen.

Venezuela

Eine weitere große Ablagerung mit extra schwerem Öl (weniger als 12°API) und einem hohen Schwefelgehalt befindet sich in Venezuela. Das Vorkommen im Gebiet nördlich des Orinoco erstreckt sich über 54000 Quadratkilometer und liegt in einem porösen und durchlässigen Miozänsand in einer Tiefe von 600–1200 Metern. Das Vorkommen wird auf etwa 1200 Gb Schweröl geschätzt, die sich auf vier Gebiete entlang des Orinoco aufteilen. Es werden ungefähr 52 Gb als unter heutigen Bedingungen fördertauglich angesehen. Anders als allgemein üblich, veröffentlicht Venezuela seine Reservezahlen als Summe von konventionellem und nichtkonventionellem Öl. Von den angegebenen 80 Gb sind gemäß ASPO 47 Gb Schweröl und 33 Gb konventionelles Rohöl. Damit wurde bereits mehr als die Hälfte des konventionellen Öls gefördert. Die Schwerölproduktion betrug im Jahr 2005 etwa 0,9 Mb/d.

Eine traditionelle Abbaumethode besteht darin, fünf Löcher in geringem Abstand voneinander zu bohren und Dampf zu injizieren, um damit das Öl zu einem zentralen Austrittspunkt zu treiben. Das Ölunternehmen BP hat in den 80er Jahren eine neue Methode entwickelt, um das besonders schwere Öl von Orinoco zu produzieren, und für das Produkt den Namen »Orimulsion« kreiert. Dafür wurden Schweröl und Bitumen mit Wasser und einer emulgierenden Substanz vermischt. Das Ergebnis war ein Produkt, das einfach transportiert und direkt als Brennstoff für Kraftwerke verwendet werden kann. Die Produktion wurde von anfangs 2000 b/d auf über 70000 b/d gesteigert. Doch damit wuchsen auch die Probleme, denn Orimulsion ist alles andere als umweltverträglich zu transportieren. Wenn es in das Wasser gelangt, ist es hochgradig giftig für alle Lebewesen und verursacht genetische Veränderungen der Meeresfauna. Die Verbrennung im Kraftwerk führt zu giftigen Emissionen, und der Transport mit Tankern bedeutet eine weitere Gefahr. Die Wahrscheinlichkeit, als Umweltsünder angeprangert zu werden, mag der Grund gewesen sein, warum sich BP aus der Produktion zurückgezogen hat. Der bisher größte Abnahmevertrag sieht vor, über einen Zeitraum von 20 Jahren ab 2004 ein Kraftwerk in Brunswick (Kanada) mit Orimulsion zu versorgen. Die vereinbarten Liefermengen betragen 15000 b/d. In der Zwischenzeit hat Petroleos de Venezuela, die Staatsfirma, angekündigt, die Förderung von Orimulsion bis Mitte 2006 einzustellen. Im Widerspruch dazu soll jedoch eine Kooperation mit einem chinesischen Partner aufgebaut werden zur Lieferung von 126000 b/d.

Summiert man bestehende und angedachte Projektentwicklungen, so dürfte sich die Gesamtförderung aus Venezuela bis 2010 um etwa 400000 b/d und bis 2015 um weitere 200000 b/d erhöhen. In diese Abschätzung ist der Förderrückgang der konventionellen Ölförderung einbezogen. Dies ist allerdings optimistischer als die Analyse von ASPO, die bis 2015 keine nennenswerte Ausweitung der Schwerölprojekte sieht und einen weiteren Rückgang der Gesamtförderung um etwa 5 Prozent erwartet.

Ölschiefer

Der Name Ölschiefer führt auf eine falsche Spur, denn es handelt sich weder um Schiefer noch um Öl, sondern um Kerogen – ein »unausgereiftes« Ölmuttergestein. Dieses organische Material ist mit einigen Prozent im tonartigen Sedimentgestein enthalten. Um daraus Öl zu gewinnen, muss das Gestein auf 500°C erhitzt werden, ein Vorgang, den bei der normalen Entstehung von Öl die Natur selbst durchführt. Bei diesen Temperaturen werden Kohlenwasserstoffe herausdestilliert. In der Tat hat Ölschiefer mehr mit Kohle gemein als mit konventionellem Öl. Es gibt zwei Arten des Abbaus: Entweder wird das Gestein geschürft – was die Regel ist –

oder an Ort und Stelle verbrannt. Diese Methode befindet sich noch im Experimentierstadium, da sie mit großen Emissionen verbunden ist. Die Herstellung von Schieferöl hat eine lange Geschichte: Es gibt Aufzeichnungen aus dem 17. Jahrhundert, die bereits von der Verbrennung von Ölschiefer in Frankreich erzählen. Auch in Estland gab es eine beachtliche Industrie, heute sind Russland und China die Hauptproduzenten. Die weltweit geförderten Mengen dürften einige tausend Barrel Tagesproduktion nicht übersteigen.

Da es viele Ölschiefer-Lagerstätten auf der Welt gibt, stellen diese theoretisch eine beachtliche Ressource dar. Deshalb war es auch nicht weiter verwunderlich, dass man sich nach dem Ölschock von 1973 für die Lagerstätten des Green-River-Gebietes in den USA interessierte. Dieses Vorkommen erstreckt sich über 65 000 Quadratkilometer. Die große Hoffnung war, endlich von den arabischen Ölfeldern unabhängig zu werden. Die Spekulationen und Hochrechnungen in Bezug auf Menge und Gewinn übertrafen sich zunächst gegenseitig. Doch realistische Kalkulationen brachten schnell die Ernüchterung: Wenn man den möglichen Energieertrag dem dafür nötigen energetischen Aufwand gegenüberstellt, ist die Differenz fast gleich null. Doch diese magere Bilanz ist noch nicht alles. Bei der Produktion fallen außerdem giftige, umweltschädliche Abfallprodukte an. Der Verarbeitungsprozess verschlingt Unmengen von Wasser. Fazit ist, dass Ölschiefer selbst in ferner Zukunft auf der globalen Bühne keine große Rolle spielen wird.

Die kanadische Firma Suncor hatte sich mit großem Engagement vor einigen Jahren an einem Ölschieferprojekt in Australien beteiligt. Das Stuart-Shale-Oil-Projekt wurde als zukunftsweisend propagiert. Im Jahr 2001 hat die Firma jedoch ihre Anteile an dem kanadisch-australischen Projekt verkauft – und sich fast zeitgleich an einem Vorhaben zur Erschließung der kanadischen Windenergiepotenziale beteiligt. Verhält sich so jemand, der die Zukunft der Energieversorgung im Ölschiefer sieht?

Diese Beispiele sollen einen Eindruck vermitteln, wie problematisch die Produktion von nichtkonventionellem Öl ist. Im kleinen Stil findet man mit besonders günstigen Lagerstätten fast immer eine Nische, in der die Produktion gerade noch rentabel ist.

Doch sobald diese auf ein im Weltmaßstab relevantes Niveau ausgeweitet werden soll, muss man die weniger idealen Vorkommen angreifen. Dann dominieren sehr schnell die Umweltauswirkungen und die hohen Kosten, so dass eine schnelle Ausweitung der Produktion nicht erfolgen wird. Daher wird dieses Öl nicht wesentlich dazu beitragen, den baldigen Förderrückgang der konventionellen Ölförderung auszugleichen.

Tiefsee-Öl

Immer wieder tauchen Meldungen auf, die noch unentdeckte Ölvorkommen in noch unerforschten Meerestiefen in Aussicht stellen. Um auch hier zwischen Wunsch und Wirklichkeit unterscheiden zu können, muss man sich vor Augen führen, welche geologischen Umstände für die Formation von Landmassen und Meeren, so wie sie sich heute auf dem Globus für uns darstellen, verantwortlich sind. Es ist allgemein bekannt, dass die Erdkruste aus großen getrennten Platten besteht, die sich innerhalb von enormen Zeiträumen mehrfach in alle nur möglichen Richtungen bewegt haben. Die Platten stießen zusammen, splitterten und brachen auseinander. Auch der Meeresboden hat sich in der Vergangenheit mehrfach verändert. Was heute Landfläche ist, stand einst unter Wasser und heutige Wassergebiete waren Festland. Das Innere dieser Krustenplatten besteht in der Regel aus Granitgestein, der Boden der Ozeane aus Basalt. In Gebieten mit diesen Gesteinsformationen – also auf dem größten Teil der Erde – kann es keine Ölvorkommen geben, denn Erdöl ist in der Hauptsache eine komplexe Mischung aus gasförmigen, flüssigen und festen Kohlenwasserstoffen. Diese gibt es weder im Granit noch im Basalt. Öl und auch Gas können folglich nur in Ablagerungsbecken vorkommen, die sich am Rande der Platten bildeten, sowohl auf dem Land als auch in dem angrenzenden seichten Kontinentalschelf. Unsere heutige Landkarte der Erde als »Kompass« für mögliche Ablagerungsbecken zu nehmen würde wenig erfolgreich sein. Die heutigen Platten, Kontinente, Halbinseln und Inseln sind ja eben die Ergebnisse von Zusammenstößen und Trennungen der beiden großen Krustenplatten der Erde. Demzufolge haben die heutigen Küstengegenden keine besondere geologische Bedeutung und mögliche Ablagerungsbecken können mitten auf dem Land, im Meer oder quer zur Küste liegen.

Der Rand des Kontinentalschelfs wird für gewöhnlich auf Karten durch eine Unterwasser-Tiefenlinie (200 Meter Isobathe) angegeben. Nach 200 Metern Tiefe geht der Rand in einen kontinentalen Abhang über, danach in die so genannte abyssische Ozeantiefe. Oft fällt der Rand des Kontinentalschelfs mit der Grenze zwischen kontinentalen und ozeanischen geologischen Gebieten zusammen. Mögliche Ölvorkommen wären dann in der Regel seewärts gele-

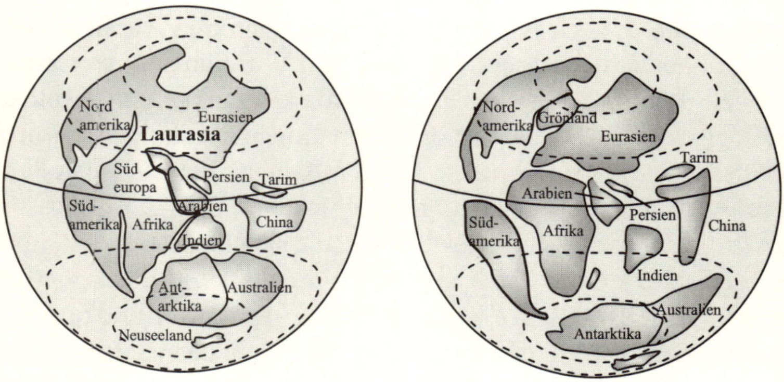

Ende des Jura *Ende der Kreidezeit*

Erdformationen vor 140 bzw. 65 Millionen Jahren (Ende der Jura- bzw. Kreidezeit). Deutlich sind die Abspaltung Südamerikas vom afrikanischen Kontinent und die Entstehung des Südatlantiks zu erkennen.

gen. Da in manchen Gegenden auf der Erde tektonische Bewegungen Teile der kontinentalen Kruste in tiefe Gewässer gedrückt haben, kann es hier konventionelle Ölvorkommen geben. Wichtig ist es, sich zu vergegenwärtigen, dass es inzwischen technisch möglich ist, Erdöl aus Meerestiefen von mehr als 2000 Metern zu fördern. Das bedeutet aber nicht, dass es grundsätzlich grenzenlose neue Vorräte im Meer gibt, denn entsprechende Vorkommen sind ausschließlich von besonderen geologischen Umständen abhängig.

Es lohnt sich, kurz auf die ungewöhnliche Geologie der Tiefsee einzugehen, die an den Rändern des Südatlantischen Ozeans entdeckt wurde. Noch ist nicht bekannt, ob es vergleichbare Formationen in anderen Gebieten der Erde gibt. Am Ende des Jura (vor 140 Millionen Jahren) bildeten Afrika und Südamerika einen einzigen Kontinent. Quer durch diese riesige Fläche ging eine Zone, die brüchig war und viele Verwerfungen in den Gebieten entstehen ließ, in denen heute der Amazonas und der Niger fließen. Südlich dieser Zone begann sich der Kontinent in einer Abfolge von Verwerfungen abzuspalten und es entstanden tiefe Gräben, ähnlich den Formationen, wie sie beim großen Rift-Tal von Kenia oder im Roten Meer bestehen. Diese Spaltungen wurden von tief gelegenen, nach oben strömenden Flüssen geschmolzener Lava ausgelöst. Am Anfang entstanden in den Spaltungen Seen: die Quellen für ein reiches organisches Leben und gute Bedingungen für die Bildung von Öl. Zu einem viel späteren Zeitpunkt setzte sich die Erdsenkung fort und das Gebiet wurde sowohl durch das Meer aus dem Süden als auch von einem Vorläufer des Mittelmeers aus dem Norden überflutet. Weitere tektonische Bewegungen, die wahrscheinlich durch Querverwerfungen ausgelöst wurden, unterbrachen diesen Vorgang und riegelten die Rift-Becken von der offenen See ab. Das Klima war warm, das Ozeanwasser verdunstete, und aus dem übrig gebliebenen Meersalz entstanden dichte Deckel für die Mulden, in denen sich Öl bilden konnte.

Während sich die Kontinente voneinander wegbewegten, stabilisierten sich die ursprünglichen Spaltungen, aber es kamen auch weitere neue hinzu. Am Ende der Kreidezeit, vor mehr als 60 Millionen Jahren, war Südamerika von Afrika durch einen Hunderte von Kilometer breiten Ozean getrennt. Ab jetzt entwickelten sich die beiden Kontinente geologisch sehr unterschiedlich. Beispiel Afrika: Zum Ozean hin war das Gestein schlammig und mergelig, versetzt mit Sedimenten aus Ton und Kalk, während es sich auf der Landseite in Flusssand und Geröll verwandelte. Zwischen diesen beiden Formationen lag eine Zone mit einer reinen Kalkschicht, die spröde und brüchig war. Es folgte eine Reihe von geologisch interessanten Veränderungen und Verschiebungen, auf die hier nicht im Detail eingegangen werden soll. Wichtig ist allerdings, dass eine Hebung des afrikanischen Kontinents im Osten bei einem gleichzeitigen Absinken des Meeresbodens eine Senke produzierte, auf der sich zunächst die Kalkschicht als Ebene ausbreitete, jedoch nicht für lange Zeit. Obwohl die Senke nur ein paar Grad Gefälle aufwies, wurde die Hochebene instabil und riesige Mengen von Kalkstein, in der Flächenausdehnung von mehreren Quadratkilometern, wurden abgetrennt und stürzten in die Senke. Einige dieser Massen kamen auf der ozeanischen Kruste zum Stillstand, andere wurden durch Salz abgedichtet. Diese nun zur Ruhe gekommenen Massen bestanden aus verschiedenen Gesteinstypen, da sie aus unterschiedlichen Gebieten der Küstenebene stammten. In einem besonderen Fall – und zwar vor der Küste des heutigen Gabun – drang Öl aus einem tief gelegenen Rift in eine aus sehr porösem und zerklüftetem Kalkstein bestehende Masse ein und wurde mit Ton abgedichtet. Für die menschliche Nachwelt erwies sich diese geologische Formation als ein sehr ergiebiges Reservoir mit einigen Milliarden Barrel Öl.

Die beiden »neuen« Kontinente hoben sich weiter, während der Ozean in der Tertiärperiode anfing, sich langsam zu senken. Große Mengen von Geröll, das von den sich hebenden Landmassen erodierte, wurden nun durch die Flüsse in diese Meeressenke getragen. Gleichzeitig bildeten sich in Küstennähe lange Bänke aus nicht gefestigtem Sand und Sediment. In der Folgezeit durchbrachen nun ungewöhnlich heftige Stürme und Hurrikane diese »Sandbänke«. Sie wurden immer instabiler und fegten schließlich wie eine Art Lawine vom kontinentalen Abhang hinunter. Die Ablagerungen dieser »Lawinen«, technisch »turbidites« genannt, sind eine Mischung aus grobem und feinem Granulat. Eine solche Mischung ist in der Regel nicht genügend porös, um ein gutes Reservoir für Öl zu sein. Aber in einigen Gebieten waren die Strömungen heftig genug, um das feinere Material herauszuspülen. Es entstanden ausladende dünenartige Ablagerungen unter Wasser, die nun ein erstklassiges Muttergestein für Öl bildeten.

Diese riesigen Transporte von Geröll von den Kontinenten hinab in die Tiefen der Ozeane – verursacht durch gelegentliche Lawinen, aber auch durch normale Gezeiten und Strömungen – beförderten große Mengen von verstreutem organischem Material mit sich. Ein Großteil davon stammte von den Pflanzen in den Deltas, den Mangroven-Sümpfen und Wäldern an den kontinentalen Rändern. Doch in der Summe bildete sich dadurch nur ein ziemlich verstreutes Muttergestein für Gas. In den meisten Gebieten wurde das Material nicht genügend tief versenkt, so dass sich wirklich Öl hätte bilden können. Nur in einigen Ausnahmefällen gab es geeignete Bedingungen für das Entstehen von Ölfenstern, wie beispielsweise vor der Küste des Niger-Deltas.

Zusammenfassend kann festgestellt werden, dass nur eine sehr spezielle Kombination geologischer Umstände dazu geführt hat, dass heute in einigen Regionen tief unter dem Wasser Öl vermutet und auch gefunden werden kann. Das Bohren und die Förderung in sehr großen Tiefen scheint kein technischer Engpass mehr zu sein. Allerdings bleibt die Schwierigkeit, das »Nebenprodukt« Gas küstenfern zu entsorgen. Und wie die Erfahrungen gezeigt haben, sind die Tiefseegebiete besonders gashaltig. Zum Teil hat man dieses Problem insofern gelöst, als man das Gas in das Reservoir zurückpumpt und auf diese Weise durch den Druck das Öl schneller fördern kann. Lohnend ist folglich nur die Förderung aus sehr großen Feldern, doch davon gibt es nicht sehr viele.

Golf von Mexiko und Brasilien

Im Golf von Mexiko wird besonders intensiv exploriert und gefördert. In einem relativ neu entdeckten Vorkommen am äußersten Rand des Mississippi-Deltas waren jüngere Sedimente aus dem Tertiär direkt auf dem Muttergestein aus der Kreidezeit abgelagert worden. Diese Ablagerungen rutschten zum Teil vom vorderen Delta ab, und die ozeanischen Strömungen säuberten das feinkörnige Material gründlich. Weitere günstige Prozesse ließen schließlich große und sanfte Strukturen von gut abgedichteten Ablagerungen entstehen und bildeten so ausgezeichnete Ölreservoirs. Einige große Felder wurden bereits entdeckt und es besteht durchaus die realistische Chance, noch weitere zu finden.

Doch der Höhepunkt in der Exploration und vermutlich auch der Förderung ist auch dort bereits überschritten. Die Hurrikane der letzten Jahre haben die Probleme deutlich gemacht: Bei jedem größeren Sturm der Kategorien 4 und 5 werden Förderplattformen demoliert oder sogar versenkt und vollständig unbrauchbar gemacht. Dies hat zu deutlichen Verzögerungen und Kostensteigerungen geführt. Darüber hinaus werden ältere zerstörte Plattformen aus ökonomischen Gründen oft nicht mehr aufgebaut. Entgegen den Prognosen der letzten Jahre liegt die Ölförderung im Jahr 2005 mit 1 Mb/d nicht höher als vor fünf Jahren. Es ist keineswegs sicher, dass die neuen Projekte den bestehenden Förderrückgang im vollen Umfang ausgleichen können. Damit hätte die Förderung im Golf von Mexiko das Fördermaximum im Jahr 2002 überschritten. Im besten Falle kann das Förderniveau durch den Anschluss der neuen Felder vielleicht noch bis zum Jahr 2010 gehalten werden, bevor es dann zurückgeht.

Eine andere wichtige Region liegt im Atlantik vor der Küste Brasiliens. In Brasilien wurden die ersten Ölfelder Anfang der 40er Jahre entdeckt. Bis heute konnten auf dem Festland nur etwa 4 Gb gefunden werden. Dies entspricht fast 10 Prozent einer Weltjahresförderung. Ende der 50er Jahre wurde die Ölsuche in den Küstenbereich ausgedehnt. Hier ergaben sich erste Hinweise, dass im Meer noch Öl zu finden sein könnte. Mangels weiterer küstennaher Funde war die Staatsfirma Petroleo Brasileiro Anfang der 80er Jahre gezwungen, ins tiefere Meer vorzudringen, um ihren schnell steigenden Bedarf an Öl zu decken. Sie sind in damals kaum vorstellbare Tiefen bis zu 2000 Metern vorgedrungen.

Mit »Albacora«, »Marlim« und – in den 90er Jahren – »Roncador« wurden große Funde mit jeweils 1–3 Gb Inhalt gemacht. Bis heute sind in Brasilien auf dem Festland 4 Gb und vor der Küste 25 Gb entdeckt worden, der größte Teil davon in Meerestiefen von mehr als 500 Metern. Produziert wurden bisher 8 Gb. Auch hier werden vermutlich noch weitere Felder gefunden. Die Produktion vor der Küste Brasiliens wird wohl noch für einige Jahre ausgeweitet werden. Summiert man die Projektplanungen der Staatsfirma zusammen, so dürfte die Förderung von 1,7 Mb/d im Jahr 2005 auf 2–2,2 Mb/d im Jahr 2010 ansteigen und danach dieses Plateau für einige Jahre halten, bevor sie zurückgehen wird. Seit 1995 steigt die Ölnachfrage sprunghaft an, so dass der Importbedarf fast genauso hoch ist wie vor 20 Jahren.

Westafrika

Angola hat zwei große Explorationswellen erlebt. Die Funde auf dem Festland blieben bis heute mit weniger als 0,4 Gb vernachlässigbar. Doch auch hier begann man in den 60er Jahren im flachen Küstenbereich und in den 80er Jahren im tiefen Atlantik nach Öl zu suchen. Diese zweite Welle ist sehr erfolgreich. Seit 1990 sind die Ölfunde von 5 Gb auf 20 Gb im Jahre 2005 angestiegen. Doch die großen Hoffnungen, die an diese Region noch vor einigen Jahren geknüpft wurden, sind nüchternen Einschätzungen gewichen. So werden nach den wenigen großen vorwiegend kleinere Ölfelder gefunden.

Es hat den Anschein, dass Angola mit über 2 Gb im Jahr 1998 den Höhepunkt der Neufunde hatte. Außer im Jahr 2003 blieben die Funde der anderen Jahre entgegen den Hoffnungen seither unter 1 Gb. Die Produktion vor der Küste Angolas wird sicherlich noch deutlich ansteigen, aber ob eine Verdoppelung oder gar Verdreifachung der landesweiten Produktion in den kommenden 5–10 Jahren erreicht werden wird, das muss heute sehr bezweifelt werden. Die Förderrate im Jahr 2005 betrug mit 1,2 Mb/d etwa 1,5 Prozent der Weltölförderung. Bis 2010 wird sie vermutlich noch auf ungefähr 2 Mb/d ansteigen und danach zurückgehen.

Auch vor der Küste Nigerias gibt es noch bedeutende Tiefwasservorkommen, die eine Förderausweitung in den kommenden Jahren auf 4 Mb/d im Jahr 2010 erlauben könnten. Die geologischen Vorkommnisse gleichen denen vor der Küste von Angola. Da hier jedoch ein fließender Übergang von der Erschließung der Vorkommen auf dem Festland über die Ölsuche im Schelf bis zur Tiefseeexploration vorherrscht, wurden Einzelheiten bereits in einem früheren Kapitel beschrieben.

Die entdeckten ertragreichen Gebiete in der Tiefsee befinden sich alle in einer besonderen tektonischen Plattenkonstellation. In fast der gesamten pazifischen Region findet man derartige Verhältnisse nicht, und es ist deshalb sehr zweifelhaft, ob es dort viel Erdöl geben kann. Eine der wenigen Ausnahmen liegt im schon angesprochenen Südchinesischen Meer.

Wie viel Tiefwasseröl in bisher mehr als 25 Jahren gezielter Exploration gefunden wurde, hängt davon ab, wie man Tiefwasserfunde definiert. So definieren z. B. Behördenstatistiken Tiefseeöl ab einer Meerestiefe von 200 oder 300 Meter. Firmenstatistiken sehen eher die Grenze von 500 Meter oder 600 Meter als den Beginn der Tiefseeförderung. Je nach Sichtweise liegt das Volumen der bisherigen Funde bei etwa 45–60 Gb. In den nächsten Jahren werden möglicherweise noch etwa 10–30 Gb hinzukommen.

Ein weiteres Problem liegt in der Ressource Tiefseeöl selbst. Tiefseeöl ist oft paraffinreich. Sobald das Öl mit dem kalten Meerwasser in den Pipelines am Boden in Kontakt kommt, verfestigt sich das Paraffin. Deshalb müssen die Pipelines isoliert und beheizt werden.

Man kann davon ausgehen, dass die Hauptaktivitäten, Tiefseeöl zu entdecken, um das Jahr 2010 vorüber sein werden und der Höhepunkt der Produktion im Zeitraum 2005–2010 sein wird. Denn auch hier gilt: Die wenigen Orte, wo es Öl gibt, und die großen Felder sind bald gefunden.

Polaröl

Als polares Öl bezeichnet man Öllagerstätten nördlich und südlich des 66. Breitengrades. Dies ist vor allem das Öl in Alaska und in Sibirien. Jeder kann sich leicht vorstellen, dass die Ölförderung in den eiskalten polaren Wüsten mit größeren Herausforderungen verbunden ist als etwa im warmen Texas. Man muss sich hier noch einmal kurz vor Augen führen, dass in den Polargegenden, ausgelöst durch das gewaltige Gewicht der Eisdecken, immer wieder ausgedehnte vertikale Bewegungen der Erdkruste stattfanden. Solche Bewegungen haben in manchen Fällen die Abdichtungen zerstört oder das Ölmuttergestein zu Gasfenstern zusammengedrückt. Das alles macht es sehr wahrscheinlich, dass sich in den polaren Wüsten keine erstklassigen Ölvorkommen verbergen.

Antarktis und arktische Region

Der Südpol ist Teil des riesigen alten südlichen Kontinents, bekannt als Gondwana. Hier konnten 21 geologische Becken identifiziert werden, die theoretisch Erdöl enthalten könnten. Wenn man diese Orte allerdings detaillierter untersucht und die mittlerweile üblichen Bewertungskriterien anwendet, verdienen sie kaum mehr die Bezeichnung Vorkommen. Das Ross-Meerbecken ist vielleicht noch das vielversprechendste. Aber auch hier finden sich in zahlreichen Abschnitten unbrauchbare Gletscherablagerungen. Genauere Untersuchungen gestalten sich am Südpol aber immer schwieriger, da der Pol aus Umweltschutzgründen für Explorationen gesperrt ist.

Die arktische Region scheint dagegen ergiebiger. Es gibt ausladende Landgebiete in Russland, Nordamerika und Grönland, die an riesige kontinentale Schelfe grenzen. Dort könnte es Ablagerungsbecken mit möglichen Ölvorkommen geben.

Alaska führt mit dem größten US-Ölfeld »Prudhoe Bay« die Liste der Gebiete an, in denen noch weitere Ölreserven vermutet werden. Dessen riesige geologische Formation scheint jedoch ein Sonderfall zu sein, denn ein vergleichbares Vorkommen hat man nicht mehr gefunden. Die Entdeckungen in der Umgebung und im Mackenziedelta des benachbarten Kanada waren alle deutlich kleiner. Die Aussicht auf große Vorkommen löste vor über 30 Jahren ein ungeheures Entdeckungsfieber aus und es wurden weder Kosten noch Mühen gescheut, das Mackenzie-Delta und die arktische Tundra zu untersuchen.

Auch in Grönland ging man auf die Suche. In den 70er Jahren explorierte man zunächst das Schelf West-Grönlands – ohne Erfolg. Jetzt richtet sich das Interesse auf das Schelf im Osten, verbunden mit der Hoffnung, dass es ein »Spiegelbild« eines Schelfs in der Mitte von Norwegen ist, in dem man immerhin ein Vorkommen von 10 Gb Erdöl gefunden hat. Ob diese norwegische Ablagerung in Grönland einen Zwilling hat, konnte bisher nicht bewiesen werden. Erst vor kurzem sind explorierende Firmen von Grönland wieder enttäuscht abgezogen, da sie mit mehreren Bohrungen kein Öl fanden, das ihnen abbauwürdig erschien.

Explorationsergebnisse wurden auch in der Barentssee gesammelt. In dieser polaren Region im Norden von Norwegen wurden mehr als 50 Versuchsbohrungen gemacht. Sie kosteten eine Milliarde Dollar, was aber niemandem wirklich wehtat, weil es generöse steuerliche Regelungen für die Ölgesellschaften gab. Doch die Anstrengungen waren umsonst. Zwar wurden etliche Gasvorkommen entdeckt, die zuweilen auf eine dünne darunter liegende Ölschicht hinwiesen, aber insgesamt sind die Umstände in diesem Gebiet, Ölvorkommen über viele Millionen Jahre sicher zu bewahren, wohl nicht ideal gewesen.

Noch weiter im Osten liegen die großen unerforschten Polarschelfe von Russland. Bisher wurden erst einige sehr große Gasfelder entdeckt, aber bis jetzt noch kein Öl. Auch die arktischen Abschnitte des pazifischen Randes sind wegen der hohen Vulkantätigkeit nicht sehr viel versprechend. Ausnahmen bilden die uralten Deltas von Sachalin. Sicherlich wäre es zu früh, die russischen arktischen Regionen als mögliches Gebiet für Ölvorkommen völlig abzuschreiben, aber andererseits gibt es bis heute wenig Anzeichen, die auf größere Funde hoffen lassen.

Zusammenfassend lässt sich sagen, dass die großen nichtkonventionellen Ölressourcen vor allem in Form von Ölsanden in Kanada und Venezuela liegen. Doch deren Erschließung geht langsam vor sich, ist teuer und wird große Umweltprobleme mit sich bringen, sobald man hier in größerer Menge abbauen will. Die Erforschung von Tiefseeöl wird nur sehr begrenzt neue Ölvorkommen ergeben, da zu dessen Entstehung sehr seltene Voraussetzungen notwendig sind. Die Tiefseeölförderung wird ihren Höhepunkt in spätestens 5 Jahren erreichen und danach wieder sehr schnell zurückgehen.

Mit diesen Ausführungen sollte deutlich gemacht werden, warum es sinnvoll ist, zwischen konventionellem und unkonventionellem Öl zu unterscheiden. Nur so lassen sich Veröffentlichungen zu Reserven und Produktion besser einschätzen und auch kritisch hinterfragen. Die Unterscheidungskriterien sind vielfältig, sie beginnen bei der Geologie und reichen bis zur Ökonomie. Berichte, Statistiken und Hochrechnungen, die diese Unterschiede ignorieren und einfach munter Mengen zusammenrechnen, ohne die verschiedenen Qualitäten, Produktionszeiten und -kosten zu bedenken, kommen leicht zu dem eindrucksvollen Ergebnis, dass die Ölproduktion auch künftig immer weiter steigen wird. Aber Vorsicht! In diesen Hochrechnungen sind immer auch die ungeheuren theoretischen Ressourcen von unkonventionellem Öl enthalten. Und wir haben gesehen, dass diese »Quellen«, wenn überhaupt, nur sehr langsam sprudeln.

Erdgas – eine Alternative?

Öl stand und steht im Mittelpunkt des wissenschaftlichen, technischen, politischen, ökonomischen und populären Interesses. Nach wie vor ist man auf der Suche nach noch unentdeckten Ölfeldern, und die Technologien für Forschung und Produktion werden ständig optimiert. Eine Zukunft ohne Öl scheint unvorstellbar, wenngleich schon längst auch ein anderes Mitglied der Familie der Kohlenwasserstoffe für unsere Energieversorgung zuständig ist – das Gas. Erdgas spielt eine bedeutende Rolle für Heizzwecke und, im Unterschied zu Erdöl, auch bei der Stromerzeugung. Jedoch ist Erdgas als Kraftstoff für den Verkehrssektor wenig bedeutend und wird, wie noch gezeigt wird, schon aus Gründen der Verfügbarkeit das Erdöl nicht ersetzen können.

Zur Geologie der Erdgasentstehung

Die Frage nach der Erdgasentstehung verweist auf vergleichbare Zeiträume der Erdgeschichte wie die Ölentstehung, die geochemische Analyse enthüllt allerdings einen gravierenden Unterschied: Für die Ölentstehung war das Algenwachstum maßgeblich, die »Hauptbausteine« für die Entstehung von Gas sind dagegen Pflanzen und Humus. Beides ist in den Deltas der Flüsse reichlich vorhanden, deshalb ist Muttergestein für Gas in der Natur in einem viel größeren Maße anzutreffen als für Öl. Wie bei der Entstehung von Öl sind auch beim Gasbildungsprozess Hitze, bakterielle Einflüsse und eine gute Abdichtung entscheidend. Auf dem Weg in die Tiefe bleibt das organische Material erhalten, und innerhalb des Reservoirs entsteht Methangas (CH_4). Es enthält in der Regel einen hohen Anteil aufgelöster Flüssigkeit, das Kondensat. Sinkt die Ablagerung nicht tief genug, dann kann sie auch ein geeignetes Ölmuttergestein bilden, sinkt sie jedoch durch das Ölfenster hindurch, so zerfallen die Kohlenwasserstoffmoleküle. Aus diesem Material kann dann kein Öl mehr entstehen, wohl aber noch Gas.

Das bedeutet: Die meisten geologischen Becken enthalten Muttergestein für Öl wie für Gas. Da Ölablagerungen oder Teile davon weiter absinken können und sich in Gas umwandeln, kommt es häufig vor, dass ein Ölfeld von Gas überlagert ist. Dieses leistet bei der Förderung gewissermaßen Geburtshilfe, denn das Volumen im Boden ist wesentlich kleiner als über der Erdoberfläche. Das Gas wird also regelrecht zusammengedrückt und schießt dann mit Macht bei der kleinsten Chance auf Ausdehnung empor und mit ihm in manchen Fällen auch das unter dem Gas liegende Öl. Das Bild von explodierenden Ölfontänen kennt man aus Filmen. Das komprimierte Gas hat einen hohen Flüssigkeitsgehalt und wird Nassgas oder Bohrlochgas genannt.

Obwohl der weitaus größte Bestandteil des natürlichen Gases Methan ist, können auch Kohlendioxid und kleine Mengen von Wasserstoff-Sulfiden, Helium und Stickstoff enthalten sein. Manche Felder allerdings, z. B. das südrussische, an der Wolgamündung gelegene Gasfeld »Astrachan«, bestehen bis zur Hälfte aus Kohlendioxid und Schwefelwasserstoffgas. Bei Angaben über die Größe von Gasvorkommen werden diese chemischen Stoffe gerne hinzugerechnet, doch verfälschen sie genau genommen die tatsächliche Menge an brauchbarem Methangas. Eine weitere Verzerrung entsteht dann noch, wenn abgefackelte und wieder zurückgepumpte Mengen von Gas einfach zum Gesamtvolumen hinzuaddiert werden.

Weltweit ähnelt die Geschichte der Gasfunde dem Muster der Ölfunde. Auch hier zeigte sich das Maximum vor fast 40 Jahren mit ein paar Jahren Verzögerung gegenüber dem Maximum der Ölfunde. Auch hier nehmen die Funde tendenziell deutlich ab. Erstmals seit 1980, deutlich aber seit wenigen Jahren liegen die neuen Funde niedriger als der Jahresverbrauch. Bis Ende 2005 wurden etwa 270 000 Mrd. Kubikmeter Erdgas gefunden, wovon etwa ein Drittel (82 000 Mrd. Kubikmeter) bereits verbraucht wurden. Die globale Analyse lässt erwarten, dass etwa zwischen 2020 und 2030 das Fördermaximum überschritten wird. Regionale Besonderheiten oder niedrigere Reserven als erhofft können diesen Zeitpunkt jedoch erheblich näher heranrücken. Warum das passieren könnte, das soll in den folgenden Kapiteln ausgeführt werden.

Die Förderung von Erdgas

Erdgas lässt sich leichter fördern als Erdöl. Da es kleinere Moleküle hat als Öl, ist es viel beweglicher und flüchtiger. Deshalb kann ein wesentlich höherer Prozentsatz eines Vorkommens (bis zu 80 Prozent der Gesamtmenge) gefördert werden. Allerdings entweicht es auch leichter und braucht deshalb eine besonders wirksame Versiegelung, wie beispielsweise Salz oder Permafrost in den arktischen Gebieten.

Ließe man eine unbeschränkte Gasförderung zu, wäre das Maximum schnell erreicht. Verglichen mit der Glockenkurve bei der Ölförderung würde das Gas in kurzer Zeit mit sehr hoher Förderrate entnommen werden, die nach dem schnell erreichten Fördermaximum sehr schnell wieder nachlässt. Doch niemand wird heute Gasquellen einfach so entleeren. Der Gasmarkt unterliegt technischen Entwicklungen, ökonomischen Interessen und dem Wettbewerb auf dem Markt. Auftretende Schwankungen im Verbrauch sind üblich, schon allein deshalb, weil der Bedarf auch von der Jahreszeit abhängt. Daher wird man die Förderkapazität in der Regel weit unter die geologisch mögliche Produktionsrate setzen. Dann kann man bei großen Gasfeldern über viele Jahre eine konstante Gasmenge entnehmen. Erst wenn der Druck im Gasfeld unter einen Mindestdruck abfällt, lässt auch die Produktion sehr schnell nach.

Manchmal aber ist der Bedarf an neuem Gas so groß, dass das neu erschlossene Feld so schnell wie möglich ans Produktionsmaximum gebracht wird. So wurde das größte sibirische Gasfeld »Urengoy« sehr schnell ausgebeutet. Dies hatte zur Folge, dass bereits nach 10 Jahren, 1989, das Produktionsmaximum erreicht war, obwohl man erst etwa ein Drittel der förderbaren Gasmenge entnommen hatte. Seit dieser Zeit geht dort die Produktion Jahr für Jahr zurück. In der Vergangenheit wurde das bei der Ölförderung auftretende Gas oft als lästiges Nebenprodukt angesehen und einfach abgefackelt. Das war, wie man jetzt weiß, nicht nur eine unglaubliche Verschwendung einer wichtigen Energieressource, sondern diese Art der Entsorgung hat auch erheblich zur Erwärmung der Atmosphäre beigetragen.

Oft wird das Gas auch in die Ölfelder hineingepumpt. Das verstärkt den Druck auf das Ölvorkommen und erleichtert die anschließende Förderung. Ein Teil dieser Gasmenge kann sogar wieder zurückgewonnen werden. Vor allem bei Gasfeldern abseits von bestehenden Pipelines wird dieses Verfahren angewandt. Bei großen, entlegenen Gasfeldern kann sich aber auch der Bau einer Gasverflüssigungsanlage lohnen. Doch werden für die Verflüssigung 5 bis 10 Prozent der im Gas enthaltenen Energie benötigt. Anschließend wird das Gas bei tiefen Temperaturen (-165°C) in isolierten Behältern transportiert. Für die Vereinigten Staaten beispielsweise wird es in absehbarer Zeit – wenn nämlich die eigenen Gasvorräte zusammen mit den kanadischen Vorkommen nicht mehr ausreichen – die einzige Möglichkeit sein, die fehlenden Gasmengen zu importieren. Heute importieren die USA etwa 2,8 Prozent ihres Bedarfs in Form von flüssigem Erdgas (LNG).

Gasmärkte

Gas ist also sehr leicht zu fördern, es »schwebt« einem bildlich gesprochen entgegen und man braucht, um es »einzufangen«, keine sehr aufwändige Technik. Der größte Kostenblock entsteht beim Transport. Mit enormem Aufwand müssen die weit entfernten Vorkommen durch ein Netz von Pipelines mit den Absatzmärkten und Verteilungsstellen verbunden werden.

Anders als beim Öl, das – weil es weniger spezielle Infrastruktur braucht – einfach zu transportieren ist, entstehen durch die Verbindungen mit Ferngasleitungen Gasabsatzmärkte, die fest mit ihren Produzenten verbunden sind. Dadurch konnte sich kein Weltmarkt für Gas mit fast überall gleichen Preisen herausbilden, sondern es gibt regionale Teilmärkte mit ganz unterschiedlichen Bedingungen. Heute finden wir zwei große Teilmärkte: Nordamerika von Mexiko bis Kanada und Europa mit Verbindungen an die großen Gasfelder Russlands und Nordafrikas. Isolierte kleinere Netze mit jeweils eigenen Gasquellen sind in Argentinien, Australien, im Mittleren Osten und in einigen asiatischen Staaten entstanden. Weltweit sind bisher mehr als 2 Millionen Kilometer Gasleitungen verlegt. Mehr als die Hälfte davon liegt in Nordamerika.

Die Gasversorgung von Nordamerika

Ähnlich der Ölförderung haben die USA schon lange mit der Erdgasnutzung begonnen. Über viele Jahrzehnte konnten die großen Gasfelder große Mengen produzieren. Doch seit einigen Jahren sinken die Förderraten. Trotz großer Explorationsanstrengungen wird es immer schwieriger, das benötigte Gas bereitzustellen. Die neu angeschlossenen Gasquellen sind heute wesentlich weniger ergiebig als noch vor einigen Jahren. Wurden im Jahr 1999 noch über 500 Mrd. Kubikmeter mit etwa 300 000 Fördersonden gefördert, so mussten fünf Jahre später bereits mehr als 400 000 Fördersonden eingesetzt werden, um etwa dieselbe Menge Gas zu fördern. Die neu erschlossenen Regionen im tiefen Offshore-Bereich westlich von Kalifornien, vor allem aber im Golf von Mexiko konnten den Förderrückgang für einige Jahre kompensieren. Doch auch im Golf von Mexiko lässt die Förderung seit dem Jahr 2001 deutlich nach, heute ist sie nur noch halb so groß wie vor 5 Jahren. Die Hurrikanschäden haben sich vor allem hier bemerkbar gemacht.

Fast zeitgleich geht auch die Gasförderung in Kanada zurück, dem wichtigsten Gasimporteur für die USA. Der Beginn dieser akuten Gasknappheit fällt in den Winter 2000/2001. Damals war sie zusammen mit anderen Ursachen ein wichtiger Auslöser der von den USA ausgehenden Wirtschaftskrise. Seit dieser Zeit haben sich die Gaspreise deutlich erhöht: War bis zum Herbst 2000 ein börsennotierter Preis von 1–2 US$ pro 1 000 Kubikfuß üblich, so liegt er jetzt stabil bei 6–7 US$ pro 1 000 Kubikfuß mit Spitzen, die weit über 10 US$ liegen. Diese amerikanische Situation ist besonders aufschlussreich, da sie den Umgang der Behörden mit der Problematik offenlegt. Bis heute wird das Problem kleingeredet. Die Prognosen der Energieinformationsbehörde sehen immer noch einen deutlich steigenden Bedarf und propagieren diesen auch. Die Versorgung soll durch forcierte Investitionen in die Förderung, einen steigenden Anteil des Gases aus Kohleflözen, Investitionen in die Erschließung von Gashydratschichten und vor allem durch den Bau von Importterminals für Flüssigerdgas ermöglicht werden.

Der einzige Ausweg aus der zunehmenden Verknappung wird darin liegen, einerseits den Erdgasverbrauch drastisch zu reduzie-

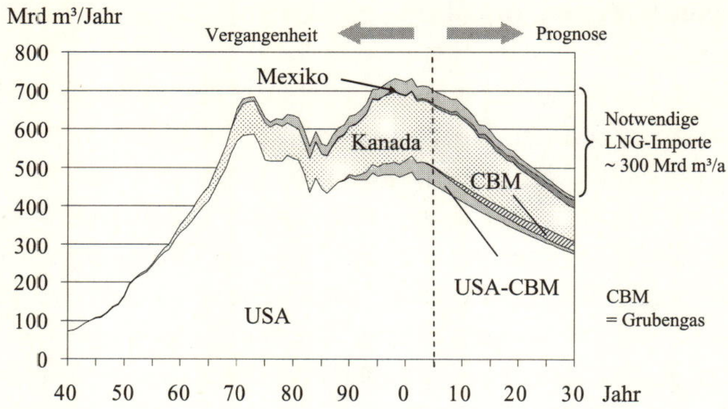

Die Gasförderung in Nordamerika

ren und andererseits die Importe von Flüssigerdgas (LNG) deutlich zu erhöhen. Ersteres ist bis heute nicht kommuniziert und die politischen Signale geben hier keinerlei Unterstützung. Letzteres scheitert daran, dass angesichts des Widerstandes gegen sensitive und komplexe technische Anlagen die Vorlaufzeiten für Planung und Bau sehr lange sind. Bisher sind 5 Terminals in Betrieb und 12 weitere Teminals genehmigt und in der Planungsphase. Gemäß den Analysen in der Grafik wird bis zum Jahr 2020 der LNG-Import von etwa 200 Mrd. Kubikmeter pro Jahr notwendig sein. Nur wenn alle vorgeschlagenen Terminals auch zeitgerecht gebaut werden, dann dürfte im Jahr 2020 die Erdgasversorgung von Nordamerika auf dem heutigem Niveau liegen, ansonsten wird es deutlich weniger sein. An eine nennenswerte Ausweitung ist überhaupt nicht zu denken.

Die Gasversorgung von Europa

1856, zwei Jahre, bevor Edwin Drake in Pennsylvania nach Erdöl bohrte, fand der norddeutsche Bauer Reimer Peters in Dithmarschen beim Versuch, einen Brunnen zu bohren, das erste deutsche Öl- und Gasfeld »Heide«. Es dauerte noch fast 50 Jahre, bis aus dem Feld auch das Gas gefördert wurde. Und erst 1959 fand man das mit fast 3000 Milliarden Kubikmetern Inhalt größte europäische Gasfeld bei Groningen in Holland. Es begann die rasante Ausweitung der Erdgasnutzung und die Verdrängung des bis dahin aus Kohle erzeugten Stadtgases.

Die Niederlande begannen sehr früh, ihre Gasversorgung auf Erdgas umzustellen. Die Nordsee und weiter nördlich die Gewässer Norwegens erwiesen sich bis heute als sehr reich an Erdgas. Bis heute wurden mehr als 16 000 Milliarden Kubikmeter Erdgas in ganz Europa entdeckt. Allerdings wurde die Hälfte, nämlich über 8 000 Mrd. Kubikmeter, bereits entnommen. Seit etwa 15 Jahren übersteigt die Förderung die neuen Funde, so dass die Reserven leicht zurückgehen. Jährlich werden fast 300 Mrd. Kubikmeter Gas gefördert. Inzwischen wird ein wesentlicher Anteil des benötigten Gases, etwa 190 Milliarden Kubikmeter, vorwiegend aus Russland

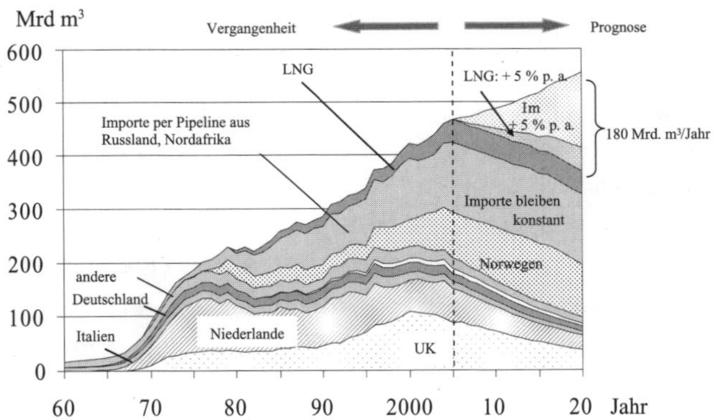

Europäische Gasversorgung. Die Importe müssen bis 2020 verdoppelt werden, damit die Versorgung gesichert bleibt.

und aus Algerien importiert. Die niederländische Gasförderung basiert noch heute auf dem großen Feld bei Groningen. Der niederländische Verbrauch kann damit wohl noch für etwa ein Jahrzehnt bereitgestellt werden, doch bald werden die Niederlande den Export einschränken müssen.

Vor allem aber Großbritannien hat die Erdgasförderung viel schneller hochgefahren, als dies durch große neue Funde ausgeglichen werden konnte. Bereits im Jahr 2001 konnte die Förderung nicht mehr aufrechterhalten werden. Im Jahr 2005 lag sie bereits 20 Prozent unter dem Maximalwert. Im Winter des Jahres ergaben sich erstmals gravierende Versorgungsengpässe, als auch noch der einzige große Erdgasspeicher des Landes wegen eines Brandes ausfiel. Vom Kontinent konnte kaum geholfen werden, da dort kein freies Gas verfügbar war.

Und es zeichnen sich bereits weitere Probleme ab. Italien erlebte von Januar bis März 2006 Lieferausfälle von 6 bis 7 Prozent, lange nachdem der Konflikt zwischen Russland und der Ukraine um den Gaspreis beigelegt war. Erst allmählich sickert durch, dass aufgrund des Streits um die Preise zwischen beiden Staaten die weltweit größten Gasspeicher in der Ukraine bis Anfang Juli 2006 nicht aufgefüllt wurden. Diese dienen jedoch als Pufferspeicher im Transit von russischem Gas nach Westeuropa zur Abdeckung des Spitzenbedarfs im Winter. Im Falle eines strengen Winters könnten deswegen Versorgungsprobleme vorgezeichnet sein – möglicherweise für ganz Europa.

Die langfristig große Hoffnung für Europa bilden die Gasvorräte Russlands, Afrikas und des Nahen Ostens. Ob diese jedoch noch für mehrere Jahrzehnte ausreichend Gas liefern können, muss heute bezweifelt werden.
Dies wird von den folgenden Aspekten abhängen:

- Sind die Gasvorräte dieser Staaten tatsächlich so groß, wie wir heute glauben? Immer stärker erhärtet sich der Verdacht, dass Europa vor einer ähnlichen Situation wie die USA mit ihrer Gasversorgung steht.
- Werden die schwer zugänglichen sibirischen Gasfelder auch schnell genug erschlossen? Auch daran werden immer größere Zweifel laut.
- Zunehmend tritt Europa hier in Konkurrenz zu neuen Abnehmerländern wie China und Indien. Aber auch die Gasförderstaaten im Nahen Osten werden ihren Eigenbedarf erhöhen.
- Wie viel Erdgas wird man in den kommenden Jahren noch finden? Und wo wird dieses Erdgas liegen, in teuer zu erschließenden Polarregionen oder näher am Verbrauchsort?

Viele Vorhaben zur Ausweitung der Gasnutzung sind bereits geplant: Der Mittlere Osten sucht Absatzmärkte für sein Gas von Europa bis Asien. So ist der Bau einer Leitung von Iran nach Indien im Gespräch. China sucht Anschlüsse an die russischen Gasfelder und Japan möchte sich Teile des Gases im fernen russischen Osten sichern.

Auch für das Erdgas aus dem kaspischen Raum sind verschiedene Trassenführungen geplant. Eine davon soll nach Süden durch Afghanistan zum indischen Ozean verlaufen. Hier würde ein Verflüssigungsterminal für den Export des Gases zu den fernen Verbrauchern entstehen. Es liegt nahe, derartige Pläne auch mit den Konflikten um Afghanistan in Zusammenhang zu bringen, zumal einerseits das Gasversorgungsproblem in den USA zunehmend drängt, andererseits aber in Kabul schon seit Jahren amerikanische Öl- und Gasfirmen präsent sind, um die jeweiligen Machthaber vom Charme ihrer Projekte zu überzeugen. Diese Pläne werden sicherlich ganz nach oben auf der Agenda rücken, wenn das globale Fördermaximum von Öl überschritten sein wird. Aber auch unabhängig davon deutet sich bereits jetzt an, dass die regionalen Gasmärkte von Nordamerika und Europa bald neue Lieferquellen benötigen werden, wenn die bisherigen Verbrauchsraten aufrechterhalten oder gar noch erhöht werden sollen. Die amerikanische Gasproduktion hat ihr Maximum überschritten, in Europa werden wir in einigen Jahren eine ähnliche Situation haben. Wenn dann alle diese Verbindungen aufgebaut sind, wird man die Gasproduktion stufenweise erhöhen. Das Maximum der weltweiten Gasförderung könnte dann um das Jahr 2020 oder schon früher erreicht sein, denn auch Gas ist nicht endlos vorhanden.

So wird sich die von vielen gehegte Hoffnung, Gas werde, wenn erforderlich, die Nachfolge des Erdöls antreten, als trügerisch erweisen.

Russland – das Backup für Europa?

Der Konflikt zwischen dem halbstaatlichen Konzern Gasprom und der Ukraine im Jahr 2005 sorgte für Schlagzeilen. Gasprom, weltweit größtes Erdgasförderunternehmen und überhaupt das größte Unternehmen Russlands, wurde 1998 in eine Aktiengesellschaft umgewandelt. Auf das Unternehmen entfallen rund 85 Prozent der russischen Erdgasförderung, das ist rund ein Fünftel der weltweiten Förderung. Die drastische Erhöhung des Gaspreises ging aber weniger auf die Gewinninteressen der Gesellschaft zurück als vielmehr auf die Forderungen der Welthandelsorganisation (WTO), die Energiepreissubventionen als wettbewerbsverzerrend ablehnt. Nach einem kurzzeitigen Lieferstopp kam es zu einer Einigung und die Ukraine konnte den Gashahn wieder aufdrehen. Zu diesen Ereignissen ist Folgendes anzumerken:

- Dieser Lieferstopp erfolgte im Winter 2005/2006, zur kältesten Jahreszeit also, in der in Russland der Eigenbedarf am höchsten ist.
- Noch lange nach der Beilegung dieses Konfliktes blieben die russischen Gaslieferungen nach Italien von Mitte Januar bis Mitte März 2006 um über 6 Prozent hinter den vertraglich vereinbarten Mengen zurück.
- Die größten russischen Gasfelder – »Urengoj«, »Medveshiskoe« und »Jamburg« –, die 90 Prozent zur russischen Gasförderung beitragen, sind im Förderrückgang. In den letzten Jahren wurde nur ein einziges sehr großes Gasfeld neu erschlossen (»Zapoljarnoe«), wofür ein Vorlauf von etwa acht Jahren nötig war.
- Die verbleibenden großen Gasfelder liegen in wesentlich schwieriger zugänglichen Regionen.

Eine tiefer gehende Analyse lässt es realistisch erscheinen, dass auch die russische Gasförderung in den nächsten Jahren nicht oder nur noch gering ausgeweitet werden wird. Ob sich die Hoffnung von Europa auf zusätzliche Gasimporte aus Russland erfüllen wird, ist sehr zweifelhaft.

Über Gasprom wurde im Jahr 2006 aber auch deshalb berichtet, weil der deutsche Altkanzler Gerhard Schröder nach seiner Wahlniederlage im Aufsichtsrat des Unternehmens tätig wurde und auch dafür bezahlt wird. Dies wurde insbesondere deswegen kritisiert, weil Schröder noch in seiner Amtszeit eine Vereinbarung unterschrieben hatte, eine Erdgasleitung durch die Ostsee zu verlegen, um deren Realisierung er sich jetzt maßgeblich kümmert. Die Begründung für diese Pipeline kann nur geopolitischer Art sein, denn die Pipeline ist weder für eine Aufrechterhaltung der Importe notwendig, noch ist mit einer deutlichen Ausweitung der künftig zu importierenden Gasmengen zu rechnen.

Flüssiges Erdgas aus Katar

Nach gängiger Analyse ist noch genügend Erdgas vorhanden. Doch dieses ist nicht erschlossen und liegt weitab der Verbraucherzentren. Daher verbinden sich mit der erheblichen Ausweitung von Flüssiggasimporten große Hoffnungen. Hier soll Katar mit den nach Russland zweitgrößten Erdgasreserven eine Schlüsselrolle zukommen. 1995 wurden etwa 14 Prozent des weltweit verfügbaren LNG in Katar produziert. In der Tat sind die Planungen für eine Ausweitung in vollem Gange. Mehr als 70 Tankschiffe für verflüssigtes Erdgas wurden bestellt, die Verflüssigungskapazität soll bis 2010 verdreifacht werden und dann 25 Prozent des Weltmarktes abdecken. Auch ein Projekt zur Produktion von Kraftstoff aus Erdgas wurde bereits realisiert (so genannte »Gas to Liquids« – GTL), zwei weitere sind in der Planung. Das alles wird möglich, weil das kleine arabische Land auf dem weltgrößten Gasfeld sitzt, dem 1971 entdeckten »North Field«, das im Persischen Golf liegt und bis in den Iran reicht. Doch Vorsicht ist geboten. Der geplante Ausbau reicht bei weitem nicht aus, um die zunehmende Nachfrage nach Flüssiggas aus Nordamerika, Europa und Asien abzudecken.

Zu alledem hat die Regierung einen Stopp für neue Projekte verhängt, weil die Größe des Gasfeldes inzwischen angezweifelt wird. Das Feld zeigt eine komplexe geologische Struktur, die eine einfache Hochrechnung des Inhaltes anhand von wenigen Bohrungen und seismischen Messungen erschwert. Aufgrund dieser Unsicherheit hat der Energieminister, Abdullah bin Hamad al-Attiyah, Bohraktivitäten zur besseren Erfassung der Größe des Feldes angeordnet. Diese sollen bis zum Jahr 2008 ausgewertet sein. Bis dahin werden über die bestehenden hinaus keine weiteren Erschließungsprojekte realisiert werden. Selten widersteht ein Energieminister dem Druck der Industrie auf schnelle Profite. Daher verdient diese Haltung Respekt, denn das erklärte Ziel der Regierung ist eine Förderrate, die über 100 Jahre aufrechterhalten werden kann.

Der Nordostteil dieses auf der Grenze zu iranischen Gewässern liegenden Feldes wird im Iran unter dem Namen »South Pars« ebenfalls als riesige Reserve eingeschätzt. Aufgrund des geologischen Zusammenhangs können die Unsicherheiten bezüglich der Gasreserven von Katar auch auf die Gasreserven des Iran übertragen werden, die ebenfalls aufgrund dieses einen Feldes zu den größten der Welt gezählt werden.

Allzu große Erwartungen bezüglich der künftigen Verfügbarkeit von Erdgas können leicht enttäuscht werden. Erinnert sei an die USA, wo staatliche und industrielle Prognosen die Verbraucher bis heute ermuntern, die Abhängigkeit vom Erdgas zu erhöhen, obwohl inzwischen klar ist, dass für diesen Mehrkonsum die Ressourcen fehlen. Als nächstes Land erlebte England eine Überraschung – auch dort wurde bis zuletzt vehement auf Gas gesetzt. Auch Europa wird ein Problem haben, wenn sich herausstellt, dass die russischen Reserven und Produktionsmöglichkeiten nicht so groß sind, wie bis heute geglaubt wird. Also richten sich die Hoffnungen zunehmend auf den Persischen Golf, möglichst noch mit der Erwartung, die Reserven dort könnten noch größer sein als heute angenommen.

Unkonventionelles Gas

Auch bei der Ressource Gas gibt es unkonventionelle Vorkommen. Ein Beispiel dafür ist das biogene Gas. Es wird immer dann gebildet, wenn organisches Material auf den Meeres- oder Seeboden bis maximal etwa 1 000 m abgesunken ist und von Ablagerungen zugedeckt wird. Im Unterschied zum thermogenen Erdgas, das vor allem durch die in großer Tiefe herrschenden Temperaturen entstanden ist, bildet sich biogenes Gas durch bakterielle Zersetzungsvorgänge organischer Materie. Vor allem durch seine unterschiedliche isotope Zusammensetzung (der Anteil an schwerem Kohlenstoff ist unterschiedlich) kann es vom thermogenen Gas unterschieden werden. Biogas sammelt sich ziemlich diffus an, und deshalb sind die einzelnen Vorkommen schnell erschöpft, wenn sie angezapft werden. Bei Bohrungen im Meer können biogene Gasansammlungen sehr gefährlich werden, denn in der ersten Bohrphase werden in der Regel keine speziellen Absicherungen gegen einen plötzlichen Gasausbruch gemacht, und der Bohrschlamm allein reicht dann nicht aus, um das ausströmende Gas zurückzuhalten. Wenn nun die Menge groß genug ist, verwandelt sich das Meer in eine Art Sodawasser. Das schäumende Wasser kann dann die schwimmende Plattform nicht mehr tragen. Noch gefährlicher wird es, wenn sich das Gas entzündet. Mit speziellen seismischen Untersuchungen im Umfeld von Probebohrungen versucht man, solche Risiken zu vermeiden. Der gesamte Vorrat an biogenem Gas in der Welt ist sehr groß, wie groß genau, weiß niemand. Doch die meisten dieser Ansammlungen sind jeweils zu klein, als dass es sich lohnen würde, sie in nächster Zeit abzubauen.

Grubengas – Methan aus Kohleflözen

Ein weiteres unkonventionelles Gas ist das Methangas aus Kohleflözen. Große Mengen davon kommen in Kohleablagerungen vor. Die meisten Bergwerksunglücke gehen auf das Konto dieses Grubengases. Das Gas wird von der molekularen Struktur der Kohle absorbiert, was bedeutet, dass es wesentlich reichlicher vorkommt als in dem Porenhohlraum eines konventionellen Reservoirs. Um das Gas zu gewinnen, muss der Druck im Kohlenflöz reduziert werden. Das kann z. B. durch Abpumpen von Wasser geschehen. Das Gas kann nun gefördert und für den Transport verdichtet werden. Wie bei den meisten unkonventionellen Ablagerungen sind die Bedingungen für die Gewinnung sehr verschieden. Die Methangewinnung aus Kohleflözen ist in den USA am weitesten fortgeschritten und deckt dort ca. 7 Prozent (2004) des Gasbedarfs auf nationaler Ebene ab. Es gibt noch viele nicht ausgeschöpfte Möglichkeiten für die Methanförderung in kohlereichen Gebieten wie Australien, Europa und China. In Zukunft wird Methan aus Kohleflözen eine wichtige Ressource sein und man kann künftig von verstärkten Förderaktivitäten ausgehen.

Gas in dichten Reservoiren

Da Gasmoleküle wesentlich kleiner als Ölmoleküle (Kohlenwasserstoffe) sind, kann sich Gas auch in Gesteinen ansammeln, die für Öl nicht porös genug sind. So gibt es viele Schieferablagerungen in der ganzen Welt, die ungeheure Mengen an Gas enthalten, das aber in der Regel nicht gefördert werden kann. Auch wenn es in ein paar speziellen Fällen doch gelungen ist, an dieses Gas heranzukommen – wieder haben die USA dabei die größten Fortschritte gemacht –, so ist es eher unwahrscheinlich, dass diese Ressource für die globale Versorgung in nächster Zukunft von Bedeutung sein wird.

Wie auch beim Öl werden diejenigen Gasvorkommen als unkonventionell bezeichnet, die besonders schwierig zu erreichen sind. Dazu gehören das Tiefseegas und das Polargas. Explorationen haben ergeben, dass die Tiefsee besonders gashaltig ist. Beträchtliche Gasablagerungen befinden sich beispielsweise in den großen sedimentären Becken, die am europäischen Rand des Atlantiks liegen. Die technischen Probleme, die bei der Förderung aus der Tiefsee auftreten, werden womöglich schon bald gelöst sein. Aber es ist wenig wahrscheinlich, dass diese Ressourcen wirklich ein Äquivalent für die Energie sein werden, die uns jetzt langsam ausgeht. Es wird viel schwerer zu gewinnen sein als das leicht flüchtige, in großen Feldern gesammelte konventionelle Erdgas.

Auch in der Polarregion ist der Zugriff auf das Gas nicht einfach, denn die Förderung ist mühsam. Umweltpolitische Restriktionen schützen diese Gebiete vor Eingriffen durch den Menschen. Aber es wird ohnehin nicht davon ausgegangen, dass die dortigen Vorkommen bedeutend sind.

Die arktischen Regionen hingegen weisen größere Bestände auf. Hier gibt es Formationen, die in der geologischen Vergangenheit immer wieder »vergletschert« worden sind. Das Gewicht der Eismassen lag mit großem Druck auf der Kruste, und das ursprünglich für eine Ölproduktion geeignete Muttergestein wurde durch das Ölfenster geschoben, so dass Gas entstehen konnte. Zahlreiche solcher Gasansammlungen sind mittlerweile in den arktischen Gegenden von Alaska und Kanada, vor der Küste Grönlands, der Barentssee und vor der nördlichen Küste Norwegens gefunden worden. Die größten Vorkommen gibt es jedoch vor der Küste Russlands und auf der Halbinsel von Jamal. Das hier gelegene Feld »Shtokmanov« enthält ein Vorkommen, das zwischen 1500 und 3000 Milliarden Kubikmeter beinhalten soll. Das ist etwa so groß wie das Gasfeld bei Groningen. Allerdings liegt diese Gasablagerung in über 300 Meter Wassertiefe und ist 600 Kilometer weit von der nächsten Küste entfernt. Es wird noch lange dauern, bis es sich wirklich rechnet, dieses Vorkommen zu erschließen. Und – es ist lange noch nicht alles entdeckt. Der größte Teil des weitläufigen Schelfs weiter östlich ist bisher noch kaum erforscht und enthält womöglich noch beträchtliche Gasvorkommen.

Gashydrate

Die eifrige Suche nach nutzbaren Energieträgern trieb zuweilen merkwürdige Blüten. So meinte man eine Zeit lang, dass Gashydrate eine sprudelnde Energiequelle werden könnten.

Gashydrate sind eisähnliche feste Körper, in denen sich Methangas mit der molekularen Struktur des Wassers unter hohem Druck und bei tiefen Temperaturen verbindet. Russische Forscher konnten nachweisen, dass die physikalischen Bedingungen für die Bil-

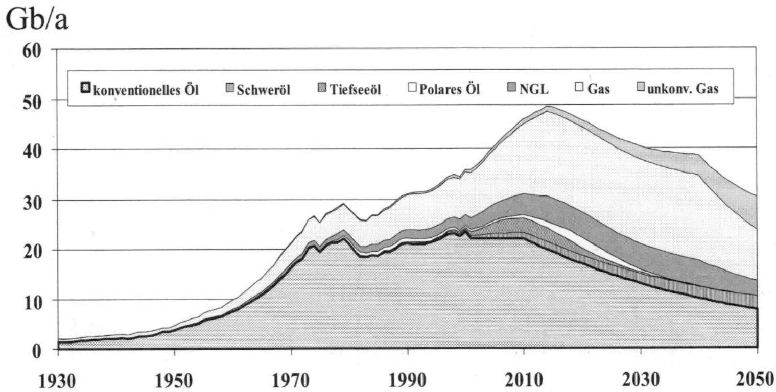

Vermutete künftige Förderrate der Summe aller Kohlenwasserstoffe, einschließlich Erdgas und unkonventioneller Öl- und Gasvorräte. Die weltweite Förderung wird danach zwischen 2010 und 2020 zurückgehen.

dung von Gashydraten in den arktischen Regionen und in der Tiefsee entlang den äußeren Grenzen der Kontinentalschelfe geradezu ideal waren. Diese Erkenntnis löste eine Reihe von Forschungsprojekten aus und führte zu zahlreichen und wilden Spekulationen in Bezug auf mögliche Vorkommen. Alles Mögliche wird der »Macht der Gashydrate« angedichtet, wie z. B. das geheimnisvolle Verschwinden von Flugzeugen über dem Bermuda-Dreieck. Doch alle Behauptungen, die in den Gashydraten die Lösung aller Energiebedürfnisse der Welt sehen, können nicht ernst genommen werden. Zwar findet man einzelne kleine Gashydratproben in Bohrkernen, die aus Sedimentschichten an einigen verschiedenen Stellen des Meeresbodens stammen. Doch daraus kann man nicht schließen, dass es mehrere hundert Meter dicke und über zigtausend Quadratkilometer sich erstreckende Gashydratschichten in den Meeren der Welt gibt, die man nur intelligent fördern muss, um einen fast »unerschöpflichen« Brennstoff zu haben. Ein Nachweis für derartige Spekulationen konnte nie erbracht werden. Darüber hinaus aber zeigen alle bisher durchgeführten Versuche, dass diese eisähnlichen »Hydratklumpen« ganz langsam abbrennen, wenn sie denn hochgeholt und angezündet werden. Jeder Versuch, das Ausgasen des Methan zu beschleunigen, erfordert einen hohen Energieeinsatz, der das Ergebnis wieder in Frage stellt. Ungeachtet dessen aber wird weiter fleißig geforscht und weiterhin die Parole verbreitet: »Gashydrat ist ein Brennmaterial für die Zukunft.«

Gas ist mittlerweile eine bedeutende und wertvolle Energiequelle. Obwohl bei der Verbrennung das Treibhausgas CO_2 entsteht, fällt die Ökobilanz besser als beim Öl aus, da Gas bezogen auf den Heizwert weniger Kohlenstoffatome enthält. Karriere macht das Gas auch als Energiequelle für die Elektrizitätserzeugung, denn in den modernen Turbinen kann es mit größerer Effizienz genutzt werden als anderes Brennmaterial. Die wichtigste Rolle in unserer Zeit spielt Erdgas bei der Herstellung von Kunstdünger.

Politik

Der Ölpoker beginnt – im Nahen Osten

Geologische Besonderheiten haben dazu geführt, dass überhaupt Öl entstehen konnte. Es kann daher nicht überall auf der Welt und in gleichen Mengen Vorkommen geben. So stellen sich die nächsten Fragen: Wem gehört das Öl? Sind es »nationale« Vermögen einzelner Staaten? Welche Interessen vertreten die Ölkonzerne? Inwieweit sind sie der sozialen Umwelt gegenüber verantwortlich, sowohl in Bezug auf die gesellschaftlichen Strukturen vor Ort als auch im Hinblick auf die (zukünftige) Verteilung? Mit der geologischen und technologischen Geschichte eng verwoben sind die politischen Entwicklungen. In diesem Buch wird von der Hypothese ausgegangen, dass die Welt nahe dem Fördermaximum ist, es vielleicht sogar schon erreicht hat. Der Aspekt der Kontrolle über die und Verteilung der verbliebenen und eventuell noch zu entdeckenden Reserven hat deshalb eine besondere Bedeutung. Im Nahen Osten befindet sich ca. die Hälfte dessen, was an Öl noch übrig ist. Aktuelle politische wie wirtschaftliche Entscheidungen und die offensichtliche Verflechtung von Ölproduktion und politischem Kalkül sind nur vor dem Hintergrund der Geschichte des Nahen Osten zu verstehen. In der folgenden kurzen historischen Abhandlung werden deshalb einige der wichtigsten Schauplätze skizziert.

Die Geschichte bestimmt das Spielfeld

Zu Beginn des 20. Jahrhunderts beherrschte das britische Imperium nicht nur die Ozeane, sondern auch ein Viertel der Landfläche der Erde. Der Nahe Osten gehörte nicht dazu. Dieses Gebiet schien den Briten zu wenig attraktiv. Es waren kahle Stein- und Wüstenlandschaften, zuweilen bedeckt mit struppigem Buschwerk und dünn besiedelt von Beduinen und anderen aus englischer Perspektive »grimmigen Gesellen«. Zudem war es in den Sommermonaten unerträglich heiß. Solche Lebensumstände waren für die Rotröcke Ihrer Majestät zu mühsam, die Aussicht auf lukrative Handelstätigkeiten zu gering. Großbritannien war in erster Linie

»kontrollierend« präsent und übte eine Art Schutzherrschaft über verschiedene Handelsniederlassungen von der Küstenstadt Aden im heutigen Jemen bis nach Kuwait aus.

Bedrohung witterten die Briten im Osten. Russland hatte bereits Anfang des 19. Jahrhunderts die Gebiete um das Kaspische Meer herum erobert und suchte nun im Westen nach einem Ausgang durch den Bosporus. Lange wurde das Russische Reich mit einem »Koloss mit zugebundenen Ärmeln« verglichen. Für Großbritannien war deshalb das osmanische Imperium eine willkommene Pufferzone, sollten doch die Türken einer möglichen Expansion der Russen Widerstand bieten. Vier Jahrhunderte zuvor, im Zenit seiner Macht, erstreckte sich das Osmanische Reich im Süden über den Balkan hinaus bis nach Ägypten und Nordafrika und im Westen bis nach Wien. Jetzt, an der Schwelle zum 20. Jahrhundert, war nur noch ein Rumpfstaat übrig geblieben, der von Sultan Abd ül-Hamid II. regiert wurde. Im Balkan gab es schon damals ständig Unruhen und Krisen, was einen Großteil der Aufmerksamkeit des Sultans in Anspruch nahm. Im Hinterland des Reiches, im heutigen Irak und in Saudi-Arabien, ging es ruhiger zu. Der größte Teil dieser Gebiete waren Wüsten, quasi Land-Ozeane, in denen Grenzen, Größe und Eigentum eine nur sehr geringe Bedeutung hatten. Eine Quelle für große Spannungen waren in erster Linie die unterschiedlichen Religionen, die hier aufeinander trafen: Christentum und Islam bzw. Schiiten und Sunniten – die Trennung zwischen Schiiten und Sunniten geht zurück auf das große Schisma des Islams nach dem Tod des Propheten Mohammed. Die Osmanen waren Sunniten, Rivalen der persischen Schiiten, Hüter des islamischen Glaubens und Beschützer der Heiligtümer in Mekka und Medina.

Die immer größer werdende Abhängigkeit von den Großmächten Europas blieb nicht ohne Auswirkungen in den Gebieten des Osmanischen Reichs. Die auferlegten Reformen beeinflussten einerseits Entwicklungen in Literatur und im Schulwesen, was von bestimmten gesellschaftlichen Gruppen durchaus als Fortschritt gewertet wurde. Andrerseits beschleunigten diese »Modernisierungen« aber auch den Zerfall des Reiches.

Aus europäischer Sicht gilt das 19. Jahrhundert als das Jahrhundert der Nationenbildung. Tradierte Geschichte(n), zugeschrie-

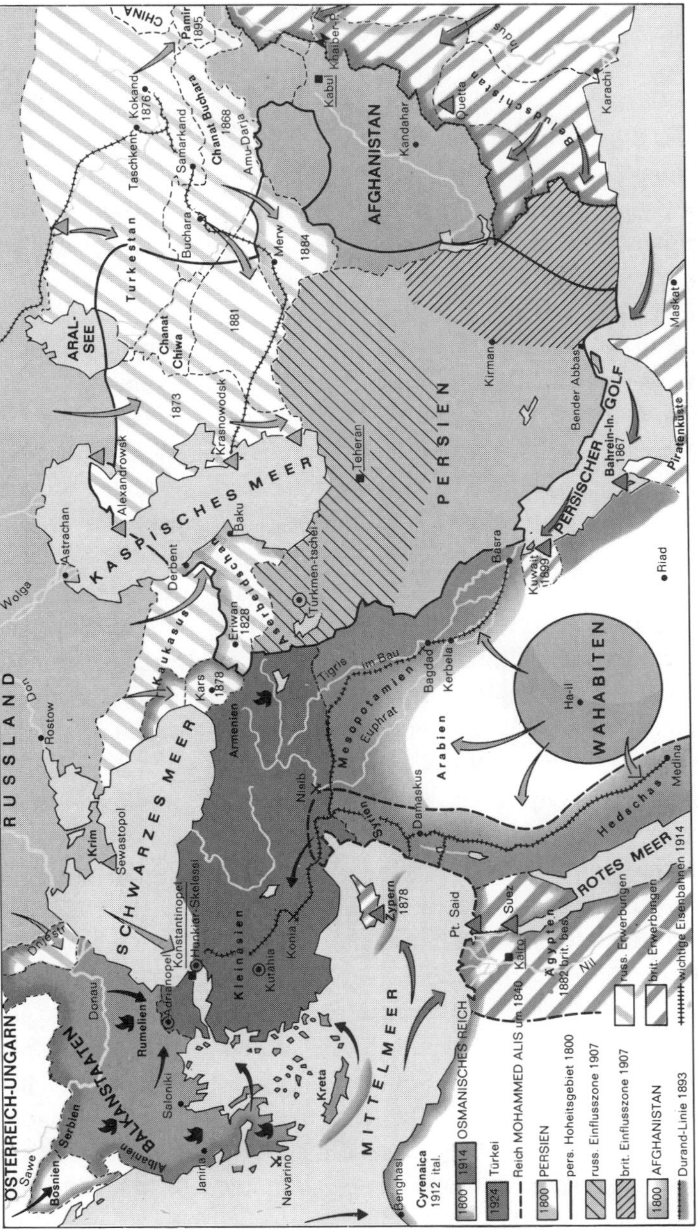

Karte des Osmanischen Reiches; Westasien im 19. Jh.

bene Bedeutung von so genannten Traditionen und Institutionalisierungen von Symbolen führten zu einer neuen Bewegung – dem Nationalismus. Großbritannien mit seinen eindeutigen geografischen »Inselgrenzen« hatte keine Schwierigkeiten, den Nationen-Status anzunehmen. Für das restliche Europa war diese Selbstbesinnung und Selbstbestimmung viel problematischer, da sich jedes Land aus unterschiedlichen Gebietsfragmenten und Interessen zusammensetzte. Italien fand erst 1861 zusammen, die deutschen Fürstentümer noch einmal 10 Jahre später.

Die jungen europäischen Staaten begannen, miteinander Verträge abzuschließen. Zum einen wollten sie die eigenen Märkte erweitern und damit an Macht und Einfluss über neue Regionen gewinnen. Aber die jungen Nationen einigten sich auch auf gegenseitige Hilfen und andere nationenstärkende Maßnahmen. Doch so einvernehmlich, wie es klingt, waren die neuen Bündnisse nicht. Bei jedem Miteinander, bei jeder Kooperation hatten die Partner stets vor Augen, dass der Krieg als probates Mittel existierte, um entweder die eigenen oder auch die Bündnisinteressen durchzusetzen. Krieg galt als dienliches Werkzeug, und mit Hochdruck wurde deshalb an der Entwicklung von Sprengstoffen, Giftgas und der Modernisierung von Waffen gearbeitet. Und diese gesamte Beschleunigung der Kriegsmaschinerie wurde durch Öl ermöglicht und mit Öl geschmiert.

Anders als Großbritannien und Frankreich gingen Deutschland zu Beginn des 20. Jahrhunderts die Kolonien langsam aus. Man orientierte sich vor allem nach Osten, und viele Deutsche wanderten dorthin aus. Jetzt lag der Nahe Osten praktisch vor der Haustür. Die neuen Möglichkeiten der Mobilität, die sich durch die fortschreitende Industrialisierung eröffneten, ließen den Plan, eine Bahnlinie von Berlin nach Bagdad zu bauen, als gar nicht so abwegig erscheinen. Auch dieses Projekt basierte auf einem militärischen Kalkül: Auf dem Schienenweg wäre Deutschland in der Lage, Truppen wesentlich schneller in diese Region zu bringen, als es die britische Seemacht vermochte. Dieser Mobilitäts- und Mobilisierungsplan sollte weit reichende Folgen für die Entdeckung von Erdöl haben.

Deutsche Ingenieure begannen 1903 für die geplante Bahnlinie in Mosul – im heutigen nördlichen Irak – Vermessungen vorzunehmen. Sie stießen auf große Ölsickerstellen. Die türkische Regierung wurde informiert und sie beauftragte Calouste Sarkis Gulbenkian mit weiteren Untersuchungen. Gulbenkian, der Sohn eines armenischen Geschäftsmanns, hatte Erfahrungen mit Öl in Baku am Kaspischen Meer gesammelt. Er erkannte sofort die Bedeutung dieser Funde und sah die Chance, im Osmanischen Reich eine Ölindustrie im wahrsten Sinne »aus dem Boden zu stampfen«.

Das im Osten des Osmanischen Reiches liegende schiitische Persien wurde von dem verarmten Schah Muzaffar al-Din regiert, dessen Autorität aber kaum über seine Hauptstadt hinausreichte. Die Nachricht über mögliches Öl im benachbarten Mosul nahm man in Teheran mit großem Interesse auf. Warum sollte es im eigenen Land nicht ebenfalls Ölquellen geben? Der Chef der persischen Zollbehörde, General Antoine Kitabgi, versuchte deshalb, Unterstützung für eine zielgerichtete Ölförderung zu finden, denn aktive Ölsickerstellen gab es in Persien in stattlicher Anzahl. Er fuhr nach London, und nach mühsamen Verhandlungen gelang es ihm schließlich, das Interesse des Abenteurers William Knox D'Arcy zu wecken, der sein Vermögen in Australien mit Goldbergwerken gemacht hatte.

Mit einer Zahlung von 20000 Pfund an den fast mittellosen Schah bekam D'Arcy die Konzession für die Ölgebiete im Südwesten von Persien. 1902 wurde mit den Bohrungen begonnen. Es war ein aus geologischer Sicht äußerst mühsames Unternehmen. Zudem betrugen die Temperaturen in den Sommermonaten über 40 Grad im Schatten. D'Arcy ging es nicht besser als anderen Ölinvestoren, und er musste mit ansehen, wie sein Vermögen in den Vorbergen des iranischen Teils des Zagros-Gebirges regelrecht dahinschmolz, denn die Investitionen waren wesentlich höher als der Gewinn. Aber er gab nicht auf und es gelang ihm, die Burma-Ölkompanie, ein seit langem etabliertes schottisches Handelshaus mit Erfahrungen im noch jungen Ölgeschäft, zu beteiligen. Zunächst blieb es weiter hoffnungslos. Beim allerletzten Versuch wurden jedoch Ausdauer und Hartnäckigkeit belohnt. Am frühen Morgen des 26. Mai 1908 schoss plötzlich bei der letzten Bohrung bei Masjid-i-Sulaiman (Moschee von Solomon) eine über 160 Meter hohe Ölfontäne heraus. Mit dem Zitat »Ab jetzt ändert sich die Welt grundlegend« wird an diesen Moment oft erinnert. Es ist keine Übertreibung. Man hatte den Zugang zu einem Ölfeld entdeckt, das beinahe die Hälfte des bis zu diesem Zeitpunkt gefundenen Erdöls auf der Welt beinhaltete und Persien in die Führungsspitze der Ölproduzenten katapultierte.

Dieses Ereignis wurde im Büro von William Knox D'Arcy in London mit Jubel begrüßt und entging auch nicht der Aufmerksamkeit des ersten Lords der Admiralität, Winston Churchill. Dieser blickte mit Sorge und Misstrauen auf die internationale Situation. Er fürchtete eine russische Expansion im Nahen Osten und misstraute dem Plan der Deutschen, eine Bahn von Berlin nach Bagdad zu bauen. Auch im eigenen Land gab es Druck, denn der eigenwillige Admiral Fisher bestand darauf, die britische Flotte von Kohle auf Öl umzustellen. Da Großbritannien noch keine eigene Ölquelle hatte – das Nordseeöl war noch nicht entdeckt –, würde die Frage der Belieferung immer kritisch bleiben, und Churchill wollte sich weder auf das amerikanische Öl noch auf Shell mit seinen holländischen Verbindungen verlassen müssen. Mittlerweile konkurrierten folgende Ölkonzerne miteinander: Royal Dutch/Shell, Gulf, Texaco und Standard Oil Company. Die Vorstellung, Zugriff auf diese Ölquelle in Persien zu haben, gefiel Churchill, und deshalb überredete er die britische Regierung, sich mit 50 Prozent am Unternehmen von D'Arcy zu beteiligen. Die Anglo-Persian Oil Company, ein Vorläufer der British Petroleum (BP), wurde im Sommer 1914 mit königlicher Zustimmung gegründet, just zu der Zeit, als die ersten Anzeichen eines neuen Krieges auftauchten. Die Anglo-Persian Oil Company war im Vergleich zu den anderen Ölkonzernen also kein privates Unternehmen, sondern ein Regierungskonzern, der die Aufgabe hatte, die Royal Navy mit Öl zu versorgen.

Einige Wochen zuvor, am 28. Juni 1914, hatte der schwindsüchtige Student Gavrilo Princip aus Sarajewo den österreichischen Erzherzog Franz Ferdinand und seine Frau bei einem offiziellen Besuch in Bosnien-Herzegowina erschossen. Wie allgemein bekannt, führte dieses Attentat zu einer regelrechten Kettenreaktion. Der Erste Weltkrieg brach aus, und das erst junge und fragile Gebäude der komplexen Allianzen und Beziehungen in Europa stürzte ein. Anfangs gab es noch zahlreiche Stimmen, die ein baldiges Ende des Krieges prophezeiten. Doch die Energieressource

Öl hatte den Charakter des Krieges verändert. Der »neue« Krieg hatte Kriegsmaschinen zur Verfügung, die ein sehr »effizientes« und schier endloses Massenabschlachten möglich machten. Die Verbündeten Großbritannien, Frankreich, Italien und Russland kämpften gegen Österreich, Ungarn und Deutschland. Doch auch innerhalb der Gruppierungen trauten sich die Alliierten nicht sonderlich über den Weg. Bald waren auch die Türken in den Krieg involviert.

Was war geschehen? Die letzten Jahre der autokratisch geführten Herrschaft von Sultan Abd ül-Hamid II. hatten sich als ein Desaster gestaltet und zu riesigen Gebietsverlusten des Reiches geführt. Lange Zeit hatten quasi mittelalterliche Strukturen das gesellschaftliche Leben bestimmt, aber zunehmend führten die Einflüsse aus Westeuropa zu einer Modernisierung der Armee, und es bildeten sich Geheimbünde innerhalb der gebildeten Schichten. Als im Jahre 1908 Edward VII. von England und sein Vetter Zar Nikolaus mit dem Plan antraten, das Osmanische Reich zu teilen, stellte sich eine Gruppe aus der Provinz von Saloniki dagegen. Angeführt wurde der Widerstand der »Jungtürken« von dem jungen Offizier Mustafa Kemal, heute bekannt als Atatürk. Den Widerständlern gelang es, Sultan Abd ül-Hamid II. zu stürzen und die Wiedereinsetzung der Verfassung von 1876 und das Zusammentreten des Parlaments zu erzwingen.

Die Machtübernahme durch die Jungtürken ist sicherlich als eine wichtige Weichenstellung für die Entwicklung der späteren türkischen Republik zu werten, doch zunächst saßen die neuen Machthaber am kürzeren Hebel. Die Öffnung dem Westen gegenüber und die Förderung von Investitionen aus dem Ausland waren zwar wichtige politische Handlungen, die Spielregeln dafür bestimmten aber immer noch die anderen. Keiner der Jungtürken kannte sich auf dem westlichen Parkett wirklich gut aus. Londoner Finanzleute und der armenische Ölexperte Calouste Gulbenkian wurden deshalb beauftragt, eine Bank zu gründen, deren erstes Geschäft darin bestand, eine Allianz mit dem Ölkonzern Shell und der Deutschen Bank einzugehen. Das war ein kluger Schachzug, denn die Deutsche Bank hatte die Rechte der deutschen Eisenbahngesellschaft geerbt. Außerdem wurde die neue Ölgesellschaft »Turkey Petroleum Company (TPC)« gegründet und in London registriert. Gulbenkian besaß selbst 15 Prozent der Aktien, musste aber 10 Prozent an die britische Regierung abgeben, was ihm seinen Spitznamen »Mister 5 Prozent« einbrachte. Die Konzession für das Ölgebiet von Mosul wurde am 28. Juni 1914, nur wenige Wochen vor Kriegsausbruch, unterzeichnet.

Daneben begann die neue türkische Regierung mit der Aufnahme von Verhandlungen mit Waffenhändlern aus Großbritannien. Zwei mächtige moderne Schlachtschiffe, die Reshadieh und die Sultan Osman I., sollten in England gebaut werden. Ebenso wollte man die Armee reformieren und lud deshalb deutsche Militärberater ein. Als die zwei bestellten Schiffe in den englischen Werften fast fertig waren, brach der Krieg aus. Churchill beschlagnahmte die Kriegsschiffe kurzerhand, denn erstens war er sich der Bedrohung durch sie sehr wohl bewusst, und zweitens konnte er sie selbst gut gebrauchen und mit ihnen die britische Flotte verstärken. In Istanbul reagierte man zunächst mit Empörung auf diesen Diebstahl, aber schon sehr bald fand die türkische Regierung einen Weg, aus dieser Situation einen Vorteil zu ziehen. Ihre bedrohliche geografische Lage – auf der einen Seite das russische Zarenreich, auf der anderen Seite das Mittelmeer mit Italien und der britischen Seemacht – veranlasste die Türken, ein Schutzbündnis mit Deutschland einzugehen. Zunächst wurde das türkische Ansinnen abgewiesen, denn aus deutscher Sicht hatte der mögliche Bündnispartner für den Krieg nicht viel zu bieten. Doch als ihnen die cleveren Türken die zwei Schlachtschiffe anboten, die sie nie real besessen hatten, willigten die Deutschen ein, vollkommen ahnungslos, dass die Schiffe von den Engländern beschlagnahmt waren. Die bis dahin politisch neutralen Türken waren jetzt unter deutschem Einfluss. Das hatte weit reichende Folgen – für die Türkei und für die weitere Geschichte des Erdöls.

Es ist nicht sinnvoll, hier Einzelheiten des Kriegsverlaufs nachzuzeichnen, Ergebnis ist jedenfalls der Umstand, dass sich vor allem kriegsbedingt sowohl Allianzen wie auch Gegnerschaften herausgebildet haben. Diese sind deshalb von Bedeutung, weil die arabische Welt – und damit der Zugriff auf das Erdöl – zunehmend in den Fokus der politischen und wirtschaftlichen Interessen geriet.

Zugriff auf den Nahen Osten

Die arabische Bevölkerung bekam von den Machtkämpfen in Europa zunächst wenig mit. Die Menschen lebten in einem weiten Raum, der sich über die Ebenen von Euphrat, Tigris und Nil und die Wüsten von Arabien und Nordafrika erstreckte. Es waren stammesmäßig ausgerichtete Gesellschaften, deren mehr oder weniger bedeutende Scheichtümer sich zuweilen bekriegten. Der Blick der meisten Menschen ging über solche Fehden kaum hinaus. Der Gedanke, über einen »arabischen Nationalismus« verbunden zu sein, lag ihnen fern. Doch genau dahin wollten die Briten sie bringen, denn darin sahen sie die Chance, das türkische Reich zum Zusammenbruch zu bringen und möglicherweise ein neues arabisches Herrschaftsgebiet innerhalb des britischen Commonwealth gründen zu können. Die politische Stimmung war euphorisch und geprägt von einer Mischung aus Phantasterei, Idealismus und pragmatischer Doppelzüngigkeit.

Dem legendären Lawrence von Arabien, einem Archäologen aus Oxford, gelang es, als Araber verkleidet bis ins Innere des Landes zu kommen. Seine Absicht war, einen Stammesaufstand gegen die Türken zu initiieren. Er versuchte deshalb mit einer Kombination aus Bestechung, Drohungen und Versprechungen, die arabischen Splittergruppen zu einer gemeinsamen Truppe zu einen. Sein Hauptinteresse galt dem Großscherif Hussein von Mekka, der seine Abstammung auf den Propheten Mohammed zurückführte und Oberhaupt des Stammes der Haschimiden und Beschützer der Heiligtümer des Islam war. Er herrschte über das Gebiet Hedschas, das von der Südspitze der arabischen Halbinsel bis Jordanien und Palästina reichte. Die Briten sahen in den Haschimiden die Elite der Beduinenstämme und damit automatisch die Führer der arabischen Revolution, und sie setzten alle diplomatischen Finessen ein, um den Großscherif zu beeindrucken.

Auf arabischer Seite war man aber von den Absichten der Briten nicht sehr begeistert – im Gegenteil. Die gebildete städtische Oberschicht hatte ihre eigenen Vorstellungen für die Zukunft. Für sie bedeuteten diese Pläne einen Rückschritt in ein feudales System. Zudem gab es weiterhin zahlreiche rivalisierende Stammeshäupter, allen voran Ibn Saud von Zentralarabien, für den eine mögliche Führungsrolle seines Erzfeindes aus Mekka völlig unvorstellbar war. Doch noch blieb diese Vision eines gesamtarabischen Königreiches unter der Führung der Haschimiden, das sich über die ganze arabische Halbinsel vom Mittelmeer bis zum Persischen Golf erstreckte, auf dem Tisch. Briten und Franzosen begannen darüber zu diskutieren, wie dieses Gebiet aufgeteilt werden sollte – wohlgemerkt zwischen Briten und Franzosen. Die Briten konnten in diesem Machtpoker auf eine reiche Erfahrung zurückgreifen. Als Kolonialherren hatten sie in Indien eines gelernt: Die Einsetzung von Maharadschas als Strohmänner war die effektivste Form, ein Imperium zu regieren. Solche galt es nun zu finden und zu etablieren.

Doch mit welchen »Kräften« hatte man es auf der arabischen Halbinsel zu tun? Welche Machtkonstellationen hatten sich um die Jahrhundertwende herausgebildet? Eines der Wüstengebiete von Arabien war die Heimat der Sauds, Führer der extrem fundamentalistischen Wahhabiten, die in ihrer Gesellschaftsordnung den strengen Vorgaben des Religionsgelehrten Bin Abd al Wahhab (1703–1792) folgten und sich gegenseitig immer wieder durch innenpolitische Streitigkeiten schwächten. So musste Abd-ur-Rahman, Oberhaupt eines Saud-Stammes, 1891 mit seinen fünf Söhnen aus der Hauptstadt Riad nach Kuwait fliehen. Sein ältester Sohn Abdul Asis, bekannt als Ibn Saud, entwickelte sich zu einer physisch wie psychisch eindrucksvollen Persönlichkeit. 1902 gelang es ihm mit einer kleinen Streitmacht, das Gebiet zurückzuerobern, das die Familie einst verlassen musste. 1913 hatte er sein Herrschaftsgebiet in Richtung Osten bereits bis zu den Scheichtümern an der Küste des Persischen Golfs ausgedehnt, die unter britischer Schirmherrschaft standen. Ein Vorstoß Richtung Westen scheiterte jedoch an den Haschimiden. Sie hatten Ibn Sauds Bruder als Geisel genommen. Ibn Saud sah sich gezwungen, die türkische Oberherrschaft anzuerkennen, um seinen Bruder freizubekommen. Noch gehörte auch Hedschas – mit den Heiligtümern Mekka und Medina zum Osmanischen Reich, erst seit 1932 ist es Teil von Saudi-Arabien. Auch in diesem Konflikt hatte Großbritannien seine Hände auf beiden Seiten im Spiel. Einerseits unterstützten die Briten die Haschimiden, andererseits versuchten sie, Ibn Saud für ihre Sache zu gewinnen, und zahlten ihm 60000 Pfund pro Jahr. Um die Araber gegen das Osmanische Reich zu mobilisieren, versprach man alles und hielt nichts.

Auch außerhalb der arabischen Halbinsel gab es Expansionsbestrebungen. 1916 waren türkische Truppen unter der Führung des deutschen Generals von Kressenstein auf dem Weg nach Süden, um den Suez-Kanal, Großbritanniens »Lebensader« nach Indien, und weitere Gebiete im Osten zu erobern. Den Briten gelang es, die Türken zurückzudrängen, und General Allenby hatte seinen legendär gewordenen Einzug in Jerusalem: Er ging zu Fuß – aus Rücksicht auf christliche Gefühle und als ob er ein Heiligtum von den Ungläubigen befreit hätte.

Großbritannien und Frankreich, die sich ihrer Übermacht und ihres Sieges in Europa sicher waren, sahen mit Interesse auf die Vorgänge im Nahen Osten. Als quasi »ranghöchste« der Weltreiche lag der Gedanke nahe, auch in diesem Teil der Erde an Einfluss zu gewinnen, und beide Länder beanspruchten für sich die Führungsrolle. In bilateralen Gesprächen wurde die Teilung des Gebietes für die Zeit nach dem Ersten Weltkrieg verhandelt. Der Unterhändler für Frankreich war Charles Georges Picot, Englands Interessen vertrat Sir Mark Sykes. Der Vertrag, auf den man sich 1916 einigte, ist nach ihnen benannt.

Über die britische Politik im Nahen Osten in dieser Zeit lässt sich zweierlei sagen: Erstens war sie charakterisiert durch Worthülsen, Zweideutigkeiten und gebrochene Versprechungen. Zweitens verfolgten die Briten eine bestimmte Strategie: Wegen der eigenen Interessen in der Golfregion und in Persien schien es hilfreich, Frankreich als Bündnispartner zu gewinnen. Auf alle Fälle musste Russland zurückgedrängt werden, dem es schon in den ersten Kriegsjahren gelungen war, die Hälfte Persiens besetzt zu halten. In dem Sykes-Picot-Abkommen wurden Syrien, der Libanon und Mosul, die nördlichste Provinz des heutigen Irak, Frankreich zugesprochen, der Rest ging an Großbritannien.

Krisenherd Naher Osten

Die Verschärfung des Konfliktes zwischen dem palästinensischen und dem jüdischen Volk war von diesem Zeitpunkt an nicht mehr aufzuhalten. Palästina stand noch unter britischer Kontrolle. In der Erklärung von Balfour (1917) wurde für die Juden das Recht auf eine »jüdische Heimstatt in Palästina« festgelegt, die arabischen Bewohner in Palästina wurden zu dieser Entscheidung nicht befragt. Die Folgen der Erklärung von Balfour sind bekannt. Zum Symbol der konkurrierenden Ansprüche von Juden und Moslems auf diese Region ist die Stadt Jerusalem geworden. Es ist nicht Ziel dieses Buches, detaillierter auf die Ursachen der komplizierten und komplexen Situation im Nahen Osten einzugehen. Die politische wie ökonomische Geschichte des Erdöls ist jedoch mit diesem Konflikt auf das Engste verwoben und bis in die aktuelle Gegenwart von großer Bedeutung.

Ein kurzer Blick nach Europa: Die Pattsituation an der Westfront in Europa wurde am 8. August 1918 beendet. Ausschlaggebend dafür war eine zerstörerische neue Waffe, die die Briten einsetzten: Panzer, betrieben mit Erdöl. Die deutschen Generäle empfahlen ihrer Regierung, Frieden anzubieten, um ein Gemetzel zu beenden, das mittlerweile bereits 8 Millionen Menschenleben gekostet hatte. Der Waffenstillstand wurde am 11. November 1918 geschlossen.

Kaum war dieser Krieg beendet, konzentrierten sich Großbritannien und Frankreich noch intensiver auf den Nahen Osten. Politische Grundlage blieb das Sykes-Picot-Abkommen, wobei der französische Präsident Clemenceau zunächst andere Sorgen hatte. Ihm ging es darum, mit der Unterstützung Englands die französischen Forderungen an Deutschland zu sichern, den Anspruch auf Elsass-Lothringen und auf Reparationsleistungen. Für Clemenceau war der Nahe Osten ein Gebiet von zweitrangiger Bedeutung. Als Lloyd George, der britische Premierminister, seinerseits Anspruch auf Mosul und Palästina anmeldete, gab er bereitwillig nach.

Der offizielle Friedensvertrag folgte 1919 in Versailles. Auf dieser Konferenz nahm auch der groß gewachsene, asketische Woodrow Wilson teil, Präsident der Vereinigten Staaten von Amerika. Wilson war ein Idealist und vertrat unter anderem die Ansicht, dass Selbstbestimmung für die Entwicklung eines Landes unverzichtbar sei. Das war genau das Gegenteil von dem, was sich Großbritannien und Frankreich in Hinblick auf den Nahen Osten vorstellten. Die Vereinigten Staaten starteten mit einer neuen Politik, in der sie eigene Ansprüche auf die Kriegsbeute aus dem früheren türkischen Reich geltend machten.

Die Karte des Nahen Ostens musste neu gezeichnet werden. Es war verhältnismäßig leicht, das türkische Kernland zu definieren wie auch die verschiedenen Emirate und Gebiete auf der arabischen Halbinsel. Die meisten waren britische Protektorate, obwohl deren Grenzen im Landesinnern in den vegetationsarmen und menschenleeren Wüsten vage blieben. Die wichtigste britische »Mandatsneuschöpfung« war der Irak. Seine Grenzen wurden von den Verhandlungspartnern in Paris mit dem Lineal gezogen, ein künstliches Gebilde aus verschiedenen Volksstämmen. Im Süden, im Gebiet des unteren Tigris, lebten die so genannten Marscharaber, die sich eher am schiitischen Teheran orientierten als am sunnitischen Bagdad. Im Norden des Landes lebten die Kurden in einem Berggürtel, der sich von der Türkei über den nördlichen Irak bis zum Iran erstreckt. Ihre Interessen blieben bei der Neuordnung ebenfalls unberücksichtigt, eine konfliktreiche Situation, die sich bis heute nicht entschärft hat.

Auf der Konferenz in Kairo 1916 wurde beschlossen, dass der Haschimiden-Prinz Feisal den Thron des neuen Irak besteigt. Er war nichts anderes als ein »Maharadscha«, ein britischer Befehlsempfänger. Hinter den Kulissen arbeitete der britische Hochkommissar Sir Percy Cox. Es galt einen Weg zu finden, der der nationalen Entwicklung, den Ambitionen der Stämme und dem Druck der Saudis im Süden gerecht wurde, aber der vor allem die britischen, französischen und ganz neu erwachten amerikanischen Interessen am Öl nicht behinderte. In keinem Fall wollten die Politiker in London, Paris und Washington den neu entstandenen Staaten ihre wertvollen Ölvorkommen allein überlassen. Mit dem Kriegseintritt der Vereinigten Staaten 1917 war klar geworden, dass es sich bei Rohöl nicht nur um eine industriell nutzbare Ressource handelte, sondern um einen wichtigen strategischen Stoff.

Das globale Spiel beginnt

Nach Kriegsende erschien der resolute Gulbenkian wieder auf der Bühne. Er machte sich daran, seine Vision vom unbegrenzten Zugang zum irakischen Öl zu beleben. Zunächst musste er dafür sorgen, dass die Konzession, die die Turkey Petroleum Company (TPC) am Vorabend des Krieges erhalten hatte, wieder gültig wurde. Das war schon deswegen kompliziert, da der Anteil der Deutschen Bank nach dem verlorenen Krieg von den britischen Verwaltern kassiert worden war. Außerdem waren nun die Amerikaner mit im Spiel. Die Standard Oil Company (Mobil) hatte im Nahen Osten bereits vor dem Krieg Öl vermarktet und außerdem Förderrechte für Gebiete in Syrien und Palästina von den Osmanen erworben. Das Unternehmen übte nun Druck auf das amerikanische Außenministerium aus, um den Zugang zum irakischen Öl zu sichern. Im September 1919 wurden zwei Geologen auf den Weg geschickt, die das Gebiet um Kirkuk im nördlichen Irak erforschen sollten. Die Briten erfuhren davon und wiesen den Hochkommissar im Irak an, die Forscher mit der Begründung auszuweisen, dass die in Kriegszeiten festgelegten Beschränkungen des Handlungsspielraums für Ausländer immer noch gültig waren.

Am 27. April 1920 unterzeichneten Frankreich und Großbritannien in San Remo ein weiteres Abkommen. Diese Vereinbarung war nichts anderes als eine Aufteilung des Ölpotenzials der gesamten Region unter den beiden Ländern. Nur Persien war ausgenommen, dessen Konzession an BP weiter gültig blieb. Dem Vorsitzenden der Standard Oil Company gelang es, eine Kopie dieses noch geheim gehaltenen Abkommens in die Hände zu bekommen. Das amerikanische Außenministerium erfuhr von dem anglo-französischen Handel, und nun konnten sich die Vereinigten Staaten endlich offiziell beklagen. Sie hatten einen Profi im eigenen Land: Der Clevelander Kaufmann John D. Rockefeller hatte mit Ölfunden (Upstream), vor allem aber mit der Vermarktung (Downstream) bereits im letzten Drittel des 19. Jahrhunderts die Basis für sein Imperium geschaffen. Was zunächst so aussah wie eine zwar viel versprechende, aber auch immer wieder unberechenbare Wirtschaftsbranche, entwickelte sich in ungeheurer Geschwindigkeit zu einem machtvollen Markt mit globalen Dimensionen und einer Vielzahl von Beteiligten und Interessen. Die große Bedeutung von Öl für die eigene amerikanische Wirtschaft hatte der Ölhändler Rockefeller schnell erkannt, aber ebenso, dass die nationalen Reserven nicht für alle Ewigkeit ausreichen würden. Das

Thema von der »Endlichkeit des Schwarzen Goldes« ist also mitnichten ein Hirngespinst erst der heutigen Zeit.

Vor dem Hintergrund der inneramerikanischen Ölpolitik, die über eine lange Zeit vom mächtigen Rockefeller bestimmt wurde – was auch im eigenen Land nicht unwidersprochen blieb –, der rasanten Entwicklung in der Auto-, Schifffahrts- und Flugzeugindustrie und den neuen geostrategischen Herausforderungen nach dem Ersten Weltkrieg konnten die Vereinigten Staaten einen rein europäischen Weg nicht akzeptieren. Alles war in Gefahr – das Business der amerikanischen Ölkonzerne ebenso wie die nationalen und globalen Interessen als Siegermacht. Das Misstrauen war beidseitig, denn Großbritannien wiederum vermutete, dass amerikanische Ölgelder hinter den verschiedenen aufkommenden politischen Unruhen im Irak und der Türkei steckten. Bestätigt wurde dieser Verdacht, als ein Brief bei einem verhafteten Terroristen gefunden wurde, der die Verteilung von gesetzwidrigen Geldern dokumentierte. Was immer die Ölkonzerne getan haben mögen, um die britische Herrschaft zu unterminieren, die Regierung in Washington äußerte sich völlig anders: Sie wollte, so hieß es, die britische Stellung stärken, vorausgesetzt, dass amerikanische Firmen beteiligt wurden. Vertreter dieser »diplomatischen Lösung« war in erster Linie Allen Dulles, Chef der Abteilung für Angelegenheiten im Nahen Osten. Großbritannien gab nach und schickte Sir John Cadman, den Vorsitzenden von BP, zu Verhandlungen nach Amerika. Die amerikanischen Ölinteressen wurden berücksichtigt, was von Historikern oft auch als »Dankbarkeit« Londons für die erbrachte Hilfestellung der USA im Krieg interpretiert wird. Am Ende waren es die Franzosen, die auf der Strecke blieben.

Die Verhandlungen zogen sich über mehrere Jahre hin und führten schließlich zu einer Umstrukturierung: Aus der Turkey Petroleum Company (TPC) wurde die Iraq Petroleum Company (IPC). Den Aktienbestand teilten sich die britische regierungseigene BP, Royal Dutch/Shell und die ehemaligen Konkurrenten Exxon und die Compagnie Française de Petrole (CFP). Den jetzt weltweit wichtigsten Ölkonzernen, die an der Iraq Petroleum Company beteiligt waren, blieben im Hinblick auf ihre nationalen Interessen jedoch die Hände gebunden. Eine Vertragsklausel (Area of Mutual Interest, AMI) verbot individuelle Aktionen in entdeckten Feldern. Die ursprünglichen Rechte der Turkey Petroleum Company waren zu Zeiten des Osmanischen Reiches vergeben worden und daher bezog sich die AMI auf das ehemalige osmanische Gebiet. Welche Grenzen dieses allerdings genau hatte, war sehr umstritten. Auch hier zeigte sich wieder das diplomatische Geschick von Gulbenkian. In einer Streitdiskussion um diese Grenzen zog er einen roten Bleistift aus der Tasche und verkündete, dass er als Armenier besser als alle anderen die Grenzen des Osmanischen Reiches benennen könne. Er begann eine rote Linie zu ziehen. Sie umfasste die Türkei im Norden, Zypern und die gesamte arabische Halbinsel im Süden. Das Königreich Ägypten, das Kaiserreich Persien und das Erbemirat Kuwait waren nicht mit eingeschlossen. Der Ausschluss von Kuwait war insofern problematisch, als Kuwait zunächst zwar Teil des Osmanischen Reiches gewesen war, doch unter britischer Schirmherrschaft seit 1899 als wichtiger Handelsumschlagplatz über eine relativ große Autonomie verfügte. Durch die Linie, die nun Gulbenkian zog, waren die Grenzen Kuwaits genau definiert – im Gegensatz zu der Grenze zwischen Irak und Saudi-Arabien, die irgendwo in der unbewohnten Sandwüstenlandschaft verlief und niemanden wirklich interessierte. Über den Kopf der betroffenen Völker hatten die Westmächte mit einem roten Schreibstift die Gebiete unter sich aufgeteilt. Saddam Hussein bezog sich später im Golfkrieg genau auf diese willkürlich gezogenen Grenzen, als er behauptete, nur wieder eine irakische Provinz in Besitz zu nehmen. Diese geografischen Festlegungen durch das Rotstift-Abkommen waren in der Folgezeit ursächlich für große, zumeist kriegerische Auseinandersetzungen.

Gulbenkian begann an einer immensen Sattelfalte in der Nähe von Kirkuk im heutigen Irak mit Bohrungen. Am 15. Oktober 1927 um 3 Uhr morgens schoss eine ungeheuer hohe brennende Ölsäule in die Luft. Damit war das zweite große Ölvorkommen im Nahen Osten gefunden. Dieses Feld enthält ca. 16 Milliarden Barrel Öl und gehört zu den zehn ertragreichsten Ölfeldern, die je gefunden wurden. Der armenische Flüchtling Gulbenkian war am Ziel. 35 Jahre hatte er unermüdlich dafür gearbeitet, sich gegen den absoluten Zugriff der Konzerne auf die großen Ölvorkommen dieser Welt zu schützen. Seine außerordentlichen diplomatischen Fähigkeiten hatten ihn zu einem gefragten Unterhändler und Ölexperten gemacht. Von ihm stammt angeblich das geflügelte Wort: »Wenn du die Hand, die dich füttert, nicht beißen kannst, küsse sie.«

Die Gründung der Iraq Petroleum Company war die erste der beiden Säulen einer Ölpolitik im Nahen Osten gewesen, die ab jetzt nur noch auf der globalen Bühne stattfand. Die zweite Säule im internationalen Spiel war diese Entdeckung in Kirkuk. Denn es sah so aus, als gäbe es in dieser ganzen Region noch mehr zu entdecken und viel zu verdienen.

Ein weiterer Ölexperte vom Format des Armeniers Gulbenkian trat 1925 auf. Es war der Neuseeländer Major Frank Holmes. In einer Situation, die von der anglo-amerikanischen Konkurrenz geprägt war, und vor allem von Großbritannien massiv unter Druck gesetzt, führte er seine Verhandlungen über Ölrechte. Von Interesse für ihn waren einerseits die Länder außerhalb der Roten Linie und andrerseits die Ölkonzerne Gulf Oil aus Pittsburgh und Chevron, die beide nicht zur Iraq Petroleum Company gehörten. In mühsamen Verhandlungen und nach einigen Umwegen entschied sich Gulf Oil für eine Kooperation mit Chevron. Einen ersten Erfolg konnte er in Bahrain verbuchen. Holmes erhielt eine Ölkonzession als Dank dafür, dass er für den Scheich einen Wasserbrunnen gebohrt hatte. Am 3. Mai 1932 wurde hier ein beachtliches Ölvorkommen entdeckt. Da man in Großbritannien längst erkannt hatte, dass die Ölindustrie nur mit zusätzlichem Kapital weiterentwickelt werden konnte, verfolgte man das neue amerikanische Engagement in Kuwait mit Argwohn. Schließlich galt Kuwait, nach den Ölfunden in Bahrain, als das nächste »heiße« Gebiet im Nahen Osten. Der staatliche Konzern British Petroleum war in der Iraq Petroleum Company gebunden, daher war ein separates nationales Vorgehen vertraglich ausgeschlossen. Man beschritt einen Sonderweg. Als direkter Konkurrent von Gulf Oil unterbreitete BP dem Emir von Kuwait ein eigenes Angebot. Nach einigem Feilschen, kontroversen Diskussionen hinter den Kulissen und zahlreichen Interventionen seitens der britischen und amerikanischen Regierungen änderten die beiden Konzerne ihre Taktik: Statt sich weiterhin Konkurrenz zu machen, beschlossen sie zu kooperieren und gründeten die gemeinsame Kuwait Oil Company. Der Emir von Kuwait unterzeichnete die Konzession am 23. Dezember 1934.

Der Beginn der neuen Partnerschaft wirkte ziemlich improvisiert und war in Bezug auf die Ergebnisse zunächst auch enttäuschend. Die erste Bohrung fand auf einer Sattelfalte statt, für die man sich mehr oder weniger zufällig entschieden hatte. Quer durch eine Schieferschicht aus der späten Kreidezeit und bis in eine Tiefe von 165 Metern ging die Suche, doch mehr als einige dürftige Hinweise auf Öl wurden nicht gefunden. Wohin das Auge blickte, erstreckten sich Sand und Dünen. Es war praktisch unmöglich, von der glatten Oberfläche auf geologische Strukturen zu schließen. Die Kuwait Oil Company begann mit geophysikalischen Untersuchungen, und aufgrund der Messungen in den Bodenformationen wurde 1938 eine Bohrung bei Burgan vorgenommen. Mit Erfolg – 35 000 Barrel Erdöl sprudelten aus dem Boden. Dieses Feld enthält 60 Milliarden Barrel Öl aus der Mittleren Kreidezeit, so viel, wie die gesamte Nordsee jemals liefern wird. Es ist das zweitgrößte Vorkommen der Welt.

Ein weiterer wichtiger Mitspieler in der Ölgeschichte des Nahen Ostens wurde Ibn Saud von Saudi-Arabien, einflussreiches Stammesoberhaupt im Inneren Arabiens, dem es nach mehreren kriegerischen Stammes- und Clankämpfen gelungen war, der absolute Herrscher im neuen Beduinenstaat zu werden, anerkannt von allen wichtigen Gruppierungen als oberster Konfliktschlichter bei Stammesfehden. Er war auch der Sultan, versehen mit dem religiösen Status eines Imam und klug im Umgang mit den alteingesessenen Kaufmannsfamilien in Mekka und Medina. Ibn Saud wurde als »Scheich der Scheichs« weit über die Grenzen des eigenen Landes hinaus bekannt.

1927 wurde sein Königreich von Großbritannien formell anerkannt, und als Gegenleistung akzeptierte er das Mandat der Briten über die Scheichtümer in der Golfregion. Um den Frieden im eigenen Reich sicherzustellen, entwickelte Ibn Saud eine sehr eigene Methode: Er heiratete in zahlreiche Dynastien ein. Heute gibt es an die 5 000 königliche Prinzen in Saudi-Arabien, die aus dieser »Diplomatie« hervorgegangen sind. Einst und jetzt handelt es sich bei einer solchen Regentschaft um ein personalistisches System, das auf Vetternwirtschaft basiert und das keine Gewaltenteilung stört. Ibn Sauds Haupteinnahme war das Geld der Pilger, die zu den wichtigsten islamischen Heiligtümern Mekka und Medina kamen.

Als diese Quelle während der Großen Depression 1929 versiegte, hatte er ein großes Problem: Er konnte die Frieden stiftenden Subventionen an die verschiedenen Stämme in seinem Königreich nicht mehr zahlen. Sein Thron wankte.

In Djidda trieb sich zu dieser Zeit ein merkwürdiger Engländer herum. Es war Harry St. John Philby. Er hatte zuvor im britischen Staatsdienst in Indien gedient, war dann nach Djidda versetzt worden und arbeitete jetzt als Kaufmann, unter anderem für die Ford-Vertretung. Philby war sehr sprachbegabt und fasziniert von diesem endlosen und sandüberzogenen Land, das von stolzen Beduinen bewohnt wurde. Als begeisterter Arabist sympathisierte er nicht mit den englischen Interessen – im Gegenteil: Er war ein Exzentriker, ein Gegner jeglicher Autorität, und die konservative Welt des englischen Establishments repräsentierte für ihn genau das, was er verachtete. Philby wurde zum Freund und Vertrauten des saudischen Königs. Als sich die finanzielle Situation des Königs nun zunehmend verschlechterte, schlug Philby vor, sich an Charles Crane zu wenden. Crane war ein amerikanischer Industriemagnat, der Entwicklungsprojekte in Ägypten und im Jemen finanzierte und wie Philby von Arabien fasziniert war. Crane wurde vom König sehr gastfreundlich empfangen und dieser stellte dem Amerikaner den Bergbauingenieur und Archäologen Karl Twitchell als Mitarbeiter zur Seite. Twitchell begann mit einer Bestandsaufnahme der Öl- und Wasserressourcen im Königreich, wobei der König zunächst mehr an Wasser- als an Ölvorkommen interessiert war. Im April 1931 kam Twitchell von seiner Erkundungstour zurück: Die Aussichten auf Wasservorkommen waren mäßig, Öl schien es jedoch im Osten des Landes zu geben.

Als ein Jahr darauf der amerikanische Ölkonzern Chevron in Bahrain, direkt vor den Toren Saudi-Arabiens, Öl fand, änderte Ibn Saud seine Prioritäten. Twitchell sollte versuchen, amerikanisches Kapital aufzutreiben, um mögliche Ölfelder in seinem Königreich zu erkunden. Chevron zeigte sich auch hier interessiert und sandte einen Unterhändler, um den Vertrag für die Konzession vorzubereiten. Gleichzeitig erschien ein gewisser Stephen Longrigg, leitender Manager bei BP, der wiederum mit der Irakischen Petroleum Company zusammenarbeitete. Obgleich Philby mittlerweile gute Beziehungen sowohl zu dem amerikanischen als auch zu dem britischen Konzern hatte, wurde ihm schnell klar, das BP durch seine Konzessionen im Mittleren Osten ja bereits Zugriff auf riesige Mengen von Öl hatte. Das Interesse des britischen Unternehmens bestand eher darin, die Konkurrenz abzuschrecken, als sich bei neuen Explorationen zu engagieren. Philby kündigte die Zusammenarbeit auf. Chevron war noch im Spiel und für die Konzession wurde eine Vorauszahlung von 35000 Pfund in Gold festgelegt. Das Gold wurde in sieben Kisten an Bord eines P&O-Frachters von Amerika nach Saudi-Arabien gebracht. Der König war seine Geldsorgen los und Chevron erhielt die Konzession für eines der ergiebigsten Ölvorkommen der Welt, das, wie sich herausstellen sollte, nach heutigen Berechnungen fast ein Zehntel der gesamten konventionellen Ölquellen enthält.

Zurückblickend kann man die Behauptung aufstellen, dass die Geschichte der Entdeckung des Öls im Nahen Osten von Chaos, Anarchie, Eigensinn und von glücklichen und weniger glücklichen Zufällen erzählt. Wer darin ein geplantes, strategisches Vorgehen finden will, wird sich schwertun. Der Erste Weltkrieg war für die ganze Unternehmung »Ölsuche« ein chaotischer und oft auch kontraproduktiver Einflussfaktor. Es wurden in dieser Zeit bewusst Konflikte geschürt und eigenständige Entwicklungen im Nahen Osten manipuliert, kontrolliert und sogar verhindert. Weiterhin hatte die Türkei nach dem Zusammenbruch des Osmanischen Reiches eine besonders prekäre Rolle. Als Puffer zwischen den russischen und britischen Imperien geriet sie eher »zufällig« auf die deutsche Seite.

Frankreich und Großbritannien wiederum hatten zunächst das gemeinsame Ziel, das Vakuum, das durch den Untergang des Osmanischen Reiches entstanden war, nach eigenen Vorstellungen auszufüllen. Doch sie trauten sich gegenseitig nicht über den Weg und waren zudem beide durch den Krieg geschwächt. Und es gab noch einen Beteiligten: Zwar traten die Vereinigten Staaten erst 1917 in den Krieg ein, wenige Monate vor seinem Ende, doch sie beanspruchten ebenfalls ihren Anteil an der Beute, und den fanden sie im Nahen Osten. Bei der Aufteilung des Ölkuchens kam Frankreich, fast verblutet auf den Schlachtfeldern von Verdun, mit nur einem Viertel Anteil am Irak am schlechtesten weg. Die Briten sicherten sich Persien und die Hälfte von Kuwait. Und die Vereinigten Staaten trugen die Trophäe davon – Saudi-Arabien. Diese Verteilung war, wie schon gesagt, nicht die Folge von strategischen Überlegungen und schlauen Manipulationen, sondern ist mehr oder weniger blind erwürfelt worden. Besonders »hervorgetan« haben sich in diesem Spiel die Briten. Ihre Doppelzüngigkeit den haschemidischen Königen gegenüber, denen man viel versprach und wenig lieferte, ist nur ein Beispiel ihres damaligen Verständnisses von Weltpolitik.

Nicht vergessen werden darf bei der Rückschau die demografische Dimension: Es wohnten in den umstrittenen Gebieten sehr wenige Menschen. Großbritannien, eine wirkliche Großmacht, verhandelte zumeist mit verarmten Stammesgruppen, die nur ein paar tausend Köpfe zählten und deren Lebensräume meist weit voneinander entfernt waren. Dadurch blieben Stammesstrukturen erhalten und Zusammenschlüsse mehrerer Stämme zur gemeinsamen Interessenwahrung schwierig. Eine Idee vom »Staat« entwickelte sich folglich im Iran, Irak und in Saudi-Arabien völlig unterschiedlich. Die Entdeckung der großen Ölressourcen zu Beginn des 20. Jahrhunderts im Nahen Osten war die eine Seite. Zu lernen, welche Folgen dieser Reichtum für die Region selbst und den Rest der Welt hatte, die andere.

Trotz aller »Zufälligkeit« ist durch die Politik der Westmächte im letzten Jahrhundert ein Muster angelegt worden, das in der jüngeren Vergangenheit und Gegenwart weiterhin dramatisch Geschichte schreibt. Und wie selbstverständlich wird davon ausgegangen, dass die Ressourcen denen zur Verfügung zu stehen haben, die sie aufgrund ihres energieintensiven Lebensstils benötigen.

Nach dem Zweiten Weltkrieg – Emanzipation, Konflikte und Interessen

Ein seit Jahrzehnten schwelender Krisenherd im Nahen Osten ist der arabisch-israelische Konflikt. Wenn man die Region nur als »geografischen Raum« betrachten würde, wäre dieses Gebiet nicht sehr bedeutend, weil es sehr klein ist. Doch Menschen leben nicht auf einer Landkarte, sondern in einem sozialen Gefüge und im besten Falle im Frieden miteinander. Die Geschichte des Nahen Ostens verbindet sich mit nicht friedlichen Lebensumständen. Die britische Besetzung Palästinas nach dem Ersten Weltkrieg, dramatische Stigmatisierungen und Verfolgungen von Juden in Russland und noch extremer im Nazi-Deutschland, Flucht- und Einwanderungswellen gegen den arabischen Widerstand nach Palästina und schließlich die Staatsgründung Israels über die Köpfe der in Palästina lebenden Araber hinweg – diese Ereignisse lösten viel Wut und Entrüstung bei den Palästinensern und in der restlichen arabischen Welt aus. 3,5 Millionen Araber wurden aus ihrer Heimat vertrieben. Viele davon fanden sich in nur notdürftig versorgten Flüchtlingslagern wieder. Der neue Staat Israel begann zu florieren, dank amerikanischer Sympathisanten und dank des Zuzugs von qualifizierten Personen aus dem Ausland. Bald gab es hier alles – Bildung, Wirtschaft und Militär. Die israelische Bevölkerung wuchs auf 5,5 Millionen Menschen an. Eine Million davon waren Araber christlichen Glaubens.

Das *Fait accompli*, die Schaffung Israels, finanziert mit amerikanischem Geld, provozierte zunehmend den Unwillen der arabischen Welt gegen die USA und den neuen Staat. Insbesondere die Nachbarländer Jordanien, Libanon und Syrien stellten sich entschieden auf die Seite der Palästinenser. Israels Reaktion auf den Druck der Nachbarn war eindeutig: Mit Krieg als Mittel zur Abschreckung ging es gegen den aufbrechenden Widerstand vor, mit dem zusätzlichen Nebeneffekt, weitere Landgebiete zu besetzen. Vergeltungsschläge gegen Israel blieben erfolglos. Einige arabische Länder probierten eine neue »Waffe« aus. Sie stellten ihre Öllieferungen in den Westen ein. Der Ölpreis stieg um das Fünffache. Der

Gebrauch der Ölwaffe hatte zum ersten Ölpreisschock geführt. Ein unsicherer Frieden folgte. Die Positionen der Nachbarländer waren sehr unterschiedlich. Der eher westlich orientierte König Hussein von Jordanien akzeptierte mehr oder weniger die israelische Staatsgründung. In dem einst wohlhabenden Libanon hingegen spitzten sich die Konflikte jedoch immer mehr zu. Das Land wurde zunehmend zu einer Brutstätte terroristischer Aktivitäten, sowohl in Hinblick auf die spannungsgeladene einheimische Situation zwischen christlichen und arabischen Gemeinden als auch auf den arabisch-israelischen Konflikt. Der Süden des Libanon, von Israel bis 1985 besetzt, wurde zum Auffangbecken für antiisraelische Aktivisten. Wichtige Anführer kamen aus der vom Iran unterstützten islamisch-fundamentalistischen Hamas-Bewegung, einer Gruppierung, die bis zum heutigen Tag massiven Widerstand leistet.

Das sind nur einige wenige der ganz großen Überschriften in diesem dramatischen Kapitel der Weltgeschichte, dessen Ende noch lange nicht in Sicht scheint. Auch am Anfang des 21. Jahrhunderts ist der Boden hauchdünn, auf dem über die Möglichkeit, neben Israel einen separaten Staat Palästina zu schaffen, verhandelt wird. Gewalt und Besetzung sowie Vergeltungsschläge von beiden Seiten zerstören immer wieder die vorsichtige Hoffnung, dass diese Region irgendwie zur Ruhe kommen kann. Doch der seit über 50 Jahren schwelende Konflikt zwischen Israel und Palästina mag dazu beigetragen haben, dass sich viele arabische Länder innenpolitisch halbwegs stabilisierten, da sich ein Großteil der Aufmerksamkeit auf den Umgang mit diesem Krisenherd konzentrierte. In die Wahrnehmung fest eingeschrieben hat sich aber auch, dass die westliche Welt, erst die englischen Kolonialisten, jetzt die Israel unterstützenden Amerikaner, tief und unaufgefordert in die arabische Region eingedrungen ist.

Die Grenzen der meisten Staaten im Nahen Osten wurden nach dem Auseinanderbrechen des Osmanischen Reiches am Ende des Ersten Weltkriegs definiert. Die jüngste Vergangenheit, die Gegenwart und die Zukunft sind geprägt durch komplexe Verbindungen von Ausgangslagen und Interessen. Eine besondere Dynamik in diesem Zusammenspiel der Kräfte liefert das Öl, das die politischen und wirtschaftlichen Entwicklungen in den einzelnen Ländern sehr unterschiedlich beeinflusst hat.

Saudi-Arabien

Nur etwa 20 Millionen Menschen leben in dem riesigen, über 2 Millionen Quadratkilometer großen Königreich Saudi-Arabien. Etwa ein Drittel der Bevölkerung ist heute nicht saudischer Abstammung, sondern es sind billige Arbeitskräfte vor allem aus Pakistan und von den Philippinen. Absoluter monarchischer Herrscher in dem Wüstenstaat ist immer noch der alte König Fahd. Die Regierungsgeschäfte hat jedoch seit einigen Jahren sein Bruder Abdullah übernommen. Die Haupteinnahmequelle Saudi-Arabiens ist das Erdöl.

Auf der Führungsebene in jeder Firma im Reich ist ein königlicher Prinz beschäftigt, von denen es eine stattliche Anzahl gibt. Auch bei den Waffen setzt man in Saudi-Arabien auf Masse. So parken mehr Panzer in der Wüste, als dafür Fahrer zur Verfügung stehen. Westliche Waffenhändler haben sie verkauft und damit fürstliche Provisionen verdient.

Die enge Verbindung des amerikanischen Geheimdienstes CIA mit dem König ist mittlerweile kein Geheimnis mehr. Seit Jahrzehnten besteht dieser Kontakt zu den Eliten des Wüstenstaates. Die interne Gesellschaftsordnung ist streng nach der Lehre des Religionsgelehrten Bin Abd al-Wahhab ausgerichtet. Wahhabiten sind auch die Taliban, und Riad war bis zum zweiten Golfkrieg der größte Unterstützer der fundamentalistischen Moslems. Die strengen islamisch-fundamentalistischen Gesetze sind bekannt: Todesstrafe, öffentliche Züchtigungen, Pressezensur, Alkoholverbot, Fahrverbot für Frauen. Eine Lockerung von Strafen und Beschränkungen gab es auch nach den 70er Jahren nicht, als plötzlich an den europäischen Küsten der High Society goldbehangene saudische Prinzen auf Luxusyachten auftauchten. Die jungen Männer schienen keine Probleme zu haben, den aus wahhabitischer Sicht dekadenten westlichen Lebensstil zu übernehmen.

Den USA, die sich nach den Briten in dieser Region als »Schutzmacht« installiert hatten, wurde genau in dieser Zeit bewusst, wie abhängig sie vom Golföl wurden. Ihre eigenen Quellen gingen zur Neige. Weitere Verbündete hatten die Amerikaner in dieser Region nicht. Das Eintreten und die Unterstützung für Israel machte sie zum Feind für die arabische Welt – das Ölembargo gegen die USA und die ebenfalls israelfreundlichen Niederländer als Reaktion auf den Jom-Kippur-Krieg war eine überdeutliche Demonstration dieser fundamentalen Antipathie und schwächte für einige Zeit den Einfluss der Weltmacht im Mittleren Osten. Doch das Interesse des saudischen Königshauses, mit den Vereinigten Staaten im Geschäft zu bleiben, geriet nicht wirklich in Gefahr. Die Saudis waren an kontinuierlichen, stabilen Verhältnissen interessiert. Die Elite wollte auf keinen Fall, dass die Ölpreise extrem und unkontrolliert schwankten. Schließlich hingen ihre persönlichen wirtschaftlichen Spekulationsgewinne und Zinsen an der Wirtschaftspolitik der Amerikaner. Und auch diese brauchten stabile Verhältnisse: Was die Vereinigten Staaten für Öl bezahlten, kam als Aufträge für Rüstung, Geldanlagen oder Luxusgüter wieder ins Land zurück.

Die Saudis lenkten unter König Feisal immer wieder ein und taten weiterhin das, was die Vereinigten Staaten von ihnen erwarteten. Zu Zeiten des Kalten Krieges überschwemmte z. B. 1985 König Fahd auf Geheiß der Amerikaner den Markt mit Öl, in der Absicht, der sowjetischen Wirtschaft zu schaden. Für die Erdöl exportierende Sowjetunion war dieser Preisverfall dramatisch, denn sie benötigte die Devisen aus dem Ölhandel dringend für die eigene Wirtschaft. Als »Gegenleistung« für Fahds Mitarbeit installierten die USA Überwachungs- und Spionageabwehrgeräte, um die königliche Familie vor Gegnern aus dem eigenen Land zu schützen. Ein weiteres Beispiel ist die finanzielle Unterstützung Afghanistans in den 90er Jahren, die die Amerikaner vom Wüstenstaat aus organisierten – wieder mit dem Ziel, die sowjetische Militärmacht zu schwächen. Im Auftrag des saudischen Königshauses übernahm Osama Bin Laden die Führung in diesem antisowjetischen Guerilla-Kampf.

Die enge Verbindung zwischen Saudi-Arabien und den Vereinigten Staaten basiert mittlerweile auf einer Reihe von gemeinsamen Aktionen und Absprachen. Doch auch diese Beziehung ist zunehmend von Problemen geprägt. In der Vergangenheit waren diese relativ harmlos und betrafen vor allem den Ölpreis: Wie konnten einerseits die Ölpreise niedrig gehalten werden, damit die Wählerschaft zu Hause zufrieden gestellt war, und gleichzeitig die Einnahmen aus den Öllieferungen so hochgefahren werden, dass der Thron von Fahd und seinem Nachfolger nicht ins Wanken gerät? Nach dem 11. September 2001 hat sich jedoch ein Abgrund aufgetan, der nicht ohne weiteres übersprungen werden kann. Der ehemalige Verbündete und aus einer angesehenen saudischen Kaufmannsfamilie stammende Bin Laden fühlte sich von seinem Land in doppelter Hinsicht verraten: Zum einen unterstützte Saudi-Arabien einen Staat, der auf der Seite Israels stand. Des Weiteren wurde diesen »Gottlosen« erlaubt, im Land präsent zu sein und die saudischen Ressourcen auszubeuten. Trotz seiner Ausweisung 1994 aus Saudi-Arabien hatte Bin Laden weiterhin persönliche Kontakte mit dem Königreich. Zum großen Entsetzen einiger saudischer und amerikanischer Diplomaten ist mittlerweile aktenkundig, dass 14 der 19 Flugzeugattentäter saudi-arabische Staatsbürger waren. Eine Bewährungsprobe einer alten Freundschaft der ganz besonderen Art.

Mit den steigenden Ölpreisen seit 2003 haben auch die Öleinnahmen nie da gewesene Höhen erreicht. Seit dem Tief im Jahre 1999 ist der Ölpreis bis 2006 um den Faktor 7 gestiegen. Viele werden sich jetzt die Frage stellen, ob man das saudische Öl in der Vergangenheit dann nicht viel zu billig verkauft hat? Die Mehreinnahmen ermöglichten der Regierung, Verschuldungen abzubauen und die entstandenen sozialen Spannungen für den Moment etwas abzufedern. Das Pro-Kopf-Einkommen war von fast 30000 Dollar (1981) kontinuierlich gesunken und lag um die Jahrtausendwende bei nur noch 8000 Dollar. Saudi-Arabien hat zudem eine der höchsten Geburtenraten der Welt. Für die stetig wachsende Anzahl junger Menschen, die nicht zur privilegierten Oberschicht gehören, bietet der Wüstenstaat so gut wie keine Arbeitsmöglichkeiten. Deren Unzufriedenheit bildet den Humus für die Aktivitäten terroristischer Gruppen im Königreich. Zum ersten Mal hat es in den letzten Jahren auch Anschläge auf ausländische Beschäftigte, insbesondere in der Ölindustrie und auf Anlagen der Ölindustrie, gegeben und es sieht so aus, als würden diese Aktivitäten zunehmen. Wie kann man diesen jungen Menschen eine Zukunftsperspektive bieten? Was passiert, wenn eines Tages die königlichen Almosen nicht mehr ausreichen?

Irak

In dem Nachbarstaat Irak leben auf einer Fläche von 438 000 Quadratkilometern fast 23 Millionen Menschen. Das Zweistromland zwischen Euphrat und Tigris gehört zu den ältesten Zentren menschlicher Zivilisation. Babylonier, Assyrer, Perser und Sumerer gründeten hier ihre Weltreiche. Der Irak war von 1539 bis 1918 mit nur einer kurzzeitigen Unterbrechung Teil des Osmanischen Reiches, danach stand er unter britischem Mandat. Ab 1932 wurde der Irak als unabhängiger Staat in den Völkerbund aufgenommen. Die häufigen Regierungswechsel, die folgten, charakterisierten die große Instabilität der jungen Erbmonarchie.1958 wird diese durch einen Staatsstreich beendet und die Republik ausgerufen. Nach einem erneuten Armeeputsch kommt zum ersten Mal die sozialistische Baath-Partei (ASBP) an die Macht, deren ideologische Ausrichtung – Entmachtung und Ausschaltung aller der Partei feindlich gesinnten Kräfte – ab 1968 die Außen- und Innenpolitik des Irak prägt. 1979 wird Saddam Hussein Staatspräsident, Vorsitzender des Revolutionsrats und Generalsekretär der sozialistischen Baath-Partei. Die beiden Golfkriege – ab 1980 gegen den Iran, 1990 besetzen die Irakis Kuwait – sind nicht die einzigen Gründe, warum der Irak die internationale Aufmerksamkeit auf sich gezogen hat. Hier befinden sich mit Mosul und Kirkuk zwei der größten Ölvorkommen der Welt.

Im ersten Golfkrieg erhielt Hussein nicht nur von einigen arabischen Ländern finanzielle Unterstützung, auch die Großmächte engagierten sich. Sowohl die Vereinigten Staaten als auch die Sowjetunion griffen dem Diktator unter die Arme. Die Sowjets lieferten Waffen und Raketen »auf Kredit«, um die sowjetische Einflusssphäre in dieser Region sicherzustellen und den direkten Konkurrenten Amerika zurückzudrängen. Am Krieg beteiligt war auch Kanada, das den Irak bei der Entwicklung von Waffen unterstützte. Westliche Waffenhändler und -hersteller waren bereit, nicht selten mit der Zustimmung ihrer Regierungen, die neuesten Waffen zu liefern. König Fahd von Saudi-Arabien förderte ein nukleares Programm im Irak. Der Krieg dauerte 7 Jahre und forderte eine große Anzahl von Menschenleben, in beiden Ländern waren es vor allem viele jugendliche Märtyrer, die starben. Auf iranischer wie irakischer Seite wurde mit modernsten Kriegsmethoden experimentiert, mit nuklearen Waffen und dem Einsatz von Bakterien. Das alles hat dazu geführt, dass sich mit der Zeit im Irak ein gewaltiges technologisches Kriegs-Know-how angesammelt hat. Viele Länder hatten ihre Finger im Spiel bei diesem Krieg und haben an dieser Art von Fortbildung verdient.

1989 fiel der Ölpreis pro Barrel, König Fahd und die regierungsunabhängigen amerikanischen Ölproduzenten standen plötzlich mit dem Rücken zur Wand. Präsident Bush und sein Innenminister James Baker, beide mit den Regeln der Ölwirtschaft wohl vertraut, waren gezwungen zu reagieren. Der Ölpreis musste wieder steigen, und sie wandten sich an einen guten Verbündeten, an Saddam Hussein, der für die Großmacht USA knapp zwei Jahrzehnte später auf der »Achse des Bösen« liegt.

Im Juli 1990 beschuldigte der Irak Kuwait, Öl im Wert von 2 Milliarden Dollar aus dem äußerst ertragreichen Ölfeld »Rumeila«, das quer zu der gemeinsamen Grenze liegt, mit Hilfe einer schrägen Bohrung angezapft zu haben. Im ersten Golfkrieg war diese Grenze zwischen Irak und Kuwait zu Gunsten Kuwaits verschoben worden. Ein weiterer Vorwurf war, dass Kuwait den Irak finanziell schwächen wollte, indem es die eigene OPEC-Quote fälschte. Bei der Errechnung der Quote spielen Bevölkerungszahl sowie die bewiesene nationale Ölreserve eine entscheidende Rolle. Beide Faktoren lassen sich, wie sehr leicht vorstellbar ist, ohne Mühe »statistisch« frisieren.

Es gibt wenig Zweifel daran, dass Kuwait tatsächlich bei der Quote falsche Zahlen genannt hat. Tatsache ist auch, dass Kuwait nach dem Waffenstillstand zwischen dem Irak und Iran seine Fördermengen erhöht und damit zum Absinken des Ölpreises beigetragen hat. Doch geschah das wirklich in der Absicht, dem Irak zu schaden? Die Zeitschrift ›Observer‹ schreibt in ihrer Ausgabe vom 21. Oktober 1991, dass diese Beschuldigung von den Vereinigten Staaten angezettelt worden war. Offensichtlich hatte man Saddam Hussein dazu angestiftet, im Rat der OPEC zu intervenieren und eine Einigung darüber zu erzielen, die Ölproduktion zu drosseln, damit der Ölpreis auf ca. 20 Dollar pro Barrel angehoben werden konnte. Der Plan scheiterte, der Ölpreis blieb niedrig. Daraufhin wurde Henry Schulder, ein ehemaliger amerikanischer Botschafter, nach Bagdad geschickt. Hussein sollte ermutigt werden, ein militärisches Signal zu setzen, um die OPEC und besonders Kuwait zu beeindrucken. Wie diese »Ermutigung« genau ablief, ist nicht bekannt. Aber es ist sehr wahrscheinlich, dass man Hussein vorschlug, den südlichsten Zipfel des Rumeila-Feldes zu besetzen. Der Irak war nach dem ersten Golfkrieg in allergrößten Nöten: Er hatte innenpolitische Probleme wegen des langjährigen Krieges und hohe Kriegsschulden bei den Kuwaitis, die diese nun zurückforderten. Zudem hatte der Irak die Unabhängigkeit Kuwaits nie anerkannt und betrachtete das Gebiet immer noch als Teil der Republik Irak. Der Emir von Kuwait wiederum verfolgte – wie die Saudis – eine Niedrigpreispolitik, da sich der Staat in große westliche Industrien eingekauft hatte. Er förderte mehr und mehr Öl, verhinderte so einen Anstieg des Ölpreises und verschärfte das finanzielle Dilemma des Irak zusehends. Zudem hatten sich die unabhängigen Monarchien Bahrain, Kuwait, Oman, Katar, Saudi-Arabien und die Vereinigten Emirate zum Cooperation Council for the Arab States of the Gulf zusammengeschlossen. Saudi-Arabien hatte dafür gesorgt, dass der Irak nicht aufgenommen wurde.

Im August 1990 brachen die Streitkräfte von Saddam in den Süden auf, eine Bewegung, die weltweit kaum unentdeckt bleiben konnte, da dieses heikle Gebiet unter ständiger Satelliten-Beobachtung steht. Am Vorabend der Besetzung von Kuwait machte die amerikanische Botschafterin April Glaspie, eine gebildete Arabistin, in einem persönlichen Gespräch mit Saddam Hussein die merkwürdige Bemerkung, dass Grenzstreitigkeiten zwischen arabischen Ländern für die Vereinigten Staaten nicht besonders interessant wären. Das ist die international verbreitete Version, die James Baker unterschrieb und die Glaspie später vor einem Untersuchungsausschuss des US-Senats auch bestätigte. Andere Quellen berichten, dass Glaspie Hussein sehr wohl gewarnt habe, dass die USA eine Invasion Kuwaits nicht einfach hinnehmen würden. Tatsache ist, dass sie sich zur Zeit der Besetzung in den Vereinigten Staaten aufhielt. Als sie unmittelbar nach dem Einmarsch der Irakis in Kuwait von Journalisten aufgeweckt wurde, die um einen Kommentar baten, war ihre spontane Reaktion angeblich: »Ach, du lieber Gott, sie haben doch nicht das ganze Land eingenommen?«

Die Regierung in Washington sah sich einer neuen Situation gegenüber. Eingebrockt hat sie ihnen ihr früherer Verbündeter Saddam Hussein. Doch jetzt war die Empörung der Vereinigten Staaten über die gewaltsame Besetzung von Kuwait groß. Saudi-Arabien wurde zum Aufmarschgebiet der amerikanischen Streitkräfte, und General Schwarzkopf und seine Soldaten marschierten 1991 auf die Tore Bagdads zu. Die fliehenden Irakis setzten noch schnell die Ölfelder von Kuwait in Brand. Ungefähr 2 Milliarden Barrel Öl gingen in Flammen auf und leisteten einen dramatischen Beitrag zur globalen Erwärmung.

Der zweite Golfkrieg löste mit einem Schlag alle Preisprobleme der Vereinigten Staaten und der übrigen OPEC-Länder. Jetzt war es möglich, das irakische Öl vom Markt fern zu halten, und man konnte den Ölpreis nach den Interessen des wichtigsten amerikanischen Verbündeten, König Fahd von Saudi-Arabien, und der Produzenten in Texas steuern. Die Vereinten Nationen verhängten Sanktionen gegen den Irak. Das Land hatte Entschädigungen zu zahlen, seine Ölexporte wurden gesperrt. Außerdem sollten Inspektoren für die Suche nach möglichen Massenvernichtungswaffen zugelassen werden. Immer wieder kam es zu tatsächlichen und auch provozierten Spannungen. Dazu gehörten beispielsweise Unruhen in der Region der Marscharaber, ein Raketenangriff als Antwort auf eine angebliche Verschwörung irakischer Agenten, die Präsident George Bush ermorden wollten, und ein weiterer Raketenangriff 1997 bei Arbil als Antwort auf einen nebulösen Zwischenfall im Kurdengebiet. Ende 1997 begannen die Ölpreise wieder heftig zu steigen. Es wurde beschlossen, das Embargo gegen den Irak »aus humanitären Gründen« (»Oil for Food«) zu lockern. Zudem benötigten die USA das irakische Öl als Ausgleich für reduzierte Öllieferungen aus Venezuela, die seit 1999 deutlich nachlassen.

Im Frühling 1998 provozierte Saddam Hussein von neuem. Er verwehrte den Inspektoren den Zugang zu seinen Palästen, wobei er zusätzlich noch den Eindruck erweckte, dass sich Säcke von Anthrax unter seinem Bett befänden – jenes Bakterium, das in der Folge des 11. September 2001 in der ganzen Welt traurige Berühmtheit erlangt hat. Die amerikanische Flotte wurde in Alarmbereitschaft versetzt und man drohte mit der Wiederaufnahme von Repressionen. Im letzten Moment konnte Kofi Annan, Generalsekretär der UN, in Bagdad einen Kompromiss aushandeln: Den Inspektoren wurde erlaubt, den Palast zu durchsuchen, wenn die Exportsperre weiter gelockert würde. Außerdem sollte ein Vorgehen festgelegt werden, das zur endgültigen Aufhebung der Sanktionen führte. Das Öl hatte in der ganzen Welt Hochkonjunktur – man brauchte eben auch das Öl aus dem Irak. Die Welt wird auch in naher Zukunft vom irakischen Öl abhängig sein. »Dank« des jahrelangen Embargos gibt es dort noch genug.

In der UN-Vereinbarung über die Modifikation des Embargos wurde jedoch ein folgenschwerer Fehler gemacht: Der »humanitäre« Export des irakischen Öls wurde in Geld und nicht in Fördermengen festgelegt. Als nun innerhalb weniger Monate die unerwartete wirtschaftliche Krise in Asien zusammen mit ungewöhnlich warmem Wetter und einem gesteigerten russischen Ölexport als Folge einer Abwertung des Rubels zu einer deutlich schwächeren Nachfrage führten, begannen die Händler die Preise zu senken. Je niedriger der Preis wurde, desto mehr konnte der Irak exportieren. Ende des Jahres 1998 stürzten die Ölpreise weltweit auf das tiefste Niveau seit 20 Jahren.

Im Sommer desselben Jahres brachen erneut Spannungen aus. Englische und amerikanische Streitkräfte bombardierten den Irak, was ziemlich vorhersehbar die »nationale Entschlossenheit« und die Position von Hussein stärkte. Offensichtlich ging es den Engländern und Amerikanern nicht nur um militärische Ziele. So wurde beispielsweise eine Tankstation der irakischen Ölleitung an der Grenze zur Türkei bombardiert. Dieses Kriegsabenteuer wurde von Russland und China, in einem geringeren Maße von Frankreich, aber von den meisten Nachbarn des Irak verurteilt, die sich nun auch bedroht fühlten. Es wurde laut darüber nachgedacht, den westlichen Militärs die Erlaubnis für die Benutzung eigener Einrichtungen, von denen sie ihre Offensive gestartet hatten, zu entziehen.

Die Vereinigten Staaten und Großbritannien ihrerseits ermutigten systemkritische Gruppen, Saddam zu entmachten. Dem Irak wurde erlaubt, eine gewisse Menge von Öl zum Einkauf von Lebensmitteln und Medikamenten zu exportieren. Während dieser Zeit hat sich der Export des ölarmen Nachbarlandes Syrien auf wundersame Weise weit über die eigenen Produktionsmöglichkeiten erhöht. Der Irak hat mittlerweile seine Produktion von 2 Mb/d 1998 auf 2,6 Mb/d im Jahr 2000 gesteigert.

Im März 2003 begannen die USA und Großbritannien im Bündnis mit anderen militärisch unbedeutenden Alliierten den dritten Golfkrieg gegen den Irak. Die Vereinten Nationen hoben am 22. März 2003 die Sanktionen gegen das Land auf. Saddam Hussein sollte gestürzt und die vermeintlichen Massenvernichtungswaffen gefunden werden. Dass dieses Bedrohungsszenario von den Geheimdiensten der USA und Großbritanniens erfunden war, wurde im September 2004 von der Iraq-Survey-Group-Kommission offiziell verkündet. Zigtausende vor allem zivile Opfer hat diese Invasion gefordert.

Im Januar 2005 wurden im Irak zwar die ersten freien und allgemeinen Wahlen seit über 40 Jahren abgehalten, aber wirklich gefestigte staatliche Strukturen sind noch nicht in Sicht. Bürgerkriegsähnliche Spannungen zwischen Sunniten und Schiiten und Terrorismus verhindern, dass der Irak zu einer staatlichen Ordnung findet.

Im Irak befinden sich beträchtliche Ölreserven. Das amerikanische Interesse an der Kontrolle über dieses Land ist auch vor dem Hintergrund des sicheren Zugriffs auf die großen irakischen Ölreserven zu interpretieren, für die sich längst auch andere Länder interessierten. Sowohl französische Firmen (Total) als auch russische Firmen (über die Alpha-Bank gebündelt) hatten gültige Verträge für die Entwicklung von Ölfeldern im Irak, die dann wegen des UN-Embargos auf Eis lagen. Der Krieg bot theoretisch eine Möglichkeit, fremde Firmen aus dem Irak herauszudrängen und den eigenen US-Firmen Investitionsmöglichkeiten zu schaffen. Aber auch für Tony Blair mag das ein Anreiz gewesen sein, da BP in der britischen Nordsee immer weniger Öl förderte. Chirac hingegen war den französischen Konzernen verpflichtet und konnte bei diesem Deal nur verlieren. Auch deshalb wird ihm das Veto gegen den Krieg, wie auch Wladimir Putin, besonders leicht gefallen sein. Sehr beunruhigend für die USA war übrigens auch, dass der Irak unter Hussein vorhatte, Ölexporte künftig in Euro anstatt in Dollar abzurechnen.

Wenn die USA das Engagement im Irak dazu nutzen wollten, mehr Öl unter amerikanische Kontrolle zu bringen und für die

USA verfügbar zu machen, so ist das zumindest kurz- und mittelfristig gründlich danebengegangen. Wenn nicht sehr schnell die Förderung ausgeweitet wird, dann hat irakisches Öl keinen Einfluss auf den Zeitpunkt von Peak Oil. Zudem haben die irakischen Fördermethoden die Ölfelder teilweise stark geschädigt und eine deutliche Ausweitung in naher Zukunft ist wenig wahrscheinlich, die Förderung ist sogar zurückgegangen. Der Irakkrieg hat gezeigt, dass man das Ressourcenproblem nicht mit militärischen Mitteln lösen kann. Heute kommt nicht mehr Öl aus dem Irak als vor dem Krieg.

Iran

Was passierte während dieser Zeit im Iran? In dem über 1,6 Millionen Quadratkilometer großen Land leben ca. 61 Millionen Menschen. Der Iran ist der »Geburtsort« der Ölfunde im Mittleren Osten. Der britische Konzern BP hatte hier über eine lange Zeit eine exklusive Stellung als Ölproduzent, bis 1951 die iranische Regierung unter Mohammed Mossadegh die angloiranische Ölgesellschaft verstaatlichte. Im Nahen Osten hatte der neue »Nationalismus« zunehmend zu Spannungen geführt. Eine Folge der Besetzung des Iran während des Krieges durch die Briten war, dass BP, zu 51 Prozent im Eigentum der britischen Regierung, die einzige Konzession im Land besaß. Immer wieder war von iranischer Seite versucht worden, den Anteil an den lukrativen Öleinkünften zu vergrößern, der mit 90 Millionen Pfund im Vergleich zum Profit der Briten mit 250 Millionen Pfund deutlich geringer ausfiel. Mossadegh, ein schmächtiger aristokratischer Landbesitzer, protestierte am lautesten. Die Spannungen erreichten ihren Höhepunkt, als der sehr gemäßigte Ministerpräsident Ali Razmara ermordet wurde. Es brachen gewaltige Unruhen aus, und das Parlament sah sich gezwungen, die iranische Niederlassung von BP per Gesetz im August 1951 zu verstaatlichen. Kurz danach evakuierte ein britisches Kriegsschiff britische Staatsangehörige. BP protestierte gegen die Enteignung und drohte all denen mit Prozessen, die iranisches Rohöl kauften. Mossadegh bat die Vereinigten Staaten um Hilfe, aber ohne Erfolg. Als Nächstes klopfte er bei der

Sowjetunion an. Jetzt war der Westen alarmiert, und der durch eine Volksabstimmung und mit großer Mehrheit an die Macht gekommene Mossadegh wurde mit Hilfe des CIA gestürzt (Operation Ajax).

Nun übernahm der westlich orientierte Schah Reza Pahlewi allein die Regierung und amerikanische Ölfirmen erhielten die Mehrheit der Anteile an den neuen Ölgesellschaften. Wegen der Unruhen im Land musste der junge Schah für kurze Zeit ins Exil. Nach seiner Rückkehr hob er umgehend die unter Mossadegh erfolgte Verstaatlichung der Ölindustrie auf. Außerdem beteiligte sich der Iran 1973 nicht am Embargo der OPEC (Ölkrise). Die Folgen wurden für den Westen dadurch etwas abgemildert.

Die britische und amerikanische Regierung waren sehr daran interessiert, die iranische Produktion wieder in Gang zu bringen. Das neue Konsortium sah folgende Verteilung vor: BP und eine Gruppe von amerikanischen Firmen erhielten je 40 Prozent, Shell 14 Prozent und das französische Unternehmen CFP (Total) 6 Prozent. BP handelte dazu noch eine Entschädigung von 90 Millionen Pfund aus, da ihr Anteil deutlich geschrumpft war. Die politische Szene veränderte sich für die Vereinigten Staaten 1979 dramatisch, als nach einer Revolution Schiitenführer Ayatollah Khomeini die Regierungsgeschäfte übernahm. 10 Prozent der weltweiten Ölproduktion, auf die die Amerikaner bislang Zugriff hatten, lagen im Iran. Doch jetzt regierten hier religiöse Fanatiker, die ein antiwestliches und vor allem ein antiamerikanisches Feindbild verbreiteten. Der Nachbarstaat Irak nahm den Umsturz als Gelegenheit, sich den Schatt-el-Arab zurückzuholen.

Der erste Golfkrieg begann. Unterstützt wurden die Irakis mit Kriegsmaterial aus den USA. Aber auch die Gegenseite wurde mit Waffen versorgt. Henry Kissinger soll gesagt haben: »Ich hoffe, sie bringen sich gegenseitig um.« Der Krieg dauerte 8 Jahre. 800 000 Menschen kamen ums Leben. Als der Ayatollah 1989 starb, trat an seine Stelle der gemäßigte Rafsandjani, 1998 der noch gemäßigtere Chatami. Die Revolution schien vorüber und die neue Politik bemühte sich, konstruktive Beziehungen zum nahen Ausland – mit der Türkei, Saudi-Arabien und auch dem Irak und Europa – aufzunehmen. Auch die Menschenrechtslage verbesserte sich; um die iranischen Gruppen zu unterstützen, die sich für die Menschenrechte einsetzen, wurde im Jahr 2003 der Friedensnobelpreis an die iranische Menschenrechtsaktivistin Shirin Ebadi vergeben.

2005 wurde, für westliche Beobachter überraschend, Mahmud Ahmadinedschad in der ersten Stichwahl der iranischen Geschichte zum Staatsoberhaupt und Regierungschef gewählt. Er gilt als Hardliner und seine Forderung im Oktober 2005, Israel zu vernichten, löste weltweite Empörung aus. Die Demokratisierung und Liberalisierung der iranischen Gesellschaft und des Staatssystems haben unter Ahmadinedschad einen schweren Rückschlag erlitten. Auch in der internationalen Energiepolitik sorgt der Präsident für große Unruhe, da er den Bau von Kernkraftwerken angekündigt hat, was einige als nukleares Abschreckungspotenzial den USA gegenüber interpretieren. Die Kompromissversuche der westlichen Firmen, im Falle eines Einlenkens dem Iran großzügig beim Aufbau eines zivilen Nuklearprogrammes zu helfen, müssen allerdings eher als ein Hilfsprogramm für die westliche Nuklearindustrie gesehen werden. Zukunftsfähiger wäre zum Beispiel, den Iran beim Aufbau solarthermischer Großkraftwerke zu unterstützen. Da der Westen aber immer noch bemüht ist, Nuklearenergie als »gute« Zukunftstechnologie darzustellen, wird diese schizophrene Position des Westens hier besonders deutlich: Die moralisch gute (westliche) argumentiert gegen die moralisch schlechte (iranische) Nukleartechnologie.

Die Ölquellen des Iran sind im Vergleich zu den anderen Ländern im Nahen Osten am weitesten erschöpft. Dazu kommt, dass die Ölförderung in diesen Feldern besonders schwierig ist. Sie liegen in geologischen Formationen, die von großen Wasserreservoiren umgeben sind, so dass das Wasser bei der Förderung immer wieder einbricht. Die Chance, die Förderrate zu erhöhen, ist sehr gering.

Aber es gibt große Erdgasreserven im Iran. Im Anschluss an das »North Field« in Katar (das mit Abstand größte Gasfeld der Welt) befindet sich das Feld »South Pars« im Persischen Golf. Die iranischen Gasvorkommen sind angeblich die zweitgrößten Gasreserven der Welt, sie sind aber bisher kaum erschlossen. Heute importiert der Iran Erdgas aus Turkmenistan und Aserbaidschan.

Weitere Ölquellen im Nahen Osten

Kuwait und die Vereinigten Arabischen Emirate sind relativ kleine Länder mit zwar riesigen Ölfeldern, aber nur geringem politischem Einfluss. Kuwait war seit ewigen Zeiten eine wichtige Handelsniederlassung an der Mündung von Euphrat und Tigris und wird seit Jahrhunderten vom Al-Sabah-Clan beherrscht. Es gehörte zum Osmanischen Reich und stand bis zum Ende des Zweiten Weltkriegs unter britischem Protektorat. Kuwait ist nur 18000 Quadratkilometer groß, und es leben hier heute ca. 2 Millionen Menschen, davon sind fast zwei Drittel Fremdarbeiter aus Pakistan und den Philippinen. Kuwait besitzt ein riesiges Ölfeld, das »Burgan«-Feld, das im Jahr 1938 von BP und Gulf Oil entdeckt wurde. Dieses Feld hat 2005 sein Fördermaximum erreicht.

Über viele Jahre investierte Kuwait einen Großteil seiner Einnahmen aus dem Ölexport in Auslandsgeschäfte. Viele Kuwaitis wurden sehr reich und durch die Auslandskontakte ergaben sich für die Eliten eine Vielzahl von Berufsmöglichkeiten außerhalb des kleinen Staates. Der Schock des zweiten Golfkrieges ist mittlerweile verdaut, vor allem weil die durch den Krieg verursachten Schäden wesentlich weniger dramatisch waren als anfangs befürchtet. Das Wirtschaftsleben hat sich normalisiert, und ausländische Firmen bearbeiten als Vertragspartner die Ölfelder.

Die Vereinigten Arabischen Emirate sind ebenfalls ein vergleichsweise kleines Gebiet von etwa 78000 Quadratkilometern. Abu Dhabi, Hauptstadt der Föderation der insgesamt sieben autonomen Emirate, ist gesegnet mit Öl. Oberhaupt Scheich Zayed regiert sehr pragmatisch und gestattet es internationalen Ölkonzernen, hier zu arbeiten. Bis jetzt spielt Abu Dhabi noch keine bedeutende Rolle in der Politik des Nahen Ostens, doch sein Ölreichtum könnte in naher Zukunft zu Spannungen mit den anderen ölärmeren Emiraten führen. Auch in anderen Ländern des Nahen Ostens, wie in Oman, dem Jemen und Syrien, gibt es noch Öl. Die Mengen sind jedoch zu niedrig, als dass sich daraus eine wirtschaftlich einflussreiche Machtpolitik ableiten ließe.

Die Rolle des Nahen Ostens ist und bleibt eine kritische Größe bei der Beurteilung der künftigen Ölförderung und der politischen und ökonomischen Folgen, die mit dem Wissen um das globale

Fördermaximum verbunden sind. Rückblickend ist es möglich, den Vorrat an Öl aufgrund wissenschaftlicher Erkenntnisse in Bezug auf das Gesamtvolumen abzuschätzen. Wenn man allerdings den Blick in die Ölzukunft des Nahen Ostens richtet, bleibt als Berechnungsgrundlage nur die Spekulation. Eine veränderte Politik wird auch an der Tatsache nicht rütteln können, dass der Großteil der Ressourcen im Nahen Osten längst entdeckt ist, das Fördermaximum bevorsteht, und zwar aller Wahrscheinlichkeit nach in den Jahren zwischen 2010 und 2015, völlig unabhängig von politischen Aktualitäten.

Pipeline-Pläne in Zentralasien

Große Gas- und Ölreserven gibt es noch in Zentralasien in der Region des Kaspischen Meeres. Doch das Gebiet ist in vielerlei Hinsicht problematisch: Alle Gerätschaften für die Förderung müssen mühsam auf dem Landweg dorthin transportiert oder vor Ort gebaut werden. Außerdem sind die Ressourcen nicht ohne Probleme aus dem geografisch schwierigen und geostrategisch brisanten Gebiet herauszubringen. Nach dem Zerfall der Sowjetunion entstand hier kurzzeitig ein Machtvakuum, das jedoch schon bald von Regional- wie Großmächten gefüllt wurde. Die größten Erdölvorräte befinden sich in Aserbeidschan und Kasachstan. In Turkmenistan gibt es vor allem Gasvorkommen.

Die geplante Turkmenistan-Afghanistan-Pakistan-Pipeline (TAP) soll Erdgas von Turkmenistan am Kaspischen Meer durch Afghanistan zu Häfen am Indischen Ozean in Pakistan leiten. Im Endausbau wird die knapp 1 700 Kilometer lange Pipeline jährlich 30 Mrd. Kubikmeter Gas transportieren. Über den Bau der Pipeline wurde in der Vergangenheit bereits mit dem damaligen Taliban-Regime verhandelt. Im Dezember 2002 unterzeichneten die Staatschefs von Turkmenistan, Afghanistan und Pakistan den Vertrag. Einerseits wurde der Abschluss durch die US-Invasion in Afghanistan 2001 überhaupt erst möglich, andererseits gibt es gute Gründe anzunehmen, dass die TAP ein wesentlicher Grund für das militärische Eingreifen und die amerikanische Präsenz in Afghanistan ist. Noch ist mit dem Bauvorhaben nicht begonnen worden.

Der südliche Abschnitt der Pipeline würde durch Gebiete verlaufen, die immer noch von den Taliban und der Terrororganisation Al-Qaida kontrolliert werden.

Die im Vergleich zur TAP viel kostspieligere Iran-Pakistan-Indien-Pipeline (2775 Kilometer Länge) wird vor allem von den USA mit Argwohn betrachtet. Doch trotz der Spannungen zwischen dem Iran und Indien aufgrund des iranischen Atomprogramms – Indien hatte 2006 der EU-Resolution auf einer IAEO-Ratssitzung zugestimmt – gehen die Verhandlungen weiter. Der Iran ist für Indien als Öllieferant schon seit vielen Jahren von großer Bedeutung. Für eine dritte Pipeline, von Myanmar (ehemals Birma bzw. Burma) über Bangladesch nach Indien, ist bereits die Machbarkeitsstudie erstellt worden. Die Leitungslänge wird 1400 Kilometer betragen, 37 Kilometer davon offshore. Der direkte Weg über Bangladesch wäre kürzer, doch Indien weicht auf diese Weise der Forderung des Nachbarlandes aus, zuvor die bilateralen Handelsbilanzen zu korrigieren. Großes Interesse an dieser Pipeline hat auch der energiehungrige große Nachbar und einstmalige Erzfeind China.

Das Gerangel in dieser Region erinnert teilweise an die Machtkämpfe im Nahen Osten in den 20er Jahren. Bedenkt man jedoch den sich zuspitzenden Aspekt der Erschöpfbarkeit von Öl und Gas, sind die Fragen des Zugangs und Abtransports wesentlich komplexer. Die ehemalige Sowjetunion hatte schon Anfang des 20. Jahrhunderts damit begonnen, Pipelines in ihre Zentren zu legen. Für die Amerikaner war das so lange kein Thema, wie sie selbst über genügend Reserven verfügten bzw. das Öl aus der Golfregion zu ihren Konditionen reichlich floss. Beide Parameter haben sich verändert, und ein weiterer Aspekt ist hinzugekommen: Ein neuer, riesiger Zukunftsmarkt liegt in Asien. Der Energiebedarf stieg dort in den 90er Jahren um über 40 Prozent, in Europa im Vergleich dazu nur um 3 Prozent. Außer Indonesien verfügt keines der pazifischen Länder über ausreichende Ölreserven. Japan ist sogar völlig auf den Import angewiesen. Die US-Erdölmanager haben nie einen Hehl daraus gemacht, was ihre Interessen sind und was sie von der amerikanischen Politik erwarten. Auch jetzt ist die Botschaft eindeutig: Es müssen Pipelines von Norden nach Süden gebaut werden. Den Iran zu isolieren war bisher Bestandteil der amerikanischen Politik, deswegen ist der Indische Ozean nur über Afghanistan und Pakistan zu erreichen. Um diese Pipelines zu bauen, braucht es zweierlei: eine der Ölindustrie gegenüber aufgeschlossene Regierung im eigenen Land und amerikafreundliche und stabile Verhältnisse in den Kooperationsländern. Die erste Voraussetzung ist mit der Regierung George W. Bush mehr als erfüllt. Er und ein Großteil seiner Führungselite kommen aus der Ölbranche. Bush selbst entstammt einem texanischen Ölclan. Vor allem amerikanische Ölfirmen haben den Wahlkampf des Republikaners finanziert.

Die amerikanische Unterstützung der Taliban gegen die sowjetischen Militärs fand vor dem Hintergrund statt, die für die Öl- und Gaspipelines notwendigen Landkorridore zu schaffen. Die Taliban wurden beauftragt, militärische Hindernisse und Zollschranken auf dem Weg ins ressourcenreiche Zentralasien aus dem Weg zu räumen. In den 90er Jahren gab es zwei Pipeline-Projekte, die von einem amerikanisch-saudischen Konsortium, der UNOCAL, einem der größten weltweit operierenden Unternehmen auf dem Energiesektor, vorangetrieben wurden. Das Verhältnis zu den Taliban änderte sich nach den Attentaten auf die US-Botschaften in Kenia und Tansania schlagartig, weil offensichtlich wurde, dass die Terroristen aus der »Schule« kamen, die die USA, Saudi-Arabien und auch Pakistan mit aufgebaut hatten. Innerhalb der Vereinigten Staaten war außerdem der Widerstand gegen die ölorientierte und Menschenrechte ignorierende Außenpolitik dramatisch angewachsen. Prominente Frauen, unter anderem Hillary Clinton, übten massiven Druck auf die eigene Regierung aus. »Wie kann man Öl durch ein Land transportieren, in dem Frauen rechtlos sind und Menschen die Hände abgehackt werden?«, hieß es in einer öffentlichen Erklärung. Doch zuvor hatte die Planung von Pipelines den USA noch einen geostrategischen Vorteil verschafft. Schließlich ging es nicht nur um den Bau dieser Versorgungsnetze, sondern auch um ihren Schutz. Könnten nicht z. B. Terroristen mit relativ wenig Aufwand große Schäden anrichten? Schon Anfang der 90er Jahre haben die Amerikaner deshalb damit begonnen, ähnlich wie einst in der Golfregion auch in Zentralasien militärisch präsent zu sein. Die Anbindung der GUS-Staaten an die NATO, gemeinsame Militärmanöver mit Truppen der kaspischen Anrainerstaaten und andere Vor-Ort-Demonstrationen lassen keinen Zweifel daran, welche Interessen die Vereinigten Staaten in dieser Region verfolgen. Beim Aufmarsch gegen Afghanistan erwiesen sich diese vorangegangenen militärischen Übungen als überaus hilfreich, denn jetzt konnten die US-Militärs die Infrastrukturen der in der Nachbarschaft von Afghanistan liegenden »Freunde« für ihre Angriffe nutzen. Die Jagd auf Terroristen bringt in jedem Fall eine Beute: Die »begründete« Präsenz in dieser Region, die etwas hat, was die Vereinigten Staaten dringend brauchen – Erdöl und Gas.

Und noch ein anderes großes Land sieht nach Zentralasien. Schon längst kann sich China, der inzwischen drittgrößte Verbraucher der Welt nach den USA und Japan, nicht mehr mit eigenem Öl versorgen. Pipelinebauten und -planungen für Öl- und Gastransporte aus der kaspischen Region sind in Vorbereitung. China kooperiert dabei mit Russland – eine Allianz, die sich auch gegen den Hegemonialanspruch der Vereinigten Staaten in Zentral- und Ostasien richtet. Doch China geht auch in anderen Gebieten der Welt auf Öl- und Gassuche. Es hat aus den Fehlern der Großmacht USA gelernt und will in keinem Fall in die Lage kommen, von einer einzigen Region abhängig zu sein.

Die Machenschaften der Mächtigen

Noch einmal wenige Jahrzehnte zurück. In den 60er Jahren gab es Öl in Hülle und Fülle. Den Ölmarkt dominierten die »Sieben Schwestern«, die sieben größten Ölkonzerne der Welt. Als das Öl wegen des Überangebots immer billiger wurde, wälzten die Konzerne ihre Verluste einfach auf die Förderländer ab. Für diese waren die Öldevisen der Konzerne in der Regel jedoch die einzige Einnahmequelle. Der Ärger über diese Kürzungen und der Unmut über die politische Bevormundung durch die westlichen Staaten wuchsen. Die Regierungen in den Ländern, in denen die Reserven lagen, kamen zunehmend unter Druck. Die ausländischen Ölfirmen sollten endlich enteignet werden, denn die Überproduktion in den neuen Vorkommen verursachte Dumpingpreise. Immer neue Ölfirmen tauchten auf, operierten nach eigenen Regeln und außerhalb des Kartells der Hauptkonzerne. Es tauchten schwierige Fragen auf: War der Staat der Besitzer der Ressource? Hatte er eine Möglichkeit, die Förderung und den Verkauf zu steuern? Oder hatte man alles den Firmen überlassen, die nun »ihr Recht« auf beliebige Ausbeutung nutzten?

Ein Kartell im eigenen Interesse – die OPEC

Den Venezulaner Alfonzo Perez beschäftigten diese Fragen. Der idealistische und asketische Rechtsanwalt wurde 1958 Ölminister und hatte gewissenhaft die Arbeiten der Texanischen Eisenbahnkommission studiert. Sie war 1930 in der Absicht gegründet worden, die Überproduktion von Öl in den Vereinigten Staaten zu regulieren. Noch heute verwaltet und reglementiert sie die texanische Öl- und Gasproduktion. Nach diesem Vorbild wollte er eine weltweit agierende Organisation gründen. Langwierige Verhandlungen mit den relevanten Regierungen im Nahen Osten führten am 14. September 1960 zu der Gründung der Organisation der Erdöl exportierenden Länder (Organization of Petroleum Exporting Countries), der OPEC. Gründungsmitglieder waren die damals fünf wichtigsten Ölländer Saudi-Arabien, Kuwait, Iran, Irak und Venezuela. Mittlerweile gehören weitere Länder dazu: Algerien, Ecuador, Gabun, Indonesien, Katar, Libyen, Nigeria und die Vereinigten Arabischen Emirate. Der Sitz der Organisation ist in Wien. Die Stabilisierung der Ölpreise und eine gemeinsame Erdölpolitik auf dem internationalen Ölmarkt sind laut Satzung für die Mitgliedsländer von herausragender Bedeutung. Ziel ist, sowohl Sicherheit auf der Einnahmenseite als auch Kontinuität bei der Belieferung der Öl importierenden Länder zu erreichen und zu erhalten. Zunächst waren die »Sieben Schwestern« von dieser Aktion nicht sonderlich beeindruckt und ließen sich nur zu kleinen Zugeständnissen bewegen. Das änderte sich schlagartig, als in den 70er Jahren das Öl plötzlich knapp wurde. 1971 konnte die OPEC das erste Mal eine Preiserhöhung durchsetzen und man begann, um Beteiligungen an den operierenden ausländischen Ölfirmen zu kämpfen. Mit steigender Nachfrage stieg der Ölpreis immer weiter an. Bis 1973 hatte er sich bereits vervierfacht.

Der Gedanke, Öl als Waffe zu benutzen, lag bereits lange in der Luft. In nur fünf Ländern des Mittleren Ostens wurden 38 Prozent des Weltfördervolumens produziert. Am 17. Oktober 1973 wurde auf einer Versammlung der arabischen Ölminister in Kuwait beschlossen, diese Idee in die Tat umzusetzen. Die Produktion wurde um 5 Prozent gedrosselt, die Lieferungen an die Vereinigten Staaten und die Niederlande komplett eingestellt, da man beide Länder auf »israelischer Seite« sah. Der Preis für ein Barrel Öl, der während des größten Teils des Jahrhunderts unter 3 Dollar gelegen hatte, schnellte jetzt innerhalb von zwei Monaten auf 17 Dollar hinauf. Die erste Ölkrise war da. An die autofreien Sonntage in Deutschland mag sich noch mancher erinnern.

Die großen Konzerne verloren die Kontrolle über »ihre« Reserven. Heute besitzen die 23 größten Konzerne weniger als 10 Prozent der weltweiten Ölreserven. Auch die Folgen der Ölkrise waren komplex und führten die Weltwirtschaft in eine Rezession. Vielerorts wurde man sich plötzlich bewusst, in welchen Dimensionen das moderne Leben von der begrenzten Ressource Öl abhing.

Die Enteignungen in den 70er Jahren stehen in einem sehr engen Zusammenhang mit der ersten Ölkrise im Jahre 1973, die einerseits durch die regelrechte Ölschwemme und andererseits durch die Reaktion arabischer Staaten auf den Jom-Kippur-Krieg mit Israel ausgelöst wurde. Auf die rechtlichen Unterschiede zwischen Enteignung, Beschlagnahmung und Nationalisierung einzugehen würde den Rahmen dieses Buches sprengen. Hier soll der Hinweis genügen, dass die ausländischen Ölunternehmen den Irak 1972, Kuwait 1975, Venezuela 1976 und Saudi-Arabien 1979 verlassen mussten. Selbst Großbritannien war misstrauisch geworden und bemühte sich, alle Rechte, die einst einvernehmlich an ausländische Firmen übertragen worden waren, zurückzuziehen, um sie der neuen staatlichen British National Oil Company zu übereignen. Eine Entspannung setzte erst nach 1973 ein, als neue Ölfelder in der Nordsee, in Alaska und in Kanada erschlossen wurden.

Doch die Mitgliedsländer der OPEC hatten mit einem Problem zu kämpfen: Sie taten sich zunehmend schwerer, »mit einer Stimme« zu sprechen. Zu unterschiedlich waren die Interessenlagen. Länder mit einer großen Bevölkerungsdichte wie der Iran oder Irak brauchten das Geld für die nationale Versorgung, Kuwait hatte die Erträge in den Vereinigten Staaten Geld bringend angelegt und wollte es sich mit der Wirtschaft dort nicht verderben, Saudi-Arabien wiederum spielte innerhalb der OPEC zunächst eine Sonderrolle: Als größter Erdölproduzent war das Königreich in der Lage, sinkende und steigende Nachfrage auszugleichen und entsprechend die Förderung zu drosseln oder zu steigern. Doch dieses kompensatorische Verhalten, das zu einer größeren Stabilität hinsichtlich Menge und Preis führen sollte, rechnete sich bald schon für die Saudis nicht mehr. Andere OPEC-Länder erhöhten ihre Förderquoten, wie sie es gerade wollten. Den finanziellen Schaden hatten die Saudis. 1986 drehten auch sie den Ölhahn wieder auf, mit dem Effekt, dass der Preis für ein Barrel Rohöl auf ein Drittel absackte.

Diese Uneinigkeit innerhalb der OPEC verleitete viele zu der Meinung, die OPEC habe keine Bedeutung mehr. Doch in den Jahren seit 2000 stellte sich die Lage zunehmend anders dar. Plötzlich sollte die OPEC durch eine Ausweitung der Förderung für niedrige Ölpreise sorgen. Es hat sich gezeigt, dass die OPEC dazu nicht in der Lage ist – und wohl auch sonst niemand.

Wie wird gerechnet? Der Ölpreis

Über viele Jahrzehnte hinweg waren die Ölpreise extrem niedrig. Bis zu der ersten Ölpreiskrise kostete Öl nur 2 US$ pro Barrel. Dann kamen die Preissprünge von 1974 und 1979. In den 80er Jahren sanken die Preise wieder und blieben auf niedrigem Niveau bis 2000. Bis zum ersten Ölpreisschock ist es den 7 größten Ölkonzernen immer wieder gelungen, den produzierenden Ländern Ölliefermengen und Preise zu diktieren. Letzteren blieb nur die Möglichkeit, die eigenen Einnahmen aus den Ölexporten durch Angebotssteigerung zu erhöhen.

Bis 1973 war der Ölmarkt geprägt durch ein strukturelles Überangebot. Die Produktionskosten waren niedrig, die Preise waren niedrig und die Gewinne der westlichen Ölindustrie konnten nur gesichert werden durch Kartellbildung auf der einen Seite und durch Diversifizierung in den »Downstream«-Bereich: das Raffineriegeschäft und der Vertrieb von Mineralölprodukten bis zum Endkunden.

Strukturelle Überproduktion und Öldumpingpreise waren zunächst eine Falle, aus der die Öl produzierenden Länder jahrzehntelang nicht herauskamen. Erst nachdem sich die großen Öl exportierenden Staaten in der OPEC zu einem Kartell zusammengeschlossen hatten, konnten sie das Angebot begrenzen und die Preise stützen. Zum ersten Mal in der Geschichte des Ölweltmarktes traten sich Anbieter- und Verbraucherstaaten mit praktisch gleicher Marktmacht gegenüber.

Die Ereignisse der ersten Ölpreiskrise zeigten der westlichen Welt ihre Verletzlichkeit sowie ihre Abhängigkeit von wenigen großen Fördernationen der OPEC. Dies in Verbindung mit den Enteignungen zwang die westlichen Konzerne dazu, neue Förderquellen zu erschließen. Der durch die Ölpreiskrisen bewirkte und von der OPEC durchgesetzte dauerhafte Preisanstieg hat die wirtschaftlichen Voraussetzungen dafür geschaffen, Öl in Alaska und in der Nordsee zu fördern, das wesentlich teurer zu gewinnen ist als z. B. im Nahen Osten. Das zeigt, dass dieser Preisanstieg letztlich auch im Interesse der westlichen Konzerne lag.

1974 wurde die Internationale Energie-Agentur (IEA) auf Initiative von Henry Kissinger von den wichtigen westlichen Industrienationen gegründet – als Folge des Ölpreisschocks 1973 und gedacht als Gegenmacht zur OPEC. Die IEA war der erste Versuch, eine koordinierte Energiepolitik der westlichen Länder auf den Weg zu bringen. Im Rahmen der IEA wurden Ausbauprogramme für die Atomenergie formuliert. Auch die Symbiose von Kohlenutzung und Kernkraftnutzung geht auf die IEA zurück. In gewisser Weise kann man sagen, dass die Bundesrepublik Deutschland in den folgenden Jahrzehnten zu großen Teilen lediglich die im Rahmen der IEA formulierten Leitlinien umgesetzt hat.

In den vergangenen zwei Jahrzehnten war man Zeuge einer Propagandaschlacht zwischen der OPEC und den übrigen Staaten. Beide Seiten haben versucht, sich gegenseitig etwas vorzumachen: Die Nicht-OPEC-Staaten wollten die OPEC-Staaten glauben machen, dass es noch genügend Öl auf der Welt gäbe, das man holen würde, sobald die OPEC ihre Stellung missbrauchen würde. Man tat also so, als würde sich die Welt im Prinzip immer noch in derselben Lage befinden wie in den 70er Jahren. Damals hatte man Alaska und die Nordsee erschlossen. Aber auch die OPEC-Länder hatten etwas zu erzählen: Sie wären jederzeit in der Lage, die Welt mit billigem Öl zu überschwemmen, sobald man ernsthaft nach (teureren) Alternativen zum Öl suchen würde. So sind beide Seiten immer noch damit beschäftigt, sich gegenseitig Märchen zu erzählen.

Die Preisbildung auf den Ölmärkten spiegelte in der Vergangenheit keine langfristigen Knappheiten wider, sondern war ausschließlich das Ergebnis von kurzfristigen Marktungleichgewichten zwischen Angebot und Nachfrage und erfolgte z. B. aufgrund der Analyse der Höhe der amerikanischen Lagerbestände. Änderungen im Vergleich zum Vorjahr und im Vergleich zur Vorwoche können erhebliche Auswirkungen auf die Preise haben. Ebenso die jeweilige Auslastung der amerikanischen Raffinerien. Neu hinzugekommen sind die Auswirkungen und die Erwartungen von Stürmen im Golf von Mexiko oder auch Erwartungen über die Entwicklung der Nachfrage für wenige Wochen im Voraus, basierend auf dem Wetter, kommenden Urlaubszeiten und der aktuellen Lage der Konjunktur. Ebenfalls von Bedeutung ist das spekulative Element bei den Rohstoffpreisen. Und zuletzt spielen natürlich politische Ereignisse eine große Rolle, wie das in letzter Zeit vermehrt beobachtet werden konnte.

Im Unterschied zu den letzten Jahrzehnten sind die Preise in den letzten Jahren zunehmend volatil. Im Jahr 2000 gab es ein erstes Warnsignal: Sehr kleine Differenzen zwischen Angebot und Nachfrage haben im Jahre 2000 zu einer Verdreifachung der Preise geführt (von 10 auf 30 US$ pro Barrel). Danach sank der Preis wieder etwas, ist aber seit 2003 – mit Schwankungen, aber kontinuierlich – auf bis zu 75 US$ pro Barrel im Jahre 2006 gestiegen. Dies war eine Entwicklung, die für die meisten völlig überraschend gekommen ist. Was ist passiert? Alles deutet darauf hin, dass das Angebot mit der trotz der hohen Preise immer noch steigenden Nachfrage nicht mehr mithalten kann. Es gibt praktisch keine Reserven mehr, um das Angebot kurzfristig zu erhöhen.

In den 1990er Jahren, als die Ölpreise sehr niedrig waren, hatte man die OPEC bereits als einen zahnlosen Papiertiger abgeschrieben. Die Einnahmen der OPEC reichten nicht aus, um die Länder wirtschaftlich zu stützen, die Verschuldung der Länder stieg ständig an. Doch seit etwa 2000 hat sich das Bild völlig gewendet. Außerhalb der OPEC und den Ländern der ehemaligen Sowjetunion stagniert die Förderung und plötzlich richten sich wieder alle Hoffnungen auf die OPEC. Die Einnahmen der OPEC sind in ungeahnte Höhen gewachsen und die wirtschaftlichen Sorgen dieser Länder gehören der Vergangenheit an. Die Preise sind weit über den nach 2000 von der OPEC angestrebten Korridor von 22 bis 28 US$ pro Barrel gestiegen. Gleichzeitig produzieren alle OPEC-Länder an der Kapazitätsgrenze. Es sieht so aus, als habe die OPEC ihre Funktion als Kartell verloren, durch eine Steuerung des Angebots die Preise kontrollieren zu können. Es gibt auf der Welt keinen »swing producer« mehr, niemand kann mehr die Preise kontrollieren. Die jetzt zum ersten Mal spürbaren Begrenzungen des Angebots werden zunehmend die Preise bestimmen. Die Zeit des billigen Öls ist endgültig vorbei.

Erdöl – Motor für den Wohlstand

Am 7. Mai 1945 unterzeichnete General Alfred Jodl in einem kleinen Schulgebäude in Reims die Kapitulation Deutschlands. Die wirtschaftliche Situation in den vom Krieg betroffenen Ländern war höchst unterschiedlich. Die europäische Industrie lag am Boden, in der Sowjetunion sah es nicht besser aus. Nur die Wirtschaft der Vereinigten Staaten ging gestärkt aus dem Zweiten Weltkrieg hervor. Doch schon fünf Jahre später hatte sich Europa von den unmittelbaren Folgen des Krieges erholt und begann – mit finanzieller Unterstützung Amerikas – seine Industrie wieder aufzubauen. Diese Hilfe war nicht ganz uneigennützig. Denn so entstanden auch neue Absatzmärkte für amerikanische Produkte. Die Vormachtstellung der amerikanischen Wirtschaft konnte weiter ausgebaut werden.

Ab dem Jahr 1950 »explodierte« die Ölproduktion geradezu und stieg für die nächsten 20 Jahre durchschnittlich um 7 Prozent pro Jahr an. Möglich wurde dieser Zuwachs durch die Öffnung der riesigen Felder im Nahen Osten, die man bereits vor und während des Zweiten Weltkrieges entdeckt hatte. Auch in Venezuela wurden die Fördermengen beträchtlich gesteigert, denn überall stieg der Bedarf an Öl.

Doch die Zeit der Sicherheit in Bezug auf die Ölkonzessionen war Anfang der 60er Jahre vorbei. Die aktuelle Unsicherheit über künftig denkbare Enteignungen führte bei den Ölfirmen zu zwei verschiedenen Reaktionen: Jetzt ging es erstens darum, so viel Öl wie möglich zu fördern, bevor sich das »Gastland« die Felder selbst aneignete. Das führte zu einer sehr gezielten Stimulierung des Konsums und damit zu einer immer schnelleren Förderung, um die steigende Nachfrage zu decken. Zweitens aber war man sehr daran interessiert, die Erkundung von neuen Feldern in neuen Gebieten außerhalb dieser Staaten voranzutreiben, um die Abhängigkeit von den bestehenden Ölquellen zu verringern. Die Aufmerksamkeit richtete sich jetzt auf Afrika, Alaska und die Nordsee. Alaska mit dem größten nordamerikanischen Ölfeld »Prudhoe Bay« erbrachte etwa 15 Gb an Ölfunden. In ganz Afrika wurden in den 50er und 60er Jahren etwa 60 Gb an Öl gefunden. Ähnlich viel wurde in der Nordsee entdeckt. Sie gilt bis heute als das größte Ölvorkommen, das man seit dem Zweiten Weltkrieg fand. Auch die Sowjetunion hatte ihre Ölindustrie wieder aufgebaut und riesige Felder wurden erschlossen und bald in Produktion genommen: in den 60er Jahren fast 10 Gb pro Jahr – etwa vier Mal so viel wie in den Jahren seit 1980. Doch alle diese Funde in Tausenden von Ölfeldern ergaben mit gut 200 Gb in Summe nur etwas mehr Öl, als die beiden größten Ölfelder »Burgan« in Kuwait und »Ghawar« in Saudi-Arabien beinhalten, die bereits 1938 und 1948 entdeckt worden waren. Zwischen den 50er und 70er Jahren wurden überall in diesen neuen Gebieten große Mengen von Öl gefördert und auf den Markt gebracht. In 25 Jahren, seit dem Ende des Zweiten Weltkrieges, hatte sich die Ölproduktion verzehnfacht. Und es schien kein Ende dieses Wachstums in Sicht, denn die Ansprüche einer Vielzahl von Menschen an Komfort und Lebensstil stiegen mit dem Ölrausch, der in der Güter produzierenden Industrie seine Entsprechung fand. Die Steigerung der Produktion war ein Garant für Wirtschaftswachstum und Wohlstand. Doch der hierfür erforderliche Energieeinsatz war stark an die Standorte gebunden – Kohle diente zur Stahlherstellung ebenso wie zur Stromerzeugung, und Öl konnte in diesem Bereich nur allmählich Fuß fassen. Die Domäne des Ölverbrauchs lag woanders: in der zunehmenden Mobilität der Bürger in den industrialisierten Ländern. Dieses Wachstum hält bis heute ungebrochen an. Auch in anderen Bereichen wurde Erdöl zunehmend eingesetzt: Zur Beheizung von Wohnungen und in der Industrie zur Erzeugung von Prozesswärme verdrängte es zunehmend die Vormachtstellung der Kohle.

Die 70er Jahre

1968 gründete eine Reihe weitsichtiger und internationaler Wissenschaftler, Wirtschaftler und Politiker den »Club of Rome«. Mit ihrer ersten großen Veröffentlichung ›Die Grenzen des Wachstums‹ erreichten sie schnell große Aufmerksamkeit. Das Buch enthielt die eindringliche Warnung vor der Endlichkeit der mineralischen Rohstoffe, zu denen auch Erdöl gehört. Scheinbar kam dieser Appell an die Vernunft zu früh. Die kurz nach Erscheinen des Berichtes eingetretene erste Energiekrise der 70er Jahre wurde zunächst von vielen allzu schnell als Bestätigung dieser Veröffentlichung, dann aber nach ihrer Überwindung ebenso schnell als ein einmaliger Ausrutscher, als ein »Unfall« wahrgenommen. Jetzt diente die Überwindung der Krise genau dem gegenteiligen Beweis. Der Club of Rome hatte sich getäuscht. Wie im vierten Teil des vorliegenden Buches erläutert werden wird, war die erste Ölkrise jedoch ein systembedingter Strukturbruch, der den Eintritt in eine neue Ära markierte.

Nach 20 Jahren stetigen, schnellen Wachstums begann in den 70er Jahren eine Art Übergangsphase. Seit dieser Phase, die fast 10 Jahre dauerte, hat sich tatsächlich etwas Grundlegendes geändert: Der Energieverbrauch nahm zwar weiter zu, aber mit wesentlich geringeren Zuwachsraten. Dauerhaft höhere Preise und der dadurch stimulierte Einsatz verbesserter Technologien zur Nutzung des Erdöls ließen den Zuwachs der Nachfrage von 7 Prozent pro Jahr in den 50er und 60er Jahren auf vergleichsweise bescheidene 1,5 Prozent in den folgenden 25 Jahren zurückgehen. Der Öleinsatz vor allem in der Industrie und in den privaten Haushalten stagnierte. Und gleichzeitig wurde weltweit weiterhin nach neuen Ölfeldern gesucht. Doch trotz großer Fortschritte in den Erkundungsmethoden und Fördertechnologien blieben die großen Funde aus.

Als Folge der Krisen der 70er Jahre gab es aber auch weit reichende Anstrengungen, die Abhängigkeit vom Öl zu vermindern. Die ersten großen Förderprogramme zur Erforschung der erneuerbaren Energien wurden in Amerika und Europa aufgelegt. Vor allem in Europa wurde das Thema der effizienten Energienutzung hoffähig. Die kombinierte Kohle- und Kernenergievorrangpolitik der OECD-Staaten fand in dieser Krise eine gute Begründung – darüber wird später noch zu sprechen sein.

Nachdem die Krisen überwunden waren, wurden die Ergebnisse der ›Grenzen des Wachstums‹ wieder in der Öffentlichkeit belächelt. Auch die in dieser Zeit vom US-Präsidenten Carter beauftragte Untersuchung über die weltweite Ressourcenverfügbarkeit ›Global 2000‹ geriet bald in Vergessenheit. Und doch war genau diese Studie die einzige breit angelegte und öffentlich zugängliche Analyse der Grundlagen unserer Energieversorgung. Noch heute müssen die damaligen Aussagen als gute Prognosen über die künftige Entwicklung der Ölverfügbarkeit gesehen werden. Nicht vergessen wurden diese Erkenntnisse aber in den Hinterzimmern der Energiekonzerne und manchen Politikerstuben.

Tatsächlich hat sich unser Lebensstil seit dieser Zeit gewaltig verändert. Der Themenschwerpunkt wurde vom unbeschwerten und grenzenlos möglichen Wachstum verschoben hin zu einer Wahrnehmung der Auswirkungen des Wachstums. Diese »Veränderung« lässt sich im Energieverbrauch nachweisen.

Einzig im Verkehrsbereich hält das Wachstum noch ungebrochen an. Weltweit gehen mehr als 60 Prozent der Ölförderung in den Verkehrsbereich. Dieser wird zu mehr als 90 Prozent vom Erdöl gespeist, nur im Schienenverkehr spielen andere Energieträger (Strom) heute eine nennenswerte Rolle. Der Straßen- und Flugverkehr sind die am empfindlichsten vom Erdöl abhängigen Bereiche. Und gerade hier sind die größten Widerstände zu überwinden, wenn es um eine Verbrauchsreduktion geht.

Maßnahmen, die Abhängigkeit zu reduzieren, sind höchst unpopulär. Das haben nicht nur Politiker erfahren, sondern auch Umweltgruppierungen. Die einzige größere Kampagne des »Ökomultis« Greenpeace für eine Abkehr vom Auto (»Lassen Sie Ihr Fahrzeug stilllegen«) führte vor allem zu Austritten von Fördermitgliedern. Die Kampagne wurde begraben. Seither ist man vorsichtiger geworden und wirbt nur noch für eine bessere Technik (sprich effizientere Motoren), nicht aber für grundsätzliche Verhaltensänderungen. Tatsache ist, dass Verbraucher schnell auf Preise reagieren. Selbst wenn nur 10 oder 20 Prozent der Kunden ihre Kaufentscheidungen hinauszögern, könnte dies einen Liquiditätseinbruch und das Aus vieler Hersteller bedeuten.

Wie schnell das gehen kann, führten auch die Folgen des tragischen Ereignisses vom 11. September 2001 vor Augen. Schlagartig blieben – diesmal im Luftverkehr – 30 Prozent der Kunden aus. Auch wenn nicht ganz klar ist, wie stark dieser Kundeneinbruch auf dieses punktuelle Ereignis zurückzuführen ist oder auf die allgemeine Wirtschaftsschwäche des Jahres 2000, demonstriert es die Labilität der auf Wachstum ausgerichteten Flugbranche. Logistik und Fluggeräte waren auf Zuwachs ausgelegt. Plötzlich blieben die Kunden aus. In der Folge musste eine Reihe von Fluggesellschaften Konkurs anmelden.

Die zweite Hälfte des 20. Jahrhunderts kann man ohne weiteres als das Zeitalter des Konsums bezeichnen. Der von Öl gespeiste Handel überschwemmte die Welt mit allen nur erdenklichen Waren. Doch nur ein kleiner Teil der Menschheit konnte an diesem Überfluss partizipieren. Die Reichen wurden reicher und die Armen ärmer. Eine Kluft, die durch eine stetig wachsende Bevölkerung verschärft wurde und wird. Der Besuch eines gewöhnlichen Haushaltes in einem westlichen Industrieland hätte bei früheren Generationen vor wenigen Jahrzehnten noch großes Erstaunen ausgelöst. Kinderzimmer voller Plastiksachen, Schränke, zum Bersten gefüllt mit Kleidern, in der Speisekammer Mengen verpackter Nahrungsmittel, Maschinen sind im ganzen Haus in Bewegung, Mikrowellenherde erhitzen gekaufte Fertigmahlzeiten, Staubsauger schäumen synthetische Teppiche auf, Kalt- und Warmwasserhähne in den Bädern, Steckdosen, Lampen, Heizungen. Draußen mäht ein elektrischer Rasenmäher die perfekte Begrenzung für die Auffahrt, in der für jeden Bewohner ein Auto steht. Und an alles, was in diesen Haushalten noch »fehlt«, erinnern die bunten Aufforderungen im Fernsehen.

Dabei verschlechtern sich die Lebensbedingungen für den größten Teil der Menschheit immer mehr. Tödliche Krankheiten, Vertreibungen und Hungersnöte prägen in vielen Ländern den »Lebensstil«.

Der Zeit des Kalten Krieges folgte im vergangenen Jahrzehnt nochmals eine gigantische Offensive der Wachstumsfanatiker. Das westliche Wirtschaftssystem ging als »Sieger« hervor. Das Selbstbewusstsein war stark und der Widerstand schwach genug für eine letzte große Offensive, die sich unter dem Stichwort »Globalisierung« zusammenfassen lässt. Das Investitionsklima veränderte sich. Von zunehmendem Interesse wurden die Märkte außerhalb nationaler Grenzen. Es gab praktisch keinen Raumwiderstand mehr, Firmen wanderten nach Übersee aus, profitierten von Billiglöhnen und schlechter kontrollierten Arbeitsbedingungen.

Der Verlust von realen Investitionsmöglichkeiten zwang Unternehmen in Finanzmärkte, deren Werte nicht durch die Leistungen der Investitionen entstanden, sondern Folgen des Wettbewerbsdrucks mit anderen nervös gewordenen Investoren waren. Die nationalen Investitionsmöglichkeiten schienen ausgeschöpft, und man beteiligte sich vorzugsweise an globalen, unregulierten Transaktionen. Die Finanzströme wurden immer größer, und jede Hand, die im Spiel war, nahm sich einen Anteil heraus und reinvestierte in denselben Kreislauf. Die ganze Konstruktion wurde immer instabiler und zum Spielfeld gewaltiger spekulativer Machenschaften in der ganzen Welt. Auf welche Weise können nationalstaatliche politische Kontrollorgane diesem international verflochtenen Wirtschaftsimperium die Stirn bieten? Entscheidende Weichenstellungen sind auf internationale Ebenen ausgelagert. Dort werden, in kleinen elitären Kreisen und teilweise unter Ausschluss der Öffentlichkeit, die wesentlichen Rahmenbedingungen für die Nationalstaaten festgelegt – auf Weltwirtschaftsgipfeln, Welthandelsforen, G8-Treffen.

Die aktuelle Debatte

Wer schreibt was, wo und warum? Statistiken im Vergleich

In den vorhergehenden Kapiteln sind viele Daten und Fakten über die Größe von Ölfunden, Ölbeständen, Reserven und Ölförderung aufgeführt worden. Die öffentliche Diskussion wird bestimmt durch jährlich erscheinende Statistiken von Ölkonzernen, die sich vorwiegend auf die Entwicklung der Reserven konzentrieren. Es wurde gezeigt, dass diese Sicht zu kurz greift und dass es viel mehr auf die Analyse der künftigen Produktionsmöglichkeiten ankommt, die nur zum Teil durch die Reserven bestimmt werden. Weil aber insbesondere den Reservezahlen eine so große Bedeutung zugeschrieben wird und weil die gemeinhin gezogenen Schlussfolgerungen die Dramatik der Lage völlig verkennen, ist es notwendig, sich mit den Statistiken kritisch auseinander zu setzen. Die politische Bedeutung dieser Zahlen kann gar nicht überschätzt werden. Es ist notwendig, diese Zusammenhänge zumindest im Grundsatz zu verstehen, auch wenn das Thema auf den ersten Blick sehr trocken und abstrakt wirken mag. Woher kommen die Zahlen? Wie glaubwürdig sind die verschiedenen Angaben? Nachfolgend einige der wichtigsten Informationsquellen im Überblick.

›Oil & Gas Journal‹

Das englischsprachige ›Oil & Gas Journal‹ ist eine Handelszeitschrift, die seit vielen Jahren in ihrer Dezemberausgabe Statistiken über Förderraten und Reserven aller Ölförderstaaten veröffentlicht. Die Angaben betreffen immer die so genannten »nachgewiesenen« Reserven. In Wirklichkeit sind es jedoch eher Schätzungen, die bei staatlichen und privaten Ölfirmen abgefragt werden. Den Firmen bleibt selbst überlassen, was sie angeben. Oft sind das Jahr für Jahr die gleichen Zahlen. Beispielsweise haben 1998 60 Länder äußerst unglaubhafte, weil unveränderte Zahlen veröffentlicht. Entweder hatten sie ihre Studien nicht auf den neuesten Stand gebracht oder zögerten zuzugeben, dass die Reserven gesunken waren. Die Qualität der Daten wird von niemandem geprüft – wer sollte dies auch tun. Deren Gültigkeit zu beurteilen würde eine Redaktion schlicht überfordern.

›BP Statistical Review of World Energy‹

British Petroleum gibt regelmäßig ein kleines Buch über die Energiesituation der Welt heraus, den ›Statistical Review of World Energy‹. Er wird in vielen Kreisen als maßgeblich angesehen und dürfte die prominenteste Informationsquelle über Ölreserven und Ölförderung sein. In den Grafiken der Länderanalysen in diesem Buch über die Entwicklung der Ölentdeckungen und Ölreserven sind diese Zahlen zum Teil mit dargestellt. Sie weichen allerdings teilweise erheblich von den Angaben aus Industriedatenbanken ab, auf die sich diese Darstellungen maßgeblich stützen.

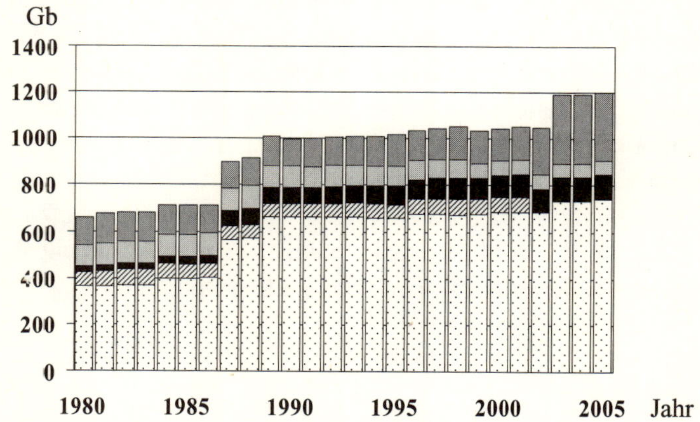

Reserveangaben aus ›BP Statistical Review of World Energy‹

Doch man muss sich bewusst machen, dass diese Angaben nicht die Meinung des Konzerns wiedergeben. Tatsächlich distanziert sich der Herausgeber BP auf sehr subtile Weise von den Inhalten. So wird z. B. im Klappentext vermerkt, dass diese Angaben keine Informationen enthalten, die auf vertraulicher Basis erhalten wurden. Des Weiteren wird für die meisten Staaten in den früheren Ausgaben das ›Oil & Gas Journal‹ wiederum als Datenquelle angegeben. Eigene Berechnungen flossen nur bei wenigen Ländern mit ein, so etwa wird im Unterschied zum ›Oil & Gas Journal‹ Flüssiggas in den USA und Kanada bei den Reserveschätzungen zum konventionellen Öl gezählt, in anderen Staaten dagegen nicht. Leider hat BP in seiner Ausgabe für das Jahr 2006 doch eigenständige Änderungen der Daten vorgenommen, auf die nicht hingewiesen wird und für die auch keine Begründungen geliefert werden. So wurden für viele Länder die Reservezahlen rückwirkend für viele Jahre erhöht, so dass die jetzt ausgewiesenen sehr viel höheren Reserven der Welt nur einen scheinbar geringen Anstieg gegenüber dem Vorjahr darstellen. Dies ist ein höchst bedenkliches Vorgehen und es stellt sich die Frage nach den Motiven.

Bei der Berechnung der Fördermenge wird auch nichtkonventionelles Öl in die Rechnung mit aufgenommen, das vor allem in Kanada und Venezuela einen beträchtlichen Anteil hat. Hier wird die gesamte Problematik der Definition von Daten, ob sie nun die Förderung oder mögliche Reserven betreffen, deutlich. Das Bild zeigt die von BP übermittelten Reserven der vergangenen Jahre für die verschiedenen Regionen der Welt. Es fällt auf, dass die OPEC-Staaten Ende der 80er Jahre ihre Reserven deutlich nach oben korrigiert haben. Diese Korrektur vergrößerte die weltweiten »Reserven« innerhalb weniger Jahre um 30 Prozent.

The United States Geological Survey (USGS)

Diese Bundesbehörde hat die Aufgabe, in unregelmäßigen Abständen Untersuchungen über mögliche Ölfunde in den USA und auch weltweit durchzuführen. Die Mitarbeiter des Instituts USGS sind Geologen, die meist auf akademisch-theoretische Weise Erfahrungen sammelten.

Im Jahr 2000 wurde eine neue Bewertung der Situation durch das USGS veröffentlicht. Die Studie ›US Geological Survey World Petroleum Assessment 2000‹ versucht sehr ausführlich, jede Region der Welt zu identifizieren, in der noch unentdecktes Öl oder Gas sein könnte. Hierbei wird nach Wahrscheinlichkeiten von 5 Prozent bis zu 95 Prozent unterschieden. Die Studie kommt zu dem Ergebnis, dass insgesamt noch 939 Gb Öl und Flüssiggas bis zum Jahr 2025 gefunden werden können. Zusätzlich wird ein weiterer Effekt berücksichtigt. Vor allem in den USA werden Ölfunde in der Frühphase sehr vorsichtig bewertet, was mit den Berichterstattungsregularien für börsennotierte Firmen zusammenhängt und mit dem Umstand, dass in den USA noch viele sehr alte Felder in Produktion sind. Diese waren in der Frühphase mit den damals üblichen Methoden tatsächlich unterbewertet. Fast jedes Jahr werden diese Angaben für die produzierenden Ölfelder nach oben korrigiert. Aus dieser Rechenart ergibt sich ein stetiges Reservenwachstum. Diese anfängliche Unterbewertung ist auch bei anderen Ölfirmen üblich. Allerdings fällt sie nirgends so deutlich aus wie in den USA. Nun überträgt das USGS in der zitierten Untersuchung diese für die USA typische Praxis auf alle Förderregionen der Welt und unterstellt, dass in den 30 Jahren von 1995 bis 2025 (Betrachtungszeitraum der Untersuchung) die weltweiten Funde im selben Maße höher bewertet würden. Damit errechnet sich eine zusätzliche Reserve von 730 Gb. Die Reserveangaben des USGS werden immer mit einer Wahrscheinlichkeit angegeben: Wenn eine Reserve beispielsweise eine Wahrscheinlichkeit von 5 Prozent hat, so bedeutet das, dass die statistische Wahrscheinlichkeit, dass man tatsächlich die angegebene Menge finden wird, 5 Prozent beträgt und dass die statistische Wahrscheinlichkeit, dass man diese Menge nicht finden wird, 95 Prozent beträgt. Im Klartext bedeutet das, dass es zwar sein kann, dass man diese Menge findet, dass das aber äußerst unwahrscheinlich ist. Eine Wahrscheinlichkeit von 50 Prozent bedeutet, dass es genauso wahrscheinlich ist, eine Menge zu finden, die größer oder kleiner ist als die angegebene. Eine Wahrscheinlich-

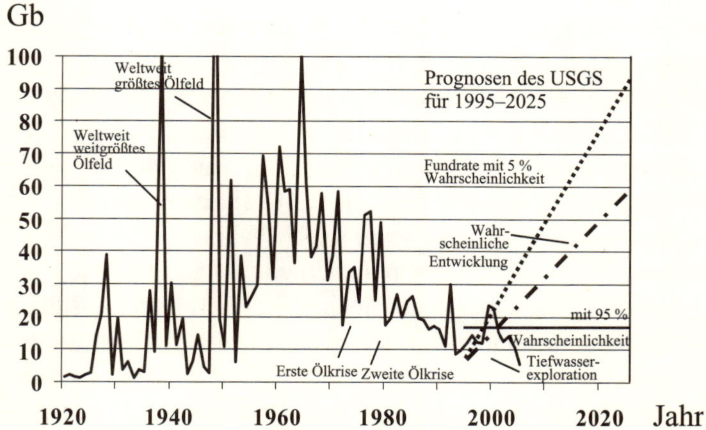

Historische Entwicklung der Ölfunde und USGS-Prognose

keit von 95 Prozent hingegen bedeutet, dass man praktisch sicher sein kann, die angegebene Menge zu finden. Die Untersuchung des USGS kommt zu dem Ergebnis, dass im Zeitraum 1995–2025 mit 50 Prozent Wahrscheinlichkeit die Ölvorräte noch um 1 669 Gb anwachsen können. Dieser als wahrscheinlich bezeichnete Wert errechnet sich als Mittelwert aus zwei Extrempositionen: Mit 95 Prozent Wahrscheinlichkeit wird man noch 495 Gb finden und die Reserven um 205 Gb höher bewerten, mit 5 Prozent Wahrscheinlichkeit werden noch 1 589 Gb gefunden und um 1 178 Gb höher bewertet werden. Das ist jedoch ein Taschenspielertrick, weil dieser Wert nicht wirklich eine Wahrscheinlichkeit von 50 Prozent ausdrückt (d. h. kleinere und größere Werte sind gleich wahrscheinlich) und weil dieses Vorgehen verschleiert, dass nur der 95-Prozent-Wert durch Explorationsergebnisse der Vergangenheit seriös abgesichert ist. Diese Studie wird oft als Beweis angeführt, wie viel Öl man in Zukunft noch finden könne.

Da der Zeitraum bis 2025 angegeben wird, kann man leicht ausrechnen, was dies für die jährlichen Neufunde bedeuten würde. Wenn man in die Grafik der historischen Entwicklung der Ölfunde diese Prognose einträgt, wird deutlich, dass nur die Ölmengen, die mit 95 Prozent Wahrscheinlichkeit angegeben werden, in etwa mit dem Trend der vergangenen Jahre vereinbar sind. Alle anderen mit niedrigerer Wahrscheinlichkeit würden eine deutliche Umkehrung dieses Trends notwendig machen. Eine solche Entwicklung ist äußerst unwahrscheinlich, denn es bedeutet, dass man in den 30 Jahren von 1995 bis 2025 ebenso viel Öl finden müsste wie in den 30 Jahren zuvor – von 1965 bis 1995. Doch bereits in den ersten fünf Jahren des Betrachtungszeitraumes der Studie bleiben die tatsächlichen Funde um fast 100 Gb hinter der Menge an Funden zurück, die man aufgrund der USGS-Studie hätte erwarten müssen! Eine extreme Abweichung, aber nicht verwunderlich angesichts der dubiosen Methodik.

Hier wurde eine extrem unwahrscheinliche Entwicklung als die wahrscheinlichste hingestellt. Untersucht man die Details der sehr umfangreichen Studie, so fallen einem viele Aspekte auf, die nur schwer nachvollziehbar sind. So wird unter anderem angenommen, dass mit ca. 50 Gb das größte noch unentdeckte Ölbecken im Meer östlich von Grönland liegt. Dieser Wert errechnet sich als gewichteter Mittelwert aus den Annahmen, dass mit 95 Prozent Wahrscheinlichkeit dort überhaupt kein Öl gefunden wird und mit 5 Prozent etwa 117 Gb.

Das Prinzip dieser Abschätzungen zieht sich durch alle Regionen und auf die möglichen Gesamtfunde dieser Untersuchung: Mit 95 Prozent Wahrscheinlichkeit wird ein sehr guter Wert abgeschätzt, der für Fachleute gut nachvollziehbar ist. Mit 5 Prozent Wahrscheinlichkeit wird ein extrem optimistischer Wert angenommen, für den es keine nachprüfbare Datengrundlage gibt. Damit wird bei der Mittelwertbildung der gut abgesicherte Wert verwässert.

Doch nehmen wir für einen Moment an, dass die Daten brauchbar wären. Entgegen anderen Quellen schätzt die USGS die in den USA insgesamt förderbare Ölmenge auf etwa 300 Gb. Wir wissen andererseits, dass die USA das Fördermaximum erreicht hatten, nachdem etwa 100 Gb Öl verbraucht waren. Daraus könnte man für die USA den Schluss ziehen, dass das Produktionsmaximum erreicht wurde, nachdem erst ein Drittel der Fördermenge verbraucht war. Eine Übertragung dieser Relation auf die weltweite Situation (das USGS setzt die weltweit insgesamt förderbare Menge mit etwa 3 000 Gb an) lässt das Fördermaximum etwa um das Jahr 2005 erwarten, wenn etwa 1 000 Gb verbraucht sein werden. Dies zeigt wieder einmal, dass es nicht so sehr auf die Reserven, sondern viel mehr auf die Produktionsmöglichkeiten ankommt.

Industriedatenbanken

Die wohl wichtigste private Beratungsfirma auf diesem Gebiet, »Petroconsultants«, wurde 1956 von Harry Wassall gegründet. Seit dieser Zeit wird in engem Informationsaustausch mit den Explorateuren der Ölindustrie eine Datenbank aufgebaut. Sie enthält Informationen über neue Ölfelder, deren Entdeckungsjahr, Ölqualität, ursprüngliche Größe und Produktionszustand. Die Firma pflegt enge Beziehungen zur Industrie und verfügt über ein weltweites Netzwerk von Gutachtern. Von besonderem Wert für jede statistische Analyse sind die Kenntnisse über Bohrungen. Jede Versuchsbohrung wird verfolgt und im Hinblick auf sichere und wahrscheinliche Reserven interpretiert und aktualisiert. Da diese Daten für die Ölfirmen selbst wiederum von großem Interesse sind, herrscht ein reger wechselseitiger Datenaustausch. Bis heute sind mehr als 16000 Öl- und Gasfelder in diese Statistik aufgenommen, die außerhalb der USA liegen. Zwei Charakteristika der Datenbank sind von besonderer Bedeutung, da sie diese Reserveangaben von den öffentlichen Reserveangaben grundsätzlich unterscheiden. Einmal wird die abgeschätzte Größe eines Feldes nicht mit der sehr vorsichtigen so genannten »sicher nachgewiesenen« Reserve angegeben, sondern mit einer Wahrscheinlichkeit von 50 Prozent (P-50): Die Wahrscheinlichkeit, dass das Feld zu groß geschätzt wurde, ist genauso hoch wie die Wahrscheinlichkeit, dass das Feld zu klein geschätzt wurde. Spätere Korrekturen erfolgen im statistischen Mittel mit gleicher Wahrscheinlichkeit in beide Richtungen – nach oben und nach unten. Daher gleichen sich die Ungenauigkeiten bei einer Aufsummierung vieler Felder im Idealfall aus, so dass sich hiermit der beste Schätzwert für die Ölfunde einer aus vielen Feldern bestehenden Region ergibt. Außerdem werden nachträgliche Korrekturen an der Größe eines Feldes auf das Jahr der Entdeckung des Feldes zurückdatiert und nicht, wie in öffentlichen Statistiken, dem Jahr der Höherbewertung zugeschrieben. Nach dem Tode von Harry Wassall ging die Firma 1998 in den Besitz der amerikanischen Holding IHS über und heißt heute IHS Energy. Mittlerweile gehört das Unternehmen der amerikanischen Beratungsgesellschaft CERA, an der der Historiker und Ökonom Daniel Yergin, der Autor von ›Der Preis. Die Jagd nach Öl, Geld und Macht‹ (1991), maßgeblich beteiligt ist. Nicht die Daten, wohl aber die Analysen von IHS Energy lassen in letzter Zeit einen politischen Einfluss erkennen.

Neben anderen kommerziellen Anbietern wird eine weitere Datenbank mit sehr brauchbaren Daten über Offshore-Aktivitäten von Infield Systems verwaltet. Wer Zugang zu Daten von Industriedatenbanken hat, erhält in der Regel die besten Informationen über die weltweiten Ölvorkommen. Alle Korrekturen sind immer ordnungsgemäß auf das Jahr des Fundes zurückdatiert.

Reserveabschätzungen

Die Praxis der Industrie

Genaue Daten über Ölreserven sind schwierig anzugeben. Wir haben gesehen, dass mögliche, tief in der Erde liegende Reservoire nicht direkt gemessen, sondern nur mit Hilfe von geologischen und technischen Kriterien geschätzt werden können. Firmen und Regierungen neigen dazu, Zahlen zu veröffentlichen, die für sie zweckdienlich sind. Das ist alles nicht weiter von Bedeutung, auch wenn es den einen oder anderen Investor in die Irre führen mag. Das bevorstehende Fördermaximum kann jedoch nur von den absolut sichersten der verfügbaren Daten abgeleitet werden. Obwohl die Schätzung der Reserven wissenschaftlich begründet sein sollte, tauchen immer wieder und immer neue ungestützte Abschätzungen auf. Das verweist auf ein sehr zentrales Problem, das hier beispielhaft kurz vorgestellt werden soll.

Von Zeit zu Zeit werden von den Länderregierungen neue Gebiete für die Exploration geöffnet. Die verschiedenen Ölkonzerne versuchen umgehend, mit einem attraktiven Angebot eine Forschungsbewilligung zu erhalten. Konkurrenz von außen und finanzieller Druck innerhalb des eigenen Unternehmens können dann dazu führen, dass eine objektive Bewertung der Reserven in Gefahr gerät oder sogar unmöglich wird.

Der Bewertungsvorgang beginnt mit einer seismischen Karte, die die Tiefenkonturen des begrabenen Reservoirs zeigt, so wie eine topografische Karte Täler und Berge abbildet. Öl befindet sich vor allem in geologischen Bodenerhebungen, und der Explorateur sucht auf der seismischen Karte nach Bergen. Der Geologe kann das totale Volumen der Falle von den seismischen Daten gut ablesen, muss aber dann die Dicke und das Charakteristikum jedes Reservoirs abschätzen, zusammen mit anderen Faktoren, die sich auf die Ölfüllung und die Abdichtung beziehen. Er kann das alles nur aufgrund vorhandener Informationen über benachbarte Bohrlöcher und einer fundierten Kenntnis der Region bewerten. Und immer hat er es mit einer Reihe von Alternativen mit verschiedenen Wahrscheinlichkeiten zu tun.

Jetzt beginnt die eigentliche Arbeit: Der erste Schritt besteht darin, das Gesteinsvolumen in der Falle festzustellen und erste Überlegungen anzustellen, welcher Bruchteil davon ein Reservoir sein könnte. Im zweiten Schritt wird die Porosität und Ölsättigung dieses Reservoirs abgeschätzt. Der Geologe berechnet dann, nachdem er verschiedene andere Parameter wie Druck und Temperatur mit einbezogen hat, das mögliche Volumen des Öls in dieser Falle. Eine Menge davon wird durch den Druck in den Kapillaren der Felsen auf immer festgehalten, aber ein gewisser Prozentsatz des Öls, dessen Wert man Ausbeutungsfaktor nennt, ist beweglich und könnte gefördert werden. Daher verwendet der Explorateur einen abgerundeten Ausbeutungsfaktor, für gewöhnlich 30–50 Prozent. Er geht davon aus, dass die ganze Falle geleert werden kann, allerdings ohne im Detail anzugeben, wie viele Bohrlöcher und Plattformen dafür notwendig wären. Der oft große Erfolgsdruck – wer möchte seinem Geldgeber gegenüber schon gerne eingestehen, dass er nur ein kleines, vielleicht sogar unrentables Ölfeld gefunden hat – führt aus allen möglichen internen und externen Gründen dazu, dass er die höchste Schätzung, die die Daten und seine Phantasie erlauben, abgibt. Angenommen, diese optimistische Darstellung ist erfolgreich und das erste Bohrloch bestätigt die Entdeckung. Jetzt beginnt eine ganz andere Phase, denn nun kommen die rein kommerziellen Möglichkeiten der Förderung ins Spiel. Nun sind sehr große Investitionen angesagt und es ist die Aufgabe der Ingenieure, die Investition mit der möglichen Förderrate in ein Verhältnis zu setzen und damit den wahrscheinlichen Profit zu ermitteln. Die Reserve wird aufs Neue bewertet, wobei man diesmal sehr konservative Annahmen macht, um bei der Wirtschaftlichkeitsberechnung auf der sicheren Seite zu sein. Gerade in der Frühphase, als man noch viele große Felder fand, konnte man es sich leisten, hier großzügig zu sein und mit einer viel kleineren Reserve als ursprünglich abgeschätzt in die Wirtschaftlichkeitsbetrachtung zu gehen. Damit lag man auf der sicheren Seite, die Investitionen lohnten sich ohnehin und man erwirtschaftete später wesentlich mehr Gewinn als ursprünglich angenommen. Auch heute legt man in der Entwicklungsphase eine wesentlich niedrigere Reserveschätzung zugrunde. Mit der niedrigeren »sicher nachgewiesenen« Reserveangabe wird kein Risiko eingegangen. Diese Schätzung, oft nur die Hälfte dessen, was der Explorateur angegeben hat, wird nun veröffentlicht und in den offiziellen Statistiken geführt. Bald ist die ursprüngliche Angabe vergessen, sie war doppelt so hoch, und man freut sich über das vermeintliche jährliche Reservewachstum. Dabei gibt es in den meisten Fällen nur geringe Abweichungen zu den ursprünglichen Reserveschätzungen der Explorateure, diese Schätzungen sind nur aus den geschilderten Gründen nie an die Öffentlichkeit gedrungen.

Der Plan für die erste Exploration sieht womöglich nur eine einzige Plattform vor. Von ihr aus soll eine bestimmte Anzahl von Bohrlöchern gebohrt werden, um das Öl am Scheitel und am ergiebigsten Teil des Feldes zu gewinnen. Die Produktion beginnt und erreicht sehr schnell das vorgezeichnete Plateau, das durch die Möglichkeiten und Grenzen der Födereinrichtung selbst bestimmt wird. Die Bohrungen erbringen immer neue und detailliertere Informationen über das Reservoir. Möglicherweise wird auch entschieden, eine zusätzliche Plattform zu bauen oder horizontale Bohrungen vorzunehmen, um weiter weg liegende Teile des Feldes zu erreichen. All diese Aktivitäten führen zu einer Steigerung der Schätzungen der Reserveangaben, über die die Firma in ihren Finanzaufstellungen berichtet. Es ist kommerziell vernünftig, niedrig anzufangen und zu sehen, wie die Reserven »wachsen«, es ist ein gutes Signal an die Börse und verrät Kontinuität und solides Management. Ausgedrückt in Wahrscheinlichkeitswerten fallen die Schätzungen der Reserve von einer 95-prozentigen Wahrscheinlichkeit (P-95-Wert) zu Beginn der Entwicklung auf eine Durchschnittswahrscheinlichkeit von 50 Prozent (P-50), einen Wert, der am besten angibt, was das Feld auch wirklich hergeben wird.

Zehn Jahre später: Es hat sich eine Menge an neuen Informationen angesammelt, die nicht nur über die physikalischen Charakteristika des Feldes bezüglich der Beschaffenheit des Gesteins, sondern auch über die Fließeigenschaften des Öls und die Ölmengen in den einzelnen Reservoirs Auskunft geben. Jetzt ist es möglich geworden, auch wichtige Parameter um das Feld herum aufzulisten, wie mögliche Hebungen des Wasserspiegels oder Gasansammlungen. Wahrscheinlich ist, dass einige der Reservoirs nach 10 Jahren Förderaktivitäten bereits erschöpft sind. An anderen Stellen sind möglicherweise überdurchschnittlich hohe Mengen gefördert worden, was darauf hindeutet, dass zusätzliche, vorher nicht kalkulierte Reservoirs angezapft wurden. Wieder wird neu gerechnet, mit dem Ziel, das Gesamtergebnis zu maximieren und somit die Wirtschaftlichkeit zu erhöhen. In der Regel werden jetzt neue Installationen für die erweiterte Förderung beschlossen. Spätestens jetzt informiert das Management im nächsten Quartalsbericht die Aktionäre. Der Sprachtenor ist: Das Öl geht uns nicht aus. Alle sind zufrieden, die Aktien der Firma steigen.

Wenn die Reserven korrigiert werden, was in der Regel immer wieder der Fall ist, sollte dies sowohl nach unten als auch nach oben geschehen, um statistisch neutral zu bleiben. Systematische Korrekturen nach oben deuten darauf hin, dass zu Beginn mit Absicht untertrieben wurde. Es ist deshalb wichtig, sich diese Veränderungen in den Abschätzungen vor Augen zu führen. Es wird nämlich häufig behauptet, dass die Korrekturen nach oben das Ergebnis von neuen Technologien und gutem Management seien. Doch der Einfluss von Technologien ist verschwindend gering.

Auch Verbesserungen in Bezug auf den Ausbeutungsfaktor werden gerne als Begründung angeführt, wenn nach oben extrapoliert wird. Doch der Ausbeutungsfaktor verliert seine Bedeutung von dem Moment an, ab dem die Förderung auf dem Feld in Gang kommt. Die angeblichen Verbesserungen bedeuten im Allgemeinen nichts anderes, als dass eine frühe konservative Schätzung aufgrund neuer Bohrungsinformationen nach oben korrigiert werden muss. Der eigentliche Ausbeutungsfaktor bleibt im Wesentlichen unverändert, denn er definiert sich über die Qualität des Öls und die Gegebenheiten des Reservoirs selbst. Auf beides hat die Technologie wenig oder gar keinen Einfluss.

Für Kapitalmärkte und Öffentlichkeit stellen sinkende Reserven eines Unternehmens ein ungünstiges Signal dar. In den letzten Jahren mussten immer öfter bei westlichen börsennotierten Unternehmen nach externen Audits die Reserveangaben auch abgewertet werden. Dies ist ein Indiz dafür, dass die »stillen« Reserven zunehmend aufgebraucht worden sind und nicht mehr in ausreichendem Maße durch neue Funde ausgeglichen werden können. Vor allem die mehrmaligen Abwertungen der Reserven von Shell um fast ein Drittel haben die Glaubwürdigkeit der Branche in dieser Hinsicht erheblich erschüttert. Warum ist so ein Verhalten notwendig, wenn doch angeblich alles in bester Ordnung ist? Diese Vorfälle haben auch die bisherige Deutungshoheit der Ölkonzerne erschüttert, was die Zukunft der Ölversorgung angeht.

Die politische Praxis

Was manche Regierungen in Bezug auf ihre offiziellen Reserveabschätzungen machen, ist nochmals eine Steigerung der Informationsverfälschung. In vielen nationalen Statistiken wird untertrieben. Eines der bemerkenswertesten Länder ist Großbritannien, das für 2005 »nachgewiesene Reserven« von 4 Gb meldet, obwohl die Reserve, deren Zutreffenswahrscheinlichkeit 50 Prozent beträgt, bei ca. 8 Gb liegt. Andere Länder wiederum übertreiben. Mexiko hatte Anfang der 80er Jahre fast »über Nacht« die Reserven von 32 Gb auf fast 50 Gb erhöht. Doch erst im Jahr 1999 wurden sie von 48 Gb des Vorjahres auf 28 Gb zurückgestuft. Jetzt decken sich die Daten ungefähr mit den Angaben von Industriedatenbanken. Auch die OPEC-Länder haben, um ihre Quoten zu erhöhen, übertrieben. Bei den OPEC-Verhandlungen um die Quote war ein wichtiges Kriterium die Reserve des Landes – wer größere Reserven hatte, der hatte es auch leichter, einen höheren Anteil an der vereinbarten Gesamtförderung durchzusetzen. Im Jahr 1983 meldete der Irak ein Wachstum um 11 Gb, obwohl keine entsprechende Entdeckung gemacht worden war. Es stellte sich heraus, dass es sich hier um ein Feld östlich von Bagdad handelte, das bereits 1976 entdeckt worden war. Kuwait verkündete 1985 einen Zuwachs von 50 Prozent, das ist eine Größenordnung, die den gesamten Reserven der Nordsee entspricht. Der Beweis für diesen Riesenfund blieb aus. Das Motiv der Kuwaitis für diese Übertreibung war ebenfalls, eine Erhöhung der OPEC-Quote zu erreichen. Dieses Vorgehen erregte verständlicherweise Unwillen im Irak, würde doch der erhöhte Export von Kuwait die Weltpreise für Öl senken und im Irak zu weniger Einnahmen führen. Der Irak erhöhte als Antwort darauf 1988 abermals seine Reserven. Diesmal jedoch nicht mehr nur um 11 Gb, sondern um über 50 Gb – von 47 Gb auf 100 Gb.

Auch Venezuela korrigierte die Angaben über seine Reserven im Jahr 1987 plötzlich nach oben, ebenso Abu Dhabi, Dubai, der Iran und zwei Jahre später Saudi-Arabien.

Und dies aus zwei Gründen: Erstens ging es um die Quote, und zweitens wurden »geerbte« Untertreibungen korrigiert, denn die OPEC-Länder hatten einfach die Angaben der Ölkonzerne übernommen, die vor den Enteignungen in ihren Gebieten produziert hatten. Die Konzerne hatten ihrerseits damals gute Gründe für eine Untertreibung, denn auf der Basis der Reserveschätzungen wurden die Abgaben an das »Gastland« berechnet.

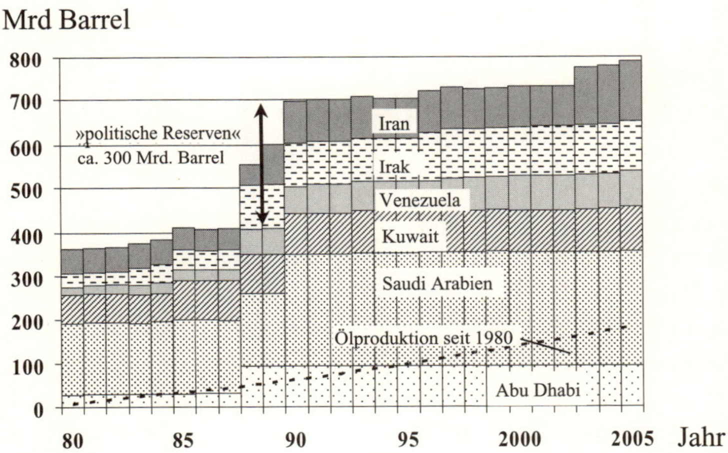

Reserven der OPEC-Staaten

Zum Schluss darf noch ein wenig Verständnis für falsche Zahlen gezeigt werden: Die Praxis der Ölindustrie ist es, Reserven wie einen Lagerbestand zu behandeln. Er kann niedriger angesetzt werden, um bestimmte ökonomische Effekte zu erzielen. Was ist das Problem? So arbeitet man auch in anderen Branchen. Auf dem Börsenparkett soll für einen guten Auftritt gesorgt werden und die Illusion über das Wachsen der Reserven genährt werden. Doch jetzt, da die stillen Reserven aufgebraucht sind, besteht diese Möglichkeit nicht mehr und die wahre Situation wird zunehmend sichtbar. Ebenso kann man auch die Regierungen verstehen, dass sie ihrer Wählerschaft nicht immer die Wahrheit sagen oder bei Quotenverhandlungen eine günstigere Basis haben wollen. Aber wenn wir wirklich in die Zukunft sehen wollen und nicht nur auf den nächsten Börsen- oder Wahlgang, hilft es uns wenig, zu phantasieren oder zu verdrängen. Und – für eine brauchbare Statistik ist tatsächlich noch etwas anderes wichtiger als die Angabe der »richtigen« Ölmenge: Jede Korrektur muss unbedingt auf das Datum der Entdeckung des Feldes zurückdatiert werden. Denn dadurch wird nicht nur die charakteristische Entwicklung eines Vorkommens offensichtlicher, sondern auch die Schätzung über mögliche zukünftige Funde in diesem Feld wirklichkeitsnäher.

Verfügbarkeit von Öl – Potenziale und Prognosen

Die unterschiedlichen Einschätzungen bezüglich der künftigen Verfügbarkeit von Erdöl basieren im Wesentlichen auf unterschiedlichen Betrachtungen und Darstellungen der Reservesituation. Die »ökonomische Sichtweise« ist geprägt durch die jährlichen Statistiken aus der Mineralölindustrie:

Jedes Jahr zum Jahresende veröffentlicht die Mineralölindustrie Statistiken zur Reservelage. Das dort in der Regel ausgewiesene Reservewachstum basiert auf zwei Faktoren:

- Erstens werden die im laufenden Jahr gemachten Neufunde als Erweiterung der Reserven bewertet.
- Zweitens werden die in bereits produzierenden Feldern insgesamt zu erwartenden Ölmengen dem Produktionsfortschritt folgend laufend höher bewertet.

Diese Höherbewertung hat ihre Ursache in der schon besprochenen anfänglichen bewussten Unterbewertung in den Jahresberichten der Firmen. Dadurch ist automatisch garantiert, dass im Laufe der Zeit die als sicher nachgewiesenen Reserven steigen. Dies führte in der Vergangenheit zu der wundersamen Tatsache, dass trotz eines steigenden Verbrauchs die sicher nachgewiesenen Reserven scheinbar seit mehr als 40 Jahren wachsen. Doch diese in kaufmännischem Zusammenhang benutzten Zahlen unterscheiden sich teilweise deutlich von den firmeninternen Schätzungen. Sie haben keinerlei Aussagekraft bei der Beantwortung der Frage, wie viel Öl man denn noch finden wird. Ebenfalls sind sie ungeeignet, wenn es darum geht, den Zeitpunkt zu bestimmen, ab dem die Förderung nicht mehr erhöht werden kann.

Die geologische Sichtweise ist geprägt durch die Fähigkeit der Explorateure, ein sicheres Gefühl für wahrscheinliche künftige Funde zu entwickeln: Hier wird deutlich zwischen der Höherbewertung von produzierenden Ölfeldern und tatsächlichen Neuentdeckungen unterschieden. Höherbewertungen bereits lange bekannter Felder werden dem Jahr der Entdeckung des Ölfeldes zugeschrieben und nicht, wie in den Firmenstatistiken, dem Jahr der Höherbewertung. Die Begründung für diese geologisch orientierte Sichtweise ist einfach: Will man von der Erfolgsrate der vergangenen Ölfunde auf das künftig mögliche Erfolgspotenzial in einer Ölregion schließen, so ist es wichtig, die historische Entwicklung der Ölfunde zu betrachten. Von dieser Sichtweise wurde auch in diesem Buch ausgegangen. Die Höherbewertung eines längst bekannten Feldes und dessen Rückdatierung auf das Jahr des Fundes führt dazu, dass das Potenzial für künftige Funde eher geringer wird, weil die alten ja noch größer sind als bisher angenommen.

Ein wesentlicher Grund, warum die Höherbewertung bekannter Felder kaum einen Einfluss auf die Einschätzung des Zeitpunktes des weltweiten Fördermaximums hat, ist, dass die Höherbewertung meist bei alten großen Ölfeldern erfolgt, die schon lange produzieren. Oft haben diese Ölfelder ihr Fördermaximum bereits überschritten. So ergibt sich die paradoxe Situation, dass die Ölproduktion trotz steigender Reserven in den einzelnen Ölfeldern zurückgeht. Damit hat in diesen Fällen eine Höherbewertung keinen Einfluss auf die Produktionsrate. Dies lässt sich an vielen Beispielen belegen. Exemplarisch sei dies im Folgenden für das größte Feld in Nordamerika (»Prudhoe Bay«) gezeigt.

Tabelle 5
Produktionsdaten und vom Betreiber kommunizierter geschätzter förderbarer Inhalt (EUR) des Ölfeldes »Prudhoe Bay«.

Jahr	1975	1980	1990	2000	2005
Produktion (Mb/d)	0	1,52	1,29	0,51	0,32
EUR (Gb)	9,6	9,8	11,7	13,5	13,3

Aber auch die Ölproduktion der USA geht seit mehreren Jahrzehnten kontinuierlich zurück, obwohl das Potenzial des insgesamt förderbaren Öls laufend höher bewertet wird.

Die Debatte um die künftige Verfügbarkeit von Öl und Gas ist von diesen unterschiedlichen Positionen geprägt. Ökonomisch orientierte Beobachter, die sich vor allem auf die Angaben in Firmenberichten und persönliche Informationen aus den Wirtschaftsabteilungen der Ölfirmen stützen, sehen den Marktmechanismus als ausreichend an, um das künftige Finden und Fördern von Öl in ausreichendem Umfang auch langfristig sicherzustellen. Preisanstiege werden als kurzfristig gesehen, die so lange anhalten, bis Ungleichheiten in Angebot und Nachfrage durch die Marktkräfte – unterstützt von dem Wundermittel »Technologie« – wieder ausgeglichen werden. Demgegenüber argumentieren Experten mit geologischem Hintergrund, dass dem historischen Maximum der Ölfunde notwendigerweise auch bald ein Maximum der Produktion folgen müsse. Diese Autoren, die selbst lange Jahre in der Exploration tätig waren, beziehen ihre Informationen aus eigenen Erfahrungen, aus dem Austausch mit Kollegen sowie der Analyse von Statistiken aus der Explorationsszene.

Die Sicht der verschiedenen Player

Ölindustrie

Von Seiten der Ölindustrie werden immer wieder beruhigende Meldungen zur künftigen Verfügbarkeit von Mineralöl veröffentlicht. Die Industrie hat ein natürliches finanzielles Interesse an einer derartigen Kommunikation: Das Signal schwindender Ressourcen könnte die Konsumenten dazu veranlassen, den Ölverbrauch schneller zu drosseln, als es aus Ressourcensicht notwendig wäre. Die Industrie würde dann im buchstäblichen Sinne des Wortes auf ihren Ölvorräten »sitzen bleiben«. Das ist schlecht für das Geschäft. Das Signal schwindender Ressourcen und damit der Hinweis auf eine schwindende Geschäftsgrundlage könnte die Aktionäre und Geldgeber veranlassen, künftig Investitionen aus dieser Branche abzuziehen und in neue Geschäftsfelder umzuleiten. Das wäre ebenfalls schlecht für das Geschäft. Optimal hingegen ist es, wenn der Kunde bei geringer werdenden Produktionsraten und steigenden Preisen nicht sofort auf Alternativen ausweicht. Damit lassen sich kurz- und mittelfristig die höchsten Gewinne bei geringstem Einsatz realisieren. Und somit wäre es eine gelungene Kommunikation, dem Kunden in einer solchen Situation die aktuellen Probleme immer als vorübergehende darzustellen, die sich langfristig lösen lassen. Die genannten Motive sind für sich ausreichend, eine Ressourcenproblematik niemals zuzugeben, sondern immer lieber von wachsenden Reserven zu sprechen. Das muss aber keineswegs bedeuten, dass man sich nicht trotzdem intern auf künftige Geschäftsfelder vorbereitet.

Institute mit ökonomischer Ausrichtung

Ökonomen orientieren sich gerne an den Mechanismen von Angebot und Nachfrage, die tendenziell zu einem Ausgleich von Marktungleichheiten führen. Der optimale Preis bildet sich im Gleichgewicht von Angebot und Nachfrage. Schwankungen in die eine oder andere Richtung führen zu Preisverschiebungen, die wiederum als Motor dienen, die Nachfrage oder das Angebot entsprechend auszuweiten, bis wieder ein Gleichgewicht herrscht. In diesem Sinne wird eine Ölverknappung auf dem Markt zu Preisanstiegen führen, welche ihrerseits die Ölfirmen veranlassen, mehr in die Exploration zu investieren und damit das Produktionsangebot wieder zu erhöhen. Der Argumentation, dass die Ölexploration bei geringer werdenden Vorkommen weniger ergiebig sei, wird entgegengehalten, dass man dann eben noch mehr explorieren müsse. Wird der Preis hoch genug, dann sorgen Marktmechanismen dafür, dass Alternativen stärker in den Fokus der Betrachtung rücken, womit vor allem auch das unkonventionelle Öl gemeint ist.

Allgemein heißt es gerne, dass der Markt alles regelt und keiner übergeordneten politischen Steuerung bedarf. Dagegen ist kritisch einzuwenden, dass dieser qualitativ plausible Prozess der Anpassung des Angebots an die Nachfrage über die Preise nie zur Vorhersage einer kritischen Versorgungssituation führt. Diese Sichtweise berücksichtigt nämlich nicht die in der realen Welt auftretenden sich ändernden physischen Voraussetzungen (Rohstoffvorräte, Umweltauswirkungen des Abbaus von Ölsanden in großem Stil u. a. m.). Sie sieht auch die teilweise sehr langen zeitlichen Anpassungsvorgänge nicht. Eine solche Perspektive führt zu der Erwartung sich automatisch einstellender befriedigender Versorgungssituationen und ist damit im Ergebnis immer optimistisch. Innerhalb dieses Weltbildes bleibt es die Sache der Ingenieure und Techniker, die Voraussetzungen der ökonomischen Annahmen zu garantieren. Wie das geschehen soll, liegt außerhalb der Betrachtung, wird aber als gegeben und als selbstverständlich machbar vorausgesetzt.

Die Internationale Energieagentur (IEA)

Die Internationale Energieagentur (IEA) veröffentlicht im Zweijahresrhythmus Prognosen über die Entwicklung des Weltenergieverbrauchs der kommenden 20 bis 30 Jahre. Der im Jahr 2004 veröffentlichte ›World Energy Outlook 2004‹ hatte einen deutlich steigenden Energie- und Ölverbrauch projiziert. Abweichend vom üblichen Zweijahresrhythmus erschien von der IEA im Herbst des Jahres 2005 der ›World Energy Outlook 2005‹.

Der ›World Energy Outlook 2005‹ lässt sich auf drei Kernaussagen reduzieren:

– Öl gibt es genügend, um ein deutliches Verbrauchswachstum bis 2030 zu erreichen. Allein ausreichende Investitionen zur Entdeckung und Erschließung neuer Felder müssen sichergestellt werden. Wenn dies gelingt, wird es keine »Peak Oil«-Problematik geben.
– Der wesentliche Unterschied dieses Berichtes zu seinen Vorgängern besteht in einer deutlichen Anhebung der Ölpreisprognosen. Aus den gewählten Formulierungen kann man schließen, dass die IEA nicht das als solches bezeichnete Referenzszenario für wahrscheinlich hält, sondern eher das »Low Investment«-Szenario, in dem der Ölimportpreis stetig auf 52 US$ pro Barrel bis zum Jahr 2030 ansteigt.
– Erneuerbare Energien werden auch in den kommenden 25 Jahren keine bedeutende Rolle spielen.

Die auch langfristig marginale Rolle, die den erneuerbaren Energien von der IEA zugeschrieben wird, ist ein Versuch der energiepolitischen Meinungsbildung, der insbesondere in Europa auf heftige Kritik stößt. Warum untersucht die IEA nicht, welchen Effekt die für den Öl- und Gassektor für erforderlich gehaltenen Investitionen im Bereich der erneuerbaren Energien haben würden? Die Antwort verweist auf die Interessen, denen die IEA anscheinend verpflichtet ist.

Grundlegende und unserer Meinung nach viel wichtigere Fragen werden von der IEA überhaupt nicht angesprochen, nämlich:

– Ist eine Produktionsausweitung in den Ländern des Nahen Ostens und Nordafrikas auch bei erheblich größeren Investitionen langfristig überhaupt möglich? Das ist in Anbetracht der Größenstruktur, des Alters und des Entleerungsgrades der produzierenden Felder durchaus zweifelhaft.

- Ist es tatsächlich im langfristigen Interesse der Förderländer und der Verbraucherländer, die Förderung noch weiter auszuweiten mit der Folge, dass der Abstieg von dem schließlich erreichten Fördermaximum umso steiler und umso tiefer sein wird? Denn die insgesamt förderbare Menge ist eine feste Größe, beeinflussbar ist nur der zeitliche Verlauf der Förderung. Die ohnehin notwendige Transition weg vom Öl wird dadurch nicht erleichtert, sondern das Problem wird noch verschärft.

Ölförderstaaten – Industriestaaten

Die wichtigsten Ölförderstaaten – das sind vor allem die OPEC-Staaten am Persischen Golf – haben die größten Ölreserven. Sie haben verständlicherweise Bedenken, dass die davon abhängigen Industriestaaten auf Alternativen ausweichen könnten, bevor das Öl zu Ende geht, oder aber dass die Industriestaaten verstärkt woanders nach Öl suchen könnten. Daher wird ein »Propagandakrieg« geführt mit der Botschaft, man habe noch so viel Öl, dass man die Industriestaaten jederzeit mit billigem Öl überschwemmen könne, sobald diese selbst nach teurerem Öl suchen oder auf Alternativen ausweichen. Dann würden diese Investitionen wertlos.

Die Industriestaaten ihrerseits kennen die Abhängigkeit vom OPEC-Öl nur allzu gut und haben ein verständliches Interesse, der OPEC in einer Art »Gegenpropaganda« zu erklären, dass man ja immer wieder viel Öl außerhalb des Mittleren Ostens finde. Das werde man erschließen, sobald die OPEC-Staaten ihre Marktmacht missbrauchten. Dann würde man vom OPEC-Öl unabhängig und die OPEC-Staaten würden in eine Krise gestürzt, ähnlich wie in den 80er Jahren. Es ist allerdings zu beobachten, dass diese Rhetorik seit etwa dem Jahr 2000 immer weniger zu hören ist. Jetzt lauten die guten Ratschläge, dass es im wohlverstandenen Interesse der OPEC wäre, ihre Produktion weiter auszuweiten.

Die Tatsache, dass es künftig große Probleme mit der Bereitstellung von genügend Öl geben könnte, um unseren Konsum zu befriedigen, gleicht einer Hiobsbotschaft, die man am liebsten verdrängen möchte. Daher ist man allzu leicht bereit, denen zu glauben, die einem von einer langen und unbeschwerten Ölzukunft erzählen. Die Motive aller Marktteilnehmer zielen in dieselbe Richtung. Das war und ist ein guter Nährboden für das Märchen vom »unendlichen Öl«, ein Märchen, das die Beteiligten sich sehr gerne und immer wieder gegenseitig erzählen.

Prognosen in der Vergangenheit

Häufig wird argumentiert, dass die Verknappung von Öl schon oft vorhergesagt worden sei und sich jedes Mal als total verfrüht erwiesen hätte. Dabei wird zum einen auf den Bericht des Club of Rome, ›Die Grenzen des Wachstums‹, verwiesen und zum anderen auf die Reichweite der so genannten »sicher nachgewiesenen Reserven«, die ja seit vielen Jahrzehnten immer ungefähr 40 Jahre betrage.

Der Club of Rome benutzte in seiner Veröffentlichung die damals als »sicher nachgewiesene« Reserve von 72,5 km^3, dies entspricht etwa 456 Gb. In den Reichweitenberechnungen wurde das Fünffache dieses Wertes als Grundlage genommen, das sind 2280 Gb. Dieser Wert entspricht (wenn vielleicht auch eher zufällig) sehr genau den Abschätzungen für die insgesamt förderbare Ölmenge, die auch heute noch gültig sind.

Die einzige auch einer breiten Öffentlichkeit bekannt gewordene ausführliche Analyse stellt der 1980 fertig gestellte Bericht an den US-Präsidenten, ›Global 2000‹, dar. Die dort von den Ölfirmen abgeschätzten insgesamt förderbaren Ölmengen entsprechen auch heutigem Wissen. Ebenfalls wurde dort abgeschätzt, wann bei unterschiedlichen Produktionswachstumsraten das weltweite Produktionsmaximum zu erwarten sein werde. Mit der Annahme, dass der Verbrauch mit 3–5 Prozent pro Jahr wachsen würde, ergab sich das Fördermaximum für die Zeit 1985–1995. Die tatsächliche Wachstumsrate seit 1975 betrug im Mittel 1,3 Prozent. Trägt man diese in die Grafik von 1980 ein, so ergibt sich das weltweite Produktionsmaximum für das Jahr 2002 oder 2003.

Das deckt sich sehr gut mit einigen Einschätzungen, wonach das Produktionsmaximum »irgendwann« im ersten Jahrzehnt des 21. Jahrhunderts zu erwarten sei. Durch die Unsicherheiten der

Datenlage bezüglich der Produktionsmöglichkeiten und durch die unbekannte Entwicklung der künftigen Nachfrage ist eine exakte Aussage nicht möglich.

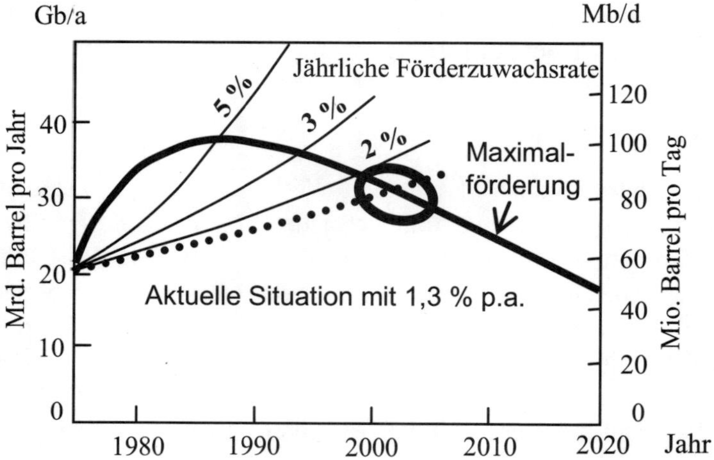

Prognose über das weltweite Ölfördermaximum aus der Studie ›Global 2000‹ des Jahres 1980. Diese Prognose ist auch heute noch korrekt, wenn man die tatsächlich erfolgte Produktionsrate mit jährlich 1,3 Prozent Steigerung seit 1975 einträgt und nicht die damals erwartete von 2, 3, oder 5 Prozent.

Strukturbruch

Aufbruch zu neuen Ufern – Überwindung des Wachstumsdenkens

Die Geschichte der menschlichen Nutzung des Erdöls ist nichts Einmaliges oder gar besonders Ungewöhnliches. Dieser Verlauf ist nur ein besonders prominentes Beispiel für ein häufig vorkommendes Phänomen, das sich auch mit »Wachstum in begrenzten Systemen« bezeichnen lässt. Es ist daher nicht zufällig, dass man sich des schon mehrfach erwähnten Bestsellers der frühen 70er Jahre erinnert – ›Die Grenzen des Wachstums‹ des Club of Rome. Viele wesentliche Zusammenhänge sind tatsächlich damals bereits vermittelt worden. Doch da zunehmend kurzfristiger gedacht wird, die Veränderungen in der Lebens- und Umwelt immer schneller passieren, ist niemand wirklich daran interessiert, unangenehme Wahrheiten zu hören. Die von den Mitgliedern des Club of Rome aufgezeigten Zusammenhänge waren schnell wieder verdrängt.

Es gab jedoch auch sachliche Gründe, warum die Thesen des Buches umstritten blieben. Manche der Analysen und Schlussfolgerungen erwiesen sich später tatsächlich als unwesentlich. So wurden die Grenzen der Rohstoffnutzung nur sehr allgemein und die fossilen Energierohstoffe als nur am Rande demselben Muster gehorchend behandelt. Eine solche Betrachtung greift jedoch zu kurz, denn Stoffströme können weitgehend im Kreislauf geführt, Rohstoffe wiederverwertet werden. Nur für fossile Energierohstoffe gilt die unumkehrbare Richtung des Verbrauchs, da hier durch chemische Umwandlungen das Material auf ein energetisch tieferes Niveau gebracht wird. Eine Rezyklierung wäre theoretisch möglich. Allerdings müsste dafür mehr Energie aufgewendet werden, als im Ausgangsmaterial enthalten war, was wenig Sinn macht. Der grundsätzliche Unterschied zwischen der energetischen Nutzung von fossilen (und nuklearen) Rohstoffen und allen anderen nichtenergetischen Materialnutzungen ist bekannt: Die fein verteilten Umwandlungsprodukte, die bei der Verbrennung fossiler Energierohstoffe entstehen, vor allem CO_2, reichern sich in der Atmosphäre immer stärker an.

Auch sahen die Autoren das Ende der Rohstoffverfügbarkeit als den kritischen Zeitraum, auf den man ab jetzt besonders achten müsse. Tatsächlich aber ist nicht der Zeitpunkt, an dem nichts mehr übrig ist, besonders wichtig (auch wenn das unseren Emotionen am ehesten entspricht), sondern das Maximum der Verfügbarkeit ist bereits der entscheidende Indikator für einen Strukturbruch.

Heute spukt in den meisten Köpfen die Ansicht herum, dass die Aussagen des Club of Rome aus dem Jahr 1972 überholt seien bzw. dass sie sich als falsch erwiesen hätten. Hatten die Analysten nicht ein Ende des Wachstums vorhergesagt und einen Kollaps des Systems Erde in einigen Jahrzehnten als nicht unwahrscheinlich prophezeit? Doch da sich diese Prognose nicht bewahrheitet hat, kann wieder zur Tagesordnung übergegangen werden. Das Ganze nur als nette intellektuelle Übung?

Beileibe nicht! Die Szenarien des Club of Rome haben heute in einigen entscheidenden Aspekten deutliche Konturen erhalten. »Wenn wir unseren Lebensstil nicht ändern, dann werden die Konsequenzen so und so sein«, lautete die Kernbotschaft von damals. Viel Zeit ist seitdem verstrichen: Über 30 Jahre, in denen die Ressourcen weiter verschwendet wurden und – bis auf wenige Ausnahmen – die Materialströme weiter angewachsen sind. Tatsache ist, dass die Abhängigkeiten von fossilen Energiequellen heute deutlich höher sind als noch vor 30 Jahren. Die Schlussfolgerung daraus lautet also nicht, dass der Club of Rome Unrecht hatte, sondern dass ein unvermeidlicher Strukturbruch auf einem noch höheren Abhängigkeitsniveau erfolgen wird. Die Frage stellt sich, inwieweit wir darauf vorbereitet sein werden.

Nach den Ölpreisschocks in den 70er Jahren gab es einen ersten Lerneffekt: eine Reduktion des spezifischen Material- und Energieeinsatzes pro Wertschöpfung. Mit anderen Worten: Wie viel Energie benötigt unsere Volkswirtschaft für die Erwirtschaftung von 1 000 Euro Bruttosozialprodukt?

Zwei entscheidende Faktoren wurden bei dieser Betrachtung aber übersehen. Erstens ist das Bruttosozialprodukt wie auch der gesamte Energieeinsatz höher als vor 30 Jahren. Zweitens ist das Bruttosozialprodukt nur eine abstrakte Rechengröße. In allen lebenswichtigen Bereichen bleibt unverändert die Abhängigkeit von der uneingeschränkten Verfügbarkeit von Energie, und das gilt insbesondere auch für Öl – in der Nahrungsmittelindustrie, in der

Landwirtschaft und in der Düngemittelproduktion sowie im gesamten Transportwesen.

An einige grundlegende und zentrale Aspekte soll im Folgenden noch einmal erinnert werden.

Wachstum in begrenzten Systemen – ein Grundmuster

Die Erschließung der Erdölvorkommen folgte einem einfachen Schema: Zunächst gab es die Pionierphase der Erdölsuche. Die ersten Ölfunde waren eher zufällig und die Verwendung als Lampenöl eine sehr eingeschränkte Nutzung. Weil Öl aber so besondere Eigenschaften hatte – leicht transportierbar, lagerbar und gut brennbar –, wurde der Vorteil dieser Ressource schnell zum Motor einer rasanten Entwicklung. Man begann mit einer zunehmend systematischen Ölsuche, das heißt mit dem Aufbau einer Industrie, deren Aufgabe das Finden, Fördern und Verteilen von Öl war. In der Frühphase dieser Industrie suchte man mit zunächst einfachen Methoden das Öl dort, wo es am wahrscheinlichsten zu finden war. Und man fand es auch: 1938 das zweitgrößte Ölfeld der Welt in Kuwait, 1948 das weltgrößte Ölfeld in Saudi-Arabien. Diese beiden Felder allein enthalten ein Zehntel allen Erdöls, das bis heute gefunden worden ist. In dem Maße, wie die Ölnutzung ausgeweitet wurde, nahm auch der Bedarf an Öl zu. Die Nachfrage wuchs exponentiell, das heißt, durch jedes geförderte Barrel Öl wurde ein zusätzlicher Ölverbrauch ausgelöst. Doch irgendwann konnte das Tempo des Zuwachses nicht mehr gesteigert werden, weil es schwieriger wurde, neue Regionen mit leicht zugänglichen Ölvorkommen zu finden. Ab jetzt verlangsamt sich das Auffinden von neuen großen Ölfeldern. Bald danach wird auch das Fördermaximum erreicht und die Förderrate verringert sich von Jahr zu Jahr.

Dieses typische Grundmuster lässt sich auch grafisch darstellen. Es entsteht nun die uns inzwischen vertraute Glockenkurve.

Dieses typische Grundmuster für Wachstum in begrenzten Systemen findet man in mehr oder weniger identischer Ausprägung in allen Bereichen, wo Wachstum stattfindet, aber gleichzeitig die Begrenztheit des Reservoirs ein ungezügeltes Ansteigen der Stoffströme nicht zulässt. Fest steht, dass in einer begrenzten Welt nichts unendlich wachsen kann. Beispiel: der eigene Körper. Fast jeder kann sich an seine Kindheit erinnern, als an der Innentüre des

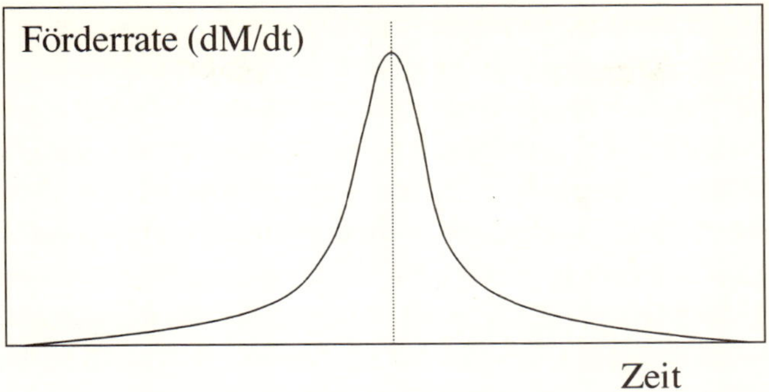

Eine Förderrate über die Zeit nimmt die Form einer Glockenkurve an. Dieses Grundmuster ist auf alle Funktionen übertragbar, die ein Wachstum in begrenzten Systemen beschreiben.

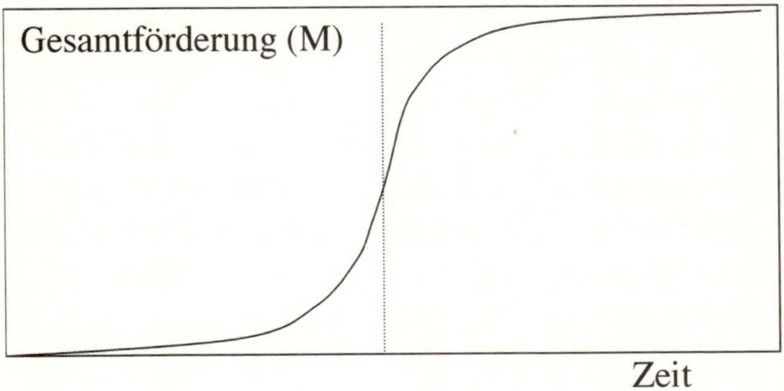

Gesamtförderung als Summe der jährlichen Produktionsraten. Dieses prinzipielle Grundmuster ist auf alle Funktionen übertragbar, die Kurve ergibt sich, indem man die jährliche Förderrate zur kumulativen Förderung bis zum entsprechenden Jahr aufsummiert. Mathematisch gesprochen bildet die Förderkurve (Förderrate) die Ableitung der Kurve der kumulativen Entnahme (Gesamtförderung).

Kleiderschrankes jedes Jahr zum Geburtstag ein neuer, höherer Strich die aktuelle Körpergröße markierte. Überträgt man diese regelmäßig gemessenen Größen auf Papier, so erhält man wieder die typische Wachstumskurve. Mit spätestens 20 Jahren hört das Wachstum auf. Die Addition der Wachstumsraten, also der Anteile, um die man jedes Jahr gewachsen ist, ergibt in der Summe eine typische Glockenkurve. Das Maximum dieser Kurve fällt in die Pubertätsphase. Wer es eiliger hat, diese Grenzen des Wachstums nachzuvollziehen, kann auch das Größenwachstum von Sonnenblumen vermessen. Innerhalb eines Sommers kann die gesamte Wachstumskurve dargestellt werden; und wer es noch eiliger hat und zufällig Biologiestudent ist, untersucht einfach das Wachstum von Bakterien oder Schimmelpilzen in einer Petrischale. Hier genügen bereits wenige Tage, um die steigende Anzahl der Bakterien zu sehen. Sobald das Nahrungsangebot durch die endliche Größe der Nährstofflösung in der Petrischale abnimmt, lässt auch das Wachstum nach. Auch hier findet man wieder dasselbe Grundmuster. Aus dieser generellen Betrachtung lassen sich drei letztlich banale grundlegende Erkenntnisse ableiten:

1. In einem begrenzten System kann es kein ewiges Mengenwachstum geben. Wenn die Kapazitätsgrenze erreicht ist, hört das Wachstum auf.
2. Die Systemgrenzen beginnen ihre Schatten vorauszuwerfen, wenn man noch weit von ihnen entfernt ist. Es ist der Zeitpunkt, in dem das Reservoir erst zur Hälfte ausgeschöpft ist. Das zeigt sich in der Wachstumsrate, die jetzt ihr Maximum hat. Danach kann die Wachstumsrate nicht mehr gesteigert werden.
3. Wer jedoch nur die Wachstumsrate vor Augen hat, stellt fest, dass das Gesamtwachstum auch nach der Überschreitung des Maximums der Wachstumsrate noch anhält.

Welcher dieser drei Aspekte jeweils besonders wichtig ist, hängt vom aktuellen Kontext ab. Im Folgenden wollen wir einige konkrete Beispiele für Situationen geben, in denen das Maximum der Wachstumsrate bereits erreicht wurde.

Weltenergieverbrauch

Eine genaue statistische Erfassung des Weltenergieverbrauchs ist unmöglich. Dennoch werden die wesentlichen Trends korrekt wiedergegeben, wenn man sich über lange Jahre auf dieselbe statistische Basis bezieht.

Man erkennt in der Grafik, dass seit Anfang der 70er Jahre die Zuwachsrate des Energieverbrauchs deutliche Einbrüche aufweist. Es ist sehr gut nachvollziehbar, warum es zu diesem Wandel kam. Bis heute wird kaum wahrgenommen, dass die erste Ölpreiskrise genau dann stattfand, als der bis dahin weltgrößte Energieverbraucher und Energieproduzent – die USA – nicht mehr in der Lage war, einen weiter steigenden Konsum aus heimischer Produktion zu bedienen. Auch die Reaktion der OPEC-Staaten, ihre Produktion nicht weiter zu erhöhen, hatte eine ähnliche Ursache: Der weitere Ausbau der OPEC-Produktion konnte nicht mehr im alten Tempo erfolgen und die damaligen Produktionsraten der OPEC

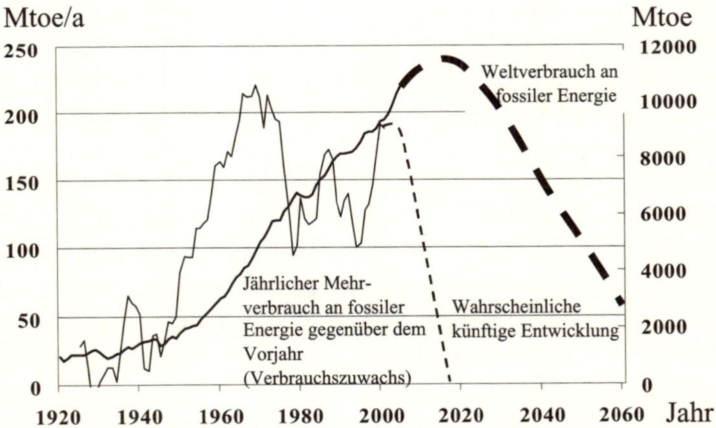

Weltenergieverbrauch und Zuwachsrate mit wahrscheinlicher künftiger Entwicklung

wurden bis heute nie mehr überschritten. Um den weltweiten Trend der vorhergehenden Jahre fortzusetzen, hätte sogar ein beschleunigter Ausbau erfolgen müssen. Dieses systembedingte Einbremsen aber wurde durch politische Aktionen verdeckt. Die Zeit der ersten Ölpreiskrise hat somit eine merkliche Veränderung des Energieverbrauchsmusters bewirkt. Das wird nur deshalb nicht so wahrgenommen, weil der Verbrauch immer noch steigt, auch wenn der Anstieg langsamer als vor 1970 vor sich geht. Dennoch findet dieser Wendepunkt durchaus auch eine Entsprechung in unserem Denken: Die euphorische technikorientierte Zukunftsstimmung der späten 60er und frühen 70er Jahre wurde durch ein wesentlich »gedämpfteres« Weltbild abgelöst, das auch Umweltaspekte in die Überlegungen mit einbezog. Angesichts dieser Analyse muss die eingangs formulierte Aussage etwas relativiert werden: Die frühen

70er Jahre erbrachten also sehr wohl einen Wandel in unserem Weltbild, für den symbolisch der Bericht des Club of Rome steht. Dieser etwas »verdeckte Strukturbruch« wird hier als eine erste Rückkopplung der Wachstumsgrenzen auf den Energieverbrauch interpretiert.

Doch was sind Anzeichen für diese bevorstehenden Strukturbrüche? Es mag ein Zufall sein, dass das Maximum des Wachstums in einigen wesentlichen Lebensbereichen fast gleichzeitig erfolgt. Doch es scheint eher wahrscheinlich, dass aufgrund der sehr hohen Wachstumsraten in all diesen Bereichen diese Grenzen mit nur wenigen Jahren Unterschied eben fast gleichzeitig erreicht werden, wobei ein oder zwei Jahrzehnte in dieser Betrachtung nicht von Bedeutung sind:

- Der Bevölkerungszuwachs hat Ende der 80er Jahre sein Maximum erreicht und beginnt bereits, sich zu verlangsamen.
- Die Getreideproduktion pro Kopf der Weltbevölkerung ist bereits seit den 80er Jahren über dem Maximum. Damit verschlechtert sich die Versorgung mit Grundnahrungsmitteln und die Nahrungsmittelproduktion kann nur noch in geringem Maße gesteigert werden.
- Die Ölverwendung befindet sich jetzt auf dem Höhepunkt und wird in den nächsten Jahren zurückgehen.

Im Folgenden soll gezeigt werden, dass auch eine in Zukunft verstärkte Nutzung der Kohle und der Kernenergie den bevorstehenden Strukturbruch nicht verhindern kann. Kohle bildete lange Zeit vor dem Einsatz von Erdöl die Basis des industriellen Aufschwungs und ist heute noch in China und Indien der wichtigste Energieträger. Es stellt sich die Frage, ob in Zukunft der Einsatz von Kohle wieder zurückgehen oder ob es eine Renaissance der Kohlenutzung geben wird. Der Grund für den Rückgang in den vergangenen Jahrzehnten war jedoch in diesem Fall keine Verknappung der Ressource, sondern die Ablösung durch eine Primärenergiequelle mit besseren Eigenschaften: Öl hat eine höhere Energiedichte als Kohle und erleichtert daher prinzipiell einen höheren Energieumsatz. Diese Eigenschaft kennzeichnete auch den Strukturwandel im Verkehrswesen: Die zunächst dampfbetriebenen Eisenbahnen wurden ergänzt durch ölbetriebene Autos und Flugzeuge. Dennoch ist es natürlich möglich, dass bei Verknappung des günstigsten Energieträgers der weniger günstige wieder an Wert gewinnt.

Tatsächlich nahm die Kohleförderung in den drei Jahren seit 2002 um mehr als 20 Prozent zu. Sie wurde vor allem durch die enormen Preissteigerungen von Öl und Erdgas angetrieben. Die Vorkommen reichen bei heutigem Verbrauch für etwa 180–200 Jahre. Allerdings halbiert sich dieser Zeitraum, wenn die Kohlenutzung auf das Niveau der heutigen Ölnutzung steigt, und sinkt auf ein Drittel, wenn Öl ganz durch Kohle ersetzt werden soll.

Die Kohlereserven erlauben einen weiteren Verbrauchsanstieg von 1 bis 2 Prozent pro Jahr für etwa die nächsten 40 Jahre. Dieses Angebot könnte den Rückgang der Öl- und Gasförderung mengenmäßig bestenfalls für 3 bis 4 Jahrzehnte ausgleichen. Dann aber ist auch bei Kohle das Fördermaximum erreicht und der Beitrag würde zurückgehen. Sind die jährlichen Zuwachsraten – wie in den letzten drei Jahren – deutlich höher, dann kommt der »Kohle-Peak« deutlich früher, sind sie geringer, dann reicht Kohle länger, kann aber auch nur einen kleineren Beitrag zur Weltenergieversorgung leisten. Das bedeutet, dass Kohle die rückläufigen Öl- und Gasbeiträge mengenmäßig für einige Jahrzehnte ausgleichen könnte. Der qualitative Unterschied bildet jedoch einen unüberwindlichen Engpass: Um aus Kohle einen flüssigen Kraftstoff zu erzeugen, müssen deutliche Umwandlungsverluste akzeptiert werden, die je nach Technologie zwischen 30 und 50 Prozent liegen.

Die Umweltauswirkungen der Kohlenutzung waren in der Vergangenheit gravierend. Es wäre ein großer Rückschritt, wenn man sich wieder auf die Verfeuerung von Kohle im großen Stil einließe. Die Kohlendioxidemissionen liegen bei Kohle mit 330–400 g pro kWh erzeugter Energie am höchsten. Sie werden allenfalls von synthetischem Erdöl aus Ölsanden erreicht oder übertroffen. Leichtes Öl ist mit 260–290 g und Erdgas mit 200 g pro kWh erzeugter Energie sogar deutlich günstiger. Sollte Kohlendioxid in großtechnischem Maßstab bei der Verbrennung zurückgehalten werden – was beim Stand der heutigen Technik keineswegs gesichert ist –, dann würde das zusätzliche energetische Verluste bedeuten. Bei einer auf die Endenergie bezogenen Betrachtung über die nächsten 30 bis 50 Jahre zeigt sich sehr schnell, dass man auch mit der verstärkten Nutzung von Kohle das Verbrauchswachstum der vergangenen Jahrzehnte nicht fortsetzen kann.

Manchen gilt als »Königsweg« die Intensivierung der Kernenergienutzung in all ihren Spielarten. Dahinter steht meist das Bestreben, bestehende Energiestrukturen möglichst lange aufrechtzuerhalten. Letztendlich schafft dieser Weg jedoch mehr Probleme, als er zu lösen vorgibt. Wollte man etwa 50 Prozent des heutigen Erdöleinsatzes (40 Mb/d Erdöläquivalent) in den kommenden 50 Jahren durch Kernenergie ersetzen, so müsste eine jährliche Energiemenge von etwa 23 Billionen kWh bereitgestellt werden – ungeachtet des qualitativen Unterschiedes von Strom und Erdöl. Zur Erzeugung dieser Energiemenge müsste man etwa 3 000 Kernreaktoren mit jeweils 1 GW Leistung bauen, d. h. jede Woche 1 bis 2 Reaktoren. Tatsächlich wären es wesentlich mehr, weil kein einziger Reaktor bisher eine Laufzeit von 50 Jahren erreicht hat. Um diese Zahl von Reaktoren auch nur 40 Jahre lang zu betreiben, müsste beim derzeitigen Uranabbau die statische Reichweite der Reserven etwa 600 Jahre betragen, tatsächlich aber ist sie um den Faktor 10 geringer.

In den vergangenen 50 Jahren sind etwa 550 Kernreaktoren in Betrieb genommen worden, also alle 5 Wochen ein Reaktor. Die Mehrzahl der etwa 440 aktiven Kernreaktoren ist seit mehr als 20 Jahren in Betrieb. Nach weiteren 20 Jahren werden die meisten von ihnen abgeschaltet werden, weil sie das Ende ihrer Lebensdauer erreicht haben. Mehr als 100 Reaktoren weltweit wurden bereits stillgelegt, bei einer durchschnittlichen Laufzeit von etwa 25 Jahren. Man kann einzelne Reaktoren sicherlich nach eingehender Prüfung auch länger laufen lassen. Dies in großem Stil zuzulassen, würde jedoch das Risiko des Versagens alternder Materialien deutlich erhöhen, wurde die Konstruktion vieler Reaktoren doch auf die ursprünglich angestrebte Lebensdauer ausgelegt.

Nach 40 Jahren intensiver Bemühungen ist der Anteil der Kernenergienutzung an der Energieerzeugung bescheiden: Gerade einmal 2 bis 3 Prozent beträgt ihr Anteil an der Weltenergieversorgung, das ist deutlich weniger als die 10 bis 15 Prozent, die den regenerativen Energien zugeschrieben werden. In diesem Vergleich ist Strom im Verhältnis 1:1 in Primärenergie umgerechnet. Die verbreitete Praxis, den Anteil des Stroms um den Faktor 3 aufgrund des Stromerzeugungswirkungsgrades zu erhöhen, ist irreführend. Die tatsächlichen Beiträge und Möglichkeiten werden dadurch verzerrt dargestellt.

Soll die Stromerzeugung aus Kernreaktoren im Jahr 2020 oder 2030 auf dem heutigen Niveau liegen, dann müssen bis dahin etwa 300 Reaktoren neu in Betrieb gehen, das wären jedes Jahr etwa 10 Reaktoren. Tatsächlich wurden in den vergangenen 5 Jahren im Mittel etwa 3 bis 4 Reaktoren pro Jahr ans Netz gebracht. Innerhalb der kommenden 5 bis 7 Jahre werden etwa 20 weitere Reaktoren ans Netz gehen – mehr sind nicht im Bau.

Die Größe der Uranvorräte stellt eine weitere Begrenzung dar. Die bekannten Reserven können den bestehenden Kraftwerkspark für etwa 30 Jahre versorgen. Selbst wenn man die bei höheren Preisen als erschließbar erachteten Ressourcen noch berücksichtigt, dann verschiebt sich diese Reichweite nur um ein paar Jahrzehnte.

Wegen des Alters des Reaktorenbestandes und wegen der begrenzten Uran-Ressourcen ist es wahrscheinlich, dass der Beitrag der Kernkraft in den kommenden Jahren zurückgehen wird. Eine deutliche Ausweitung dürfte die unwahrscheinlichste Entwicklung sein. Das wäre allenfalls vorstellbar, falls es gelänge, die Brütertechnologie innerhalb der kommenden zwei Jahrzehnte zu beherrschen und mit großem Erfolg umzusetzen. Doch das ist alles andere als wahrscheinlich. Die theoretisch erhofften Brutraten wurden in keinem der bisherigen Projekte erreicht. Fast alle zivilen Brutreaktorprojekte wurden eingestellt oder kämpfen mit erheblichen Schwierigkeiten.

Zu den beschriebenen Beschränkungen kommt noch eine Reihe weiterer Probleme: Angefangen bei der mangelnden Akzeptanz der Atomenergie über die ungelöste Endlagerungsproblematik, das Sicherheitsrisiko im Normalbetrieb, aber auch die Gefahr von terroristischen Anschlägen bis hin zur privatwirtschaftlichen Nicht-Versicherbarkeit der Reaktoren und dem wirtschaftlichen Risiko sehr großer und langfristiger Investitionen in liberalisierten Energiemärkten. Stellt schon jedes einzelne dieser Probleme eine große Hürde dar, so macht es deren Summe äußerst unwahrscheinlich, dass der Atomenergie eine wichtige Rolle bei der Ablösung des Erdöls zukommen wird.

Das oft überschätzte Potenzial der Kernenergie soll noch kurz am Beispiel Chinas aufgezeigt werden. Heute beträgt dort der Anteil der Kernenergie an der Stromversorgung mit 14 Reaktoren gerade mal 2 Prozent und weniger als 1 Prozent an der gesamten Energieversorgung. Zwei Reaktoren sind derzeit in Bau. Damit wird mindestens bis zum Jahr 2010 der Anteil kaum steigen. Realistisch betrachtet wird er sogar sinken, da die nichtnuklearen Kraftwerkskapazitäten deutlich ausgebaut werden sollen. Allein der Zubau an (durchaus umstrittenen) Wasserkraftwerken wird etwa 18 GW betragen, das ist etwa so viel wie alle im Jahr 2010 aktiven Kernkraftwerke zusammen. Auch die gerne in der westlichen Presse zitierten 30 Kernkraftwerke, die China innerhalb der kommenden 20 Jahre zubauen möchte, würden nicht ausreichen, den relativen Beitrag der Kernenergie wesentlich zu erhöhen. Zudem bleibt abzuwarten, wie viele dieser angekündigten Projekte auch tatsächlich realisiert werden.

Auch die Kernfusion ist keine geeignete Problemlösung. Seit fast 40 Jahren wird ihre Marktreife jeweils »in etwa 50 Jahren« gesehen. Trotz vieler technologischer und physikalischer Fortschritte ist eine Kommerzialisierung nach Einschätzung der Protagonisten nicht vor dem Jahr 2050 denkbar. Bis dahin aber müssen die aus der Nutzung endlicher Ressourcen herrührenden strukturellen Energieprobleme weitgehend gelöst sein. Zudem werden Fusionsreaktoren, wenn sie tatsächlich funktionieren sollten, weder ökonomisch noch aus Umweltsicht unproblematisch sein.

An diesen Diskussionen fällt immer wieder auf, mit welcher Technikgläubigkeit Fachleute und Laien gleichermaßen ihre Fantasie einsetzen, um möglichst lange die bestehenden Strukturen fortschreiben zu können. Die dafür notwendigen technologischen Sprünge und Durchbrüche werden als selbstverständlich zu erwartende Fortschritte gesehen, deren Realisierung durch entsprechende ökonomische Anreize schon im notwendigen Zeitrahmen erfolgen werde. Den vergleichsweise oft einfachen Schritten einer technologischen Umstellung auf nachhaltige Strukturen wird dagegen häufig »Realitätsferne« und »Wunschdenken« vorgeworfen. Hier fehlt eine neutrale Sicht. Sicher kann man technologische Sprünge nicht ausschließen, aber man kann sie nicht als Grundlage für eine seriöse Planung verwenden.

Zudem muss man sich die Zeitskalen klarmachen: In den kommenden 20 bis 30 Jahren müssen die entscheidenden Umstellungen erfolgen, Innovationen in 30 oder mehr Jahren helfen nicht.

In der Vergangenheit hatten Umbrüche vielfach noch den Charakter von Aufbrüchen: Neue Chancen boten sich und wurden genutzt. Das Neue war besser als das Alte und schuf die Voraussetzung für ein quantitatives Wachstum: durch höhere Energieumsatzraten, wenn auch auf Kosten steigender Komplexität. Dieser »technologische Fortschritt« ging aus energiewirtschaftlicher Perspektive immer nur in eine Richtung, nämlich hin zu höherer Energiedichte. Die Industrialisierung konnte deshalb so beschleunigt ablaufen, weil der bis dahin dominierende Energieträger Holz durch Kohle abgelöst wurde und dann die Kohle durch Erdöl. Die Begrenzung der Ölproduktion bildet jetzt eine erste ernsthafte Grenze, denn der nächste »Aufbruch« müsste der Übergang zu einem neuen speicherbaren Energieträger mit noch höherer Energiedichte als Öl sein. Der aber ist noch nicht bekannt, auch wenn heute gerne davon gesprochen wird, dass Erdgas das Erdöl ablösen wird.

Damit markiert die Ölnutzung den Höhepunkt einer Ära, die als »wachstumsdominiert« bezeichnet werden kann. Diesen Übergang von zunehmendem zu abnehmendem Verbrauch mit all seinen Nebenwirkungen und Verflechtungen zu meistern, kann man als die Lebensaufgabe der heute lebenden Generationen ansehen. Wir sind gerade mittendrin, unseren Kompass neu auszurichten. Ein solcher Wechsel ist tief greifend, und seine Auswirkungen betreffen wohl alle Lebensbereiche. Viele der zahlreichen und komplexer werdenden Probleme der vergangenen Jahre sind auf diese Neujustierung des Kompasses zurückzuführen – sie lassen sich als Vorboten eines beginnenden Umbruches deuten. Einerseits wird sehr wohl wahrgenommen, dass die alten Modelle nicht mehr greifen, andererseits ist noch nicht klar, wohin die Reise geht.

Maximale Leistung, stabile Verhältnisse?

In den Gebirgstälern des südlichen Tessin stammt manche Brücke noch aus der Römerzeit. Die Bauwerke sind überraschend gut erhalten und stabil. Das Geheimnis dieser dauerhaften Architektur ist die »lose Bauweise«: Die einzelnen Steine wurden aufeinander geschichtet und lose mit Mörtel verbunden. Das hat zur Folge, dass sie im Gesamtverbund Erschütterungen und Stöße elastisch abfangen können, und das tun sie seit mehr als 1 000 Jahren. In den 70er Jahren wurde bei Würzburg eine moderne Autobahnbrücke gebaut, die in die Annalen der Bauingenieurskunst eingehen sollte: Bereits nach kurzer Zeit riss sich die Fahrtrasse vom zentralen Brückenpfeiler los, Reparaturen waren nur sehr kurzzeitig erfolgreich. Wie eine Analyse ergab, hatte man die Brücke genau dort, wo sie aufgrund der Länge und der Materialeigenschaften hätte schwingen sollen, mit einem Pfeiler fixiert.

Was erzählen diese Beispiele? Ein organisches Zusammenspiel aus vielen Einzelbausteinen zu einem dauerhaften Ganzen braucht Pufferzonen, Elastizität und Spielraum, um Extrembelastungen abfangen zu können. Die Leistungsfähigkeit eines Systems in den Grenzbereich hinein dauerhaft zu beanspruchen, bremst das gesamte System aus, zerstört es womöglich. Bildlich gesprochen ist die Natur auf Dauerleistung ausgelegt, Maximalleistungen sind jedoch nur kurzzeitig erreichbar. Heute wird in vielen Lebensbereichen versucht, die Dauerleistung immer näher an die Maximalleistung heranzuführen. Die Spielräume zwischen den einzelnen Komponenten sind nur noch gering, bereits eine kleine Störung führt sehr schnell zur Überlastung des Gesamtsystems.

Das Aufgeben der inneren Spielräume und Elastizitäten wird hier als Annäherung an Grenzen und Vorboten eines »Strukturbruches« interpretiert. Weitab dieser Grenzen wäre quantitatives Wachstum auch ohne Verlust der Spielräume möglich. Damit werden diese Systeme aber auch viel anfälliger. Chaosforscher werten schon lange stark zunehmende Fluktuationen systembestimmender Funktionen als Anzeichen bevorstehender Umbrüche. Eine immer hektischer werdende Zeit, die zudem nach immer schnellerem Wachstum strebt, ist nicht stabil. Exponentielles Wachstum und stabile Verhältnisse schließen sich gegenseitig aus, auch wenn unsere Politiker immer wieder versuchen, beides miteinander zu vereinbaren. Die Zeit des Maximums der Wachstumsrate bedeutet zugleich die »Selbstfindungsphase« der Menschheit, die man in Analogie zur individuellen menschlichen Entwicklung als die »Pubertätsjahre« der Menschheit mit all ihren Begleiterscheinungen bezeichnen könnte. Hier wie da ist der Prozess des »Erwachsenwerdens« mit einer Metamorphose verbunden, in der viele der alten Sicht- und Lebensweisen neuen Einsichten weichen müssen. Hier wie da beinhaltet dieser Wandlungsprozess keine Garantie für ein gutes Gelingen. Die Zukunft ist ergebnisoffen. Unser Verhalten während dieser Zeit hat aber Einfluss darauf, wie die Bedingungen sein werden.

Die Analyse der Veränderungen des Weltenergieverbrauchs in den letzten 30 Jahren legt noch eine weitere Interpretation nahe: Demnach hat der eigentliche Paradigmenwechsel in den 70er Jahren stattgefunden. In dieser geistigen Umbruchphase wurde man zunehmend kritischer und problembewusster. Denn die auf Wachstum und Profit angelegte Wirtschaftsweise in den Industrieländern hatte nicht nur Wohlstand und Arbeitsplätze gebracht, sondern auch zahlreiche soziale Ungleichheiten und ökologische Herausforderungen. Es entstanden die ersten Umweltbewegungen. Die systematische Erarbeitung von Möglichkeiten, erneuerbare Energien zu nutzen, wurde für viele der Gruppen zu einem Arbeitsschwerpunkt – ein Engagement, das einen wichtigen Einfluss auf die Zukunft der Menschheit hat. In der öffentlichen Wahrnehmung wurde dieser Wendepunkt in der Wachstumsfunktion übersehen: Viele betrachten die Modelle und Bürgerbewegungen der damaligen Zeit als gescheitert. Der Grund für das Nichtwahrnehmen der Veränderung liegt darin, dass die messbaren Auswirkungen auf das Wirtschaftsleben »nur« darin bestanden, die Verlangsamung der jährlichen Zuwachsraten zu beziffern. Doch damit wurde eine wesentliche Weichenstellung vorgenommen, die mathematisch korrekt als »Wendepunkt« bezeichnet werden kann. Was dann mit zeitlicher Verzögerung als eigentlicher Strukturbruch eintritt, ist der Punkt, an dem irgendwann das Mengenwachstum ganz aufhört und gar negativ wird. Etwas abgehoben formuliert könnte man sagen, dass der Strukturbruch im »geistigen« Bereich bereits in den 70er Jahren erfolgte. Der für jeden spürbare Strukturbruch mit seinen Auswirkungen im realen Wirtschaftsleben kommt dann etwa 30–40 Jahre später, in der Zeit zwischen 2000–2010. Dieser Zeitraum markiert zugleich den Höhepunkt der Stoffumsätze.

Ein wesentlicher Aspekt der gesamten Entwicklung ist, dass die globalen Wachstumsfunktionen in der Vergangenheit von den Aktivitäten der Industrienationen geprägt wurden. Das mengenmäßige Wachstum in den Industriestaaten ist am Maximum. Aber gilt dies auch für den Rest der Welt? Schließlich besteht hier noch ein großer Aufholbedarf. Selbst wenn sich Industrienationen in ihrem Wachstum begrenzen müssen, würde die globale Gesamtwachstumskurve nicht trotzdem deutlich weiter nach oben gehen?

Das ungezügelte Wachstum des Energieverbrauchs der Industriestaaten wurde durch die Änderung wesentlicher Parameter gebremst (höhere Kosten, geringere eigene Ressourcen, Umweltauswirkungen). Diese Begrenzungen gelten jedoch allgemein. Die

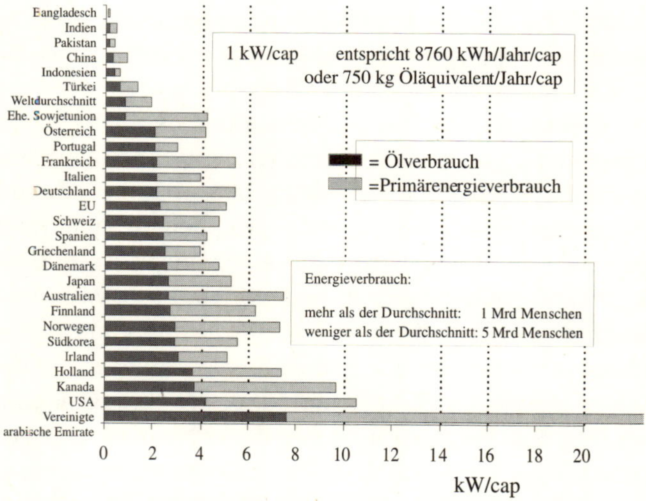

Spezifischer Energieverbrauch in den einzelnen Staaten für das Jahr 2001, ausgedrückt in Kilowatt je Einwohner.

Industriestaaten haben die Ressourcen im Wesentlichen alleine genutzt. Die Entwicklungsländer haben kaum Möglichkeiten, den Vorsprung der Industriestaaten in Bezug auf den Ressourcenverbrauch jemals aufzuholen. Zu den Ressourcen ist hier durchaus auch die Atmosphäre und deren Schadstoff-Aufnahmefähigkeit hinzuzurechnen.

Weiteres Wachstum kann daher nur qualitativ sein. Damit geht es im Wesentlichen vor allem um eine regionale Differenzierung der globalen Wachstumsfunktionen. Als Leitgröße ist dafür der Energieverbrauch in den einzelnen Staaten zu betrachten. Für einen Vergleich von unterschiedlich großen Staaten bietet sich der spezifische Energieverbrauch pro Einwohner an. Er beschreibt, wie viel Energie jedem Einwohner eines Staates im Mittel zur Verfügung steht. Da in vielen lebenswichtigen Bereichen der Ölverbrauch die Hauptrolle spielt, wird dieser gesondert betrachtet.

Die modernen Industriegesellschaften verdanken ihre hohe Arbeitsfähigkeit und Wertschöpfung zu 80 Prozent der Ausbeutung von fossilen, in Millionen von Jahrhunderten gefüllten Energiespeichern: Kohle, Erdöl und Erdgas. Der Physiker Hans-Peter Dürr sieht jedoch nicht nur den Verbrauch der Ressourcen als Problem, sondern auch den Energieumsatz, der nicht »grenzenlos« in dem Ökosystem Erde anwachsen darf. Seine Analyse dieser Problematik mündet in eine Vision – die Umsetzung einer 1,5-kW-Gesellschaft. Er beschreibt:

Für die ganze Erde lässt sich eine maximale Grenzbelastung durch anthropogene, technisch aufbereitete Energieumsätze in Höhe von insgesamt 9 Terawatt (TW) extrapolieren. Anschaulich gesprochen hieße das: Die Wühlarbeit von mehr als 90 Milliarden fleißiger und kräftiger Energie-Sklaven – in der von Menschen dirigierten Form – würde die Biosphäre der Erde irreversibel schädigen. Eine solchermaßen vorgegebene energetische Grenzbelastung der Ökosphäre von etwa 9 TW würde dann entsprechend der jeweiligen Bevölkerungsdichte eine Begrenzung des mittleren Pro-Kopf-Verbrauchs an Primärenergie erfordern. Unter der Annahme einer gleich verteilten Nutzung der »Natur« durch die derzeit etwa 6 Milliarden Menschen – was offensichtlich ein Gebot der Gerechtigkeit sein sollte – würde aufgrund dieser Überlegungen ein Primärenergieverbrauch pro Kopf von nur etwa 1,5 Kilowattstunden pro Stunde zulässig erscheinen. Dies entspricht pro Kopf und Jahr 13 000 Kilowattstunden oder 1 300 Liter Erdöl oder 1,6 Tonnen Steinkohle oder auch einem 13 000 Kilometer weiten Interkontinentalflug. Dieser Wert von 1,5 kW muss mit dem 6 kW-Pro-Kopf-Verbrauch eines Mitteleuropäers, den 11 kW eines US-Bürgers, den 1 000 W eines Chinesen oder den 80 W eines Bewohners der ärmsten Länder verglichen werden. Ein Absenken des Energieverbrauchs in Mitteleuropa auf ein Viertel des jetzigen Verbrauchs (in den USA sogar auf ein Siebtel), was dieser Forderung gerecht werden würde, ist selbstverständlich nicht einfach, aber unmöglich ist es nicht. Eine grobe Betrachtung ergibt, dass eine erste Halbierung des jetzigen Energieverbrauchs allein durch technische Maßnahmen – also intelligentere Formen der Energieerzeugung und Energienutzung ohne Schmälerung der Energieleistungen – möglich sein sollte. Eine zweite Halbierung würde aber wohl nur durch Änderung unseres Lebensstils möglich sein. Diese Vision einer 1,5-kW-Gesellschaft sollte dabei nicht eine Ökodiktatur suggerieren. Viele würden bei dieser Übung mit Erleichterung feststellen, dass eine solche Energiebeschränkung – obwohl sie zweifellos an manchen Stellen einschneidende Änderungen von Gewohnheiten verlangt – jedoch keineswegs erfordert, in »Sack und Asche« zu vegetieren. Die Messlatte liegt mit 1,5 kW nicht unerreichbar hoch, entspräche sie doch effektiv etwa dem mittleren Lebensstandard eines Schweizers Ende der 60er Jahre.

Wenn alle Weltbürger denselben Energieverbrauch wie die Europäer hätten, wäre der Weltenergieverbrauch etwa drei Mal so hoch wie heute, wenn alle Menschen so viel Energie verbrauchen würden wie die Bürger Nordamerikas, sechs Mal so hoch. Das ist weder auf der Basis der verfügbaren fossilen oder nuklearen Energieressourcen möglich noch wäre es im Hinblick auf die Schadstoffaufnahmefähigkeit der Atmosphäre akzeptabel. So wird die künftige Entwicklung sicher nicht aussehen.

Entwicklungsriese China

Chinas und auch Indiens künftige Entwicklung wird auf die gesamte Welt einen bestimmenden Einfluss haben. In beiden Staaten leben jeweils etwa so viele Menschen wie in allen heutigen Industrienationen zusammen. Der Entwicklungsstatus ist sehr unterschiedlich: In Indien ist der Anteil der Landbevölkerung bzw. der Landwirtschaft groß. In China lebt ein höherer Bevölkerungsanteil bereits in den Städten, die landwirtschaftlichen Aktivitäten gehen stetig zu Gunsten einer im Vergleich zu Indien hohen Industrialisierung zurück. Dennoch folgt die Entwicklung der Energieverbrauchsraten nicht ausschließlich dem erwarteten Muster: Beide Länder erleben noch einen starken Anstieg vor allem in der Kohlenutzung, parallel setzt man aber zunehmend auch auf erneuerbare

Energietechniken. Mit einer Leistung von mehr als 4 GW nimmt Indien in der Rangliste der Länder mit Windenergienutzung nach Deutschland, Spanien und den USA bereits den vierten Platz ein. In China wurden in den vergangenen 15 Jahren mehr Solarkollektoren installiert, als in ganz Europa verfügbar sind. Heute ist China dabei, nach Japan und Europa zum drittgrößten Produzenten von Solarzellen aufzurücken.

In China sind hier in den letzten Jahren hohe Effizienzsteigerungen erreicht worden, die den spezifischen Energieverbrauch und die spezifischen Emissionen seit einigen Jahren sinken lassen.

Es besteht aber noch ein erheblicher Spielraum für Effizienzsteigerungen. China war eines der ersten Länder, die die Beschlüsse von Rio de Janeiro zur Agenda 21 umgesetzt hatten, und es hat bereits 1994 einen nationalen Aktionsplan verabschiedet. In erster Linie geschah das im eigenen Interesse, denn eine »gesunde« Entwicklung des Landes ist nur möglich, wenn einerseits das Bevölkerungswachstum gestoppt und andererseits das Verbrauchsgüterwachstum auf ein langfristig verträgliches Maß begrenzt wird. Ob dies gelingt, ist allerdings noch lange nicht klar. Die Energieversorgung und die damit verbundenen Schadstoffemissionen, die Versorgung mit Nahrungsmitteln und die Verfügbarkeit von Frischwasser sind die wesentlichen Größen, die China vermutlich in Zukunft Probleme bereiten werden:

- Der Nahrungsmittelkonsum steigt deutlich an. Innerhalb weniger Jahre wurde China vom Getreideexporteur zu einem Nahrungsmittelimportland.
- Die Bevölkerung zieht vom Land in die Städte – immer weniger Menschen sind in der Landwirtschaft tätig. Unter anderem beschleunigte der WTO-Beitritt diesen Trend.
- Die knappen Wasserressourcen werden zunehmend in den Städten verbraucht und fehlen auf dem Land.
- Es werden auch fossile (und damit endliche) Frischwasserressourcen angezapft. Unter den großen Städten sinkt der Grundwasserspiegel stetig ab. Viele Binnengewässer sind in den vergangenen Jahren ausgetrocknet.

Das westliche Entwicklungsmodell ist nicht zukunftsfähig

Deutlich wird am Beispiel China, dass eine Übertragung des material- und verbrauchsintensiven Lebensstils der Industriestaaten auf die gesamte Welt nicht mehr möglich ist. Eine Verteilungsgerechtigkeit für die in wirtschaftlicher Hinsicht unterschiedlich entwickelten Länder dieser Erde auf diesem Konsumniveau ist prinzipiell nicht mehr erreichbar – hier hat sich bereits eine unauflösliche Schieflage eingestellt. Trotzdem hält sich hartnäckig die Meinung, dass der moderne Lebensstil auch langfristig der »erfolgreichere« sein wird. Schließlich war er es auch in der Vergangenheit. Es gibt gute Gründe, sich von dieser Haltung zu verabschieden.

Aber auch hinsichtlich einer zeitlichen Verteilungsgerechtigkeit hat sich eine Schieflage ergeben. Nicht nur anderen Völkern sind die Entwicklungschancen versperrt, auch die nachfolgenden Generationen finden nicht mehr die Möglichkeiten vor, wie sie die Menschen in den heutigen Industrieländern hatten. Zwar haben gewisse technische Entwicklungen einige Optionen für die Zukunft eröffnet, dafür wurden aber andere, wesentliche, weggenommen. Schon längst ist dieser Raubbau nicht mehr nur moralisch verwerflich, sondern auch kurzsichtig und dumm, denn er ruiniert die Lebensgrundlagen der gesamten Menschheit – überall auf der Welt. Es ist jedoch nicht klar, inwieweit die angesprochenen Fragen der Verteilungsgerechtigkeit Einfluss auf die weitere Entwicklung haben werden. Vielleicht geht es nur noch um Verteilungskämpfe, in denen sich die militärisch und wirtschaftlich Starken ein möglichst großes Stück vom verbleibenden Kuchen sichern wollen. Solche Szenarien können die unvermeidlichen Strukturbrüche in bestimmten Ländern zwar hinausschieben, aber auf Dauer nicht verhindern.

Doch noch spricht man vom Erfolg: Sieg über Krankheiten, Verlängerung des Lebensalters, technische Errungenschaften, politische und wirtschaftliche Überlegenheiten und vieles andere mehr. Das »bessere« Leben als Maßstab für Zivilisation. Und dafür brauchte man das Öl. Wie im ersten Teil des Buches schon aufgeführt, wurden spätestens in der Kolonialzeit die Weichen für die heute vorherrschende Ungleichheit, für Arm und Reich gestellt.

Der Kolonialismus war geopolitische und geostrategische Ausgangslage für
- die Finanzierung der europäischen Kriege,
- die Ausdehnung der weltweiten Machtbasis,
- und einen materialintensiven Lebensstil.

Die meisten der Probleme der heutigen Entwicklungs- und Schwellenstaaten haben in dieser Zeit ihren Ursprung. Der Umgang der Industriestaaten mit den Ölförderstaaten des Mittleren Ostens ist nur ein Beispiel dafür, dass sich an der grundsätzlichen Einstellung wenig geändert hat. Mag das Verhalten heute anders sein, die Ziele sind es nicht. Die Beziehungen sind einzig von dem Bestreben geleitet, billig und verlässlich an Öl zu kommen. Dafür wird vieles in Kauf genommen, was eigentlich im Widerspruch zu den sonst geltenden Prinzipien steht: Die Kritik an sozial- und demokratiefeindlichen politischen Strukturen verstummt. Es geht nicht um Partnerschaft oder Gleichberechtigung in dem Verhältnis mit diesen Staaten, sondern um günstige Zugänge und neue Absatzmärkte. Aus dieser Sicht sind westhörige autokratische Staatsmächte wesentlich berechenbarer und kooperativer als aufgeklärte, entwickelte und demokratische Schwellenstaaten.

Pointiert formuliert baut sich die Legitimierung dieses Lebensstils als des bestmöglichen auf zwei Lebenslügen auf:
- Die Lebenslüge der praktisch unendlich vorhandenen Ressourcen. Auf diese Weise muss nie über Wachstumsgrenzen nachgedacht werden, weil diese immer wieder mit Technik und Fortschritt überwunden werden können.
- Die zweite Lebenslüge betrifft das eigene Selbstbild: Alle anderen Menschen müssten diesen erfolgreichen Weg doch einfach nur nachmachen. Bei dieser Einschätzung wird übersehen, dass die Grundlagen für materiellen Wohlstand schon vergeben sind. Tatsache ist, dass es uns so gut geht, weil es den anderen schlecht geht.

Im aufgeklärten Mitteleuropa ist man in den letzten Jahren dabei, eine dritte, wenn auch sanftere Lebenslüge hinzuzufügen:
- Es geht gar nicht um eine grundlegende Änderung. Der Lebensstil ist auch mit weniger Energie, nur durch intelligentere Nutzung, durch bessere »Energieeffizienztechniken« weiterhin und dauerhaft aufrechtzuerhalten.

Doch das Streben nach mehr Effizienz – so wichtig es ohne Zweifel ist – wird alleine nicht ausreichen. Daher ist eine Debatte darüber notwendig, wie viel materieller Wohlstand notwendig und auch verträglich ist, also die Frage nach dem »Wie viel ist genug?«. Die »Effizienzdebatte« muss durch eine »Suffizienzdebatte« ergänzt werden.

Früher war die Notwendigkeit der Beschränkung auch in unserem Kulturkreis eine normale Erkenntnis (»Spare in der Zeit, dann hast du in der Not«). Einschränkung (Askese) war in allen Religions- und Kulturkreisen hoch geachtet und allgemein akzeptiert. Es ist ein verhängnisvoller Irrtum dieser Gesellschaft, das mengenmäßige Wachstum als den Maßstab für Erfolg zu sehen. Doch der Wille zum Umdenken stößt auf tiefe emotionale Widerstände. Kein Mensch fühlt sich wohl, wenn er Dinge tut, die er innerlich nicht als richtig akzeptiert. Daher ist jeder bemüht, sein Tun auch mit moralischen und ethischen Argumenten zu untermauern. Ihre Überspitzung ließe sich wie folgt formulieren:

- Wir sind die Besten. Alle konkurrierenden Systeme zeigen sich als unterlegen, wobei der Wettstreit mit dem Kommunismus dies bestens bewiesen hat.
- Wir können immer weiter wachsen. Diese Haltung ist insbesondere die Basis des »American Way of Life«.
- Unsere Lebensweise gereicht allen zum Vorteil, und allen kann

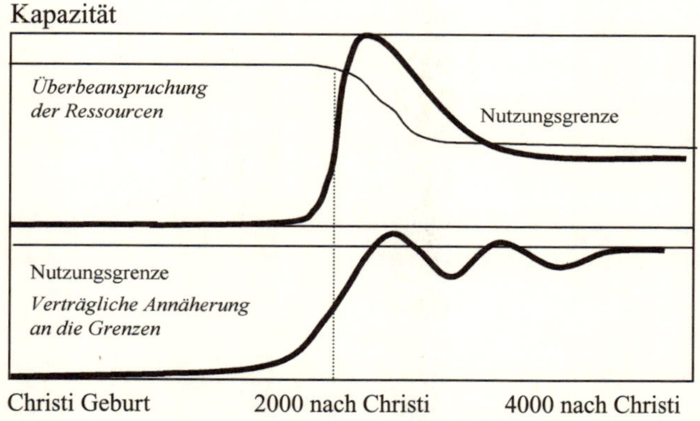

Reduktion der Nutzungsgrenze bei Überbeanspruchung einer Ressource (oben) und bei verträglicher Annäherung an die Nutzungsgrenzen (unten).

sie als Vorbild dienen. Damit nehmen wir niemandem etwas weg und es befreit uns vor allem im Hinblick auf die Entwicklungsländer von schlechtem Gewissen.

Auf dem Weg zu einem nicht wachstumsorientierten Denken ist ein grundsätzliches Umdenken notwendig. Eine mögliche Lösung kann nur mit einem Übergang zu erneuerbaren Energiequellen und durch eine Reduzierung des spezifischen Energieverbrauchs in den Industrieländern gelingen, wobei dies ein notwendiges, aber kein hinreichendes Kriterium ist. An die Stelle der alten wachstumsorientierten Paradigmen tritt die Nachhaltigkeitsdebatte. Sie ist der Versuch, Wege in eine langfristig verträgliche Zukunft aufzuzeigen.

Kriterien für eine nachhaltige Energieversorgung

Was aber ist »nachhaltig« oder »zukunftsfähig«? Eine der bekanntesten Definitionen hat die norwegische Ministerpräsidentin Gro H. Brundtland auf der Umweltkonferenz in Rio de Janeiro 1992 gegeben: Durch die Lebensgrundlagen der heute lebenden Generationen dürfen nicht die Bedürfnisse der künftig lebenden Generationen gefährdet werden. Aus diesem Anspruch lassen sich auch die Leitlinien für die Energie- und Stoffnutzung ableiten:

- Die Nutzung einer erneuerbaren Ressource darf nicht größer sein als ihre Regenerationsrate.
- Die Freisetzung von Stoffen darf nicht größer sein als die Aufnahmefähigkeit der Umwelt.
- Die Nutzung nicht erneuerbarer Ressourcen muss minimiert werden. Ihre Nutzung soll nur in dem Ausmaß erfolgen, in dem ein Ersatz in Form von erneuerbaren Energien geschaffen wird.
- Die Umsätze von Energie und Stoffen müssen auf ein verträgliches Maß beschränkt werden.

Hans-Peter Dürr weist auf die prinzipielle Schwierigkeit hin, den Begriff der Nachhaltigkeit positiv zu definieren. Er argumentiert, dass die Zukunft prinzipiell offen ist und die Natur daher selber nicht »weiß«, was nachhaltig ist. Deshalb kann nur mit einiger Bestimmtheit gesagt werden, was nicht nachhaltig ist. Auf diese Weise muss versucht werden, Entscheidungen zu beurteilen und all das zu benennen, von dem man weiß, dass es nicht nachhaltig ist.

Es wurde schon auf den prinzipiellen Unterschied zwischen chemisch/physikalischen Rohstoffen und Energierohstoffen hingewiesen. Wie soll man sich einen Ersatz für verbrauchte Energierohstoffe vorstellen? Es gibt eben keinen – aus physikalischen, geologischen, biologischen Gründen. Im strengen Sinne ist die Nutzung fossiler Energiereserven daher in keinem Falle nachhaltig. Die einzige nachhaltig nutzbare Energiequelle stellt die von außen auf die Erde eingestrahlte Energie der Sonne dar (Syntropie). Insofern ist die Erde bezüglich der Energie kein in sich abgeschlossenes System, und das ist auch der Grund, warum Leben auf der Erde möglich ist. Deshalb muss berücksichtigt werden:

– Keine Generation kann das Handeln der kommenden vorwegnehmen.
– Es müssen Optionen geöffnet werden.
– Diese Optionen müssen fehlertolerant und korrigierbar sein.
– Diese Optionen müssen das Potenzial haben, bei Hochskalierung noch verträglich zu sein.

Das beinhaltet aber auch vielfältige Lösungsansätze, da sich für unterschiedliche Regionen oder Kulturkreise eben auch unterschiedliche Optionen als geeignet erweisen können.

Ganz konkret auf unsere Energiesituation bezogen, kann man die Umsetzung von Nachhaltigkeitszielen an zwei Grundforderungen festmachen:

1. Erneuerbare Energietechniken müssen in die Energiewirtschaft auf breiter Fläche eingeführt werden, damit sie möglichst schnell die Basis der Energieversorgung bilden können.
2. Insbesondere der Verkehrsbereich, das Sorgenkind der Verbrauchssektoren, muss für erneuerbare Energieträger geöffnet werden. Dies ist der einzige Verbrauchsbereich, der auch in den Industrieländern immer noch fast ungebrochen wächst.

Die Frage bleibt: Wie viel ist genug? Wenn man sich auf den Nachhaltigkeitsgedanken als den für eine langfristige Entwicklung der Menschheit einzig möglichen Weg einlässt, dann muss man zunächst fragen: Wie viel ist genug? Der zweite Teil der Fragestellung geht dahin, sich darüber klar zu werden, ob das einem genügt. Lässt sich mit reduziertem Energieverbrauch so leben, dass auf wichtige Errungenschaften nicht verzichtet werden muss?

Diese zweite Fragestellung interessiert immer besonders, vielleicht ist sie jedoch genau genommen überflüssig. Es gibt keine Alternative dazu.

Wie sieht die künftige Entwicklung aus?

Die Menschheit nähert sich den globalen Grenzen ihres Wachstums. Das ist ein einmaliger, historisch neuer Zustand. In einer allgemeinen Betrachtung müssen zwei unterschiedliche Kategorien von Systemgrenzen unterschieden werden:

- Die Nutzung von Erdöl, Erdgas, Kohle oder auch Uran entspricht der nur einmal möglichen Entleerung eines einmaligen, endlichen Vorrates. Die Förderrate wird nach dem Maximum unwiederbringlich geringer. Das Verbrauchsmuster dafür ist die Glockenkurve.
- Die Nutzung von Frischwasser, Nahrungsmitteln oder auch von Solarenergie entspricht der dauerhaften Entnahme aus einem Vorrat, der sich theoretisch ständig erholen kann. Die dauerhaft mögliche maximale Nutzungsrate oder Aktivitätsrate richtet sich jedoch danach, wie stark sich diese Vorräte tatsächlich wieder erholen. Werden hier die Nutzungsgrenzen missachtet, wirkt sich das auf die Regenerationsrate aus, und man spricht von Raubbau.

Langfristig können nur Ressourcen der zweiten Kategorie genutzt werden. Im idealisierten Fall gäbe es eine harmonische Annäherung an die Nutzungsgrenzen, in der realen Welt wird es eher ein mehr oder weniger starkes Schwanken um diesen Gleichgewichtswert sein.

Wie die Annäherung an die Grenzen erfolgt – eher verträglich oder unverträglich –, ist offen. Mit Sicherheit kann man heute nur sagen, dass sich die gegenwärtigen Trends nicht mehr lange weiterführen lassen. Das bedeutet aber nicht, dass der Menschheit damit ein unabwendbares Schicksal bevorsteht. Im Gegenteil – dieses ist mit zu gestalten, und zwar durch das eigene Verhalten, als

Konsument und Akteur in allen Bereichen der Gesellschaft. Wie der Übergang von fossiler zu regenerativer Energienutzung und die Annäherung an die Grenzen im Energiebereich aussehen könnten, zeigt die folgende Grafik. Das Defizit, das der Rückgang der fossilen Energieträger hinterlässt, kann zunächst nicht durch den zügigen Ausbau erneuerbarer Energie ausgeglichen werden. Die Größe des Defizits hängt vorrangig davon ab, wie schnell das Angebot der fossilen Energiequellen nach Überschreiten des Fördermaximums abnimmt. Das ist heute nicht genau vorhersehbar, daher sollte man eher die qualitativen Strukturen dieser Darstellung beachten und sich nicht zu sehr auf deren Quantifizierung verlassen. Erneuerbare Energien werden ihren Anteil in den kommenden Jahren deutlich ausweiten, das zeigen die folgenden Ausführungen. Dennoch wird es eine kritische Phase von einigen Jahrzehnten geben, in der ein deutliches Energiedefizit bestehen bleibt. In dieser Zeit muss die Menschheit ihre oben definierte »Pubertätsphase« überwinden und lernen, mit neuen Strukturen zurechtzukommen. Diese werden wesentlich umweltverträglicher sein als in der Zeit des exponentiellen Wirtschaftswachstums. Allerdings ist es sehr fraglich, ob die heutigen ökonomischen Strukturen mit ihrem permanentem Wachstumszwang hierfür noch den geeigneten Rahmen bieten.

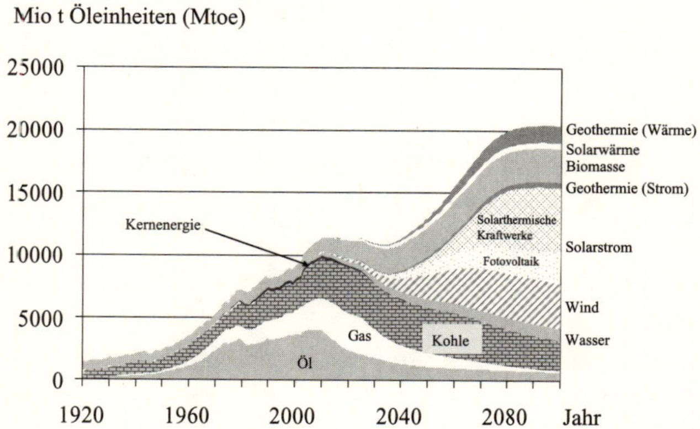

So könnte sich die Weltenergieversorgung entwickeln. Die rückläufige Verfügbarkeit von Öl, Gas und später auch Kohle kann für einige Jahrzehnte nicht schnell genug durch erneuerbare Energie substituiert werden.

Bausteine einer zukunftsfähigen Energieversorgung

Wachstumseuphorie – ein historischer Streifzug

In einem kurzen Rückblick wird noch einmal die große Wachstumsphase in Deutschland direkt nach dem Zweiten Weltkrieg betrachtet. Es war eine desolate Situation. Fast alles musste neu aufgebaut werden. Doch das Fehlen der alten Strukturen schuf auch Freiräume. Es gab praktisch keinen Widerstand gegenüber Innovationen. Technischer und zivilisatorischer Fortschritt waren a priori positiv besetzte Begriffe und wurden von allen herbeigesehnt. Es herrschte eine Aufbruchsstimmung.

Das »Wirtschaftswunder« brachte steigenden Wohlstand und soziale Absicherungen. In den ersten Jahrzehnten nach dem Krieg wurde die wirtschaftliche Entwicklung (wie übrigens auch vor dem Krieg) von heimischen Energieträgern getragen, im Wesentlichen von der deutschen Steinkohle. Rauchende Schlote galten als Symbol für Wirtschaftswachstum und Wohlstand.

Die Wirtschaft wuchs in den 50er und 60er Jahren im Mittel mit fast 5 Prozent jährlich, ebenso der Energieverbrauch. Es galt eine simple Formel: Mehr Energieverbrauch ist gleich mehr Wirtschaftsleistung ist gleich mehr Wohlstand. Insbesondere der Stromverbrauch wuchs in einem bisher unbekannten Ausmaß. Es war für die Akteure in Wirtschaft, Politik und Wissenschaft klar, dass dieser so erfolgreiche Weg fortgesetzt werden musste. Mehr Energie war das Rezept für eine noch bessere Zukunft.

Die erste Ölkrise Anfang der 70er Jahre führte, wie bereits mehrfach ausgeführt, zu einem weltweiten Einbruch des Wirtschaftswachstums und der Nachfrage nach Energie. Die Internationale Energieagentur (IEA) wurde als gemeinsame Einrichtung der OECD-Staaten ins Leben gerufen. Mit ihrer Hilfe sollten künftige Krisen besser vorhergesehen und eine gemeinsame Energiepolitik der Industriestaaten koordiniert werden. In diesem Rahmen verfolgten die Industriestaaten zunächst vor allem eine Kohle- und Kernenergie-Vorrangpolitik. Die Angst vor einer drohenden Importabhängigkeit vom so wichtigen Erdöl ergänzte sich mit dem Interesse einer inzwischen stärker gewordenen Energieindustrie, die die Chance sah, ihren Anteil am Kuchen zu erhöhen. Die Nuklearindustrie war den Kinderschuhen entwachsen und unter der Obhut ihrer einflussreichen Ziehväter aus dem militärisch-industriellen Bereich zu einem starken Machtfaktor geworden. Auf internationaler Ebene einigten sich die Industriestaaten, die beiden Säulen der Energieversorgung Kohle und Kernenergie entschieden auszubauen. Es war allgemein die Zeit der großen Energieprognosen. Das Ende der Ölzeit schien sich anzubahnen, was als eine weitere Begründung gesehen wurde, auf die Kernenergie zu setzen. Im Rückblick erwiesen sich alle offiziellen Prognosen über das Wachstum des Energieverbrauchs als komplett falsch. Auf nationaler Ebene wurde der Anstieg des Energieverbrauchs überschätzt – und erst recht auf internationaler Ebene in den von der Internationalen Energieagentur und vor allem von der Internationalen Atomenergiebehörde (IAEA) herausgegebenen Prognosen über das künftige Wachstum der Kernenergie. Trotz der erfolgten Änderungen in der Entwicklung des Energieverbrauchs in vielen Ländern gehen immer noch die meisten Prognosen von einem weiter steigenden En-

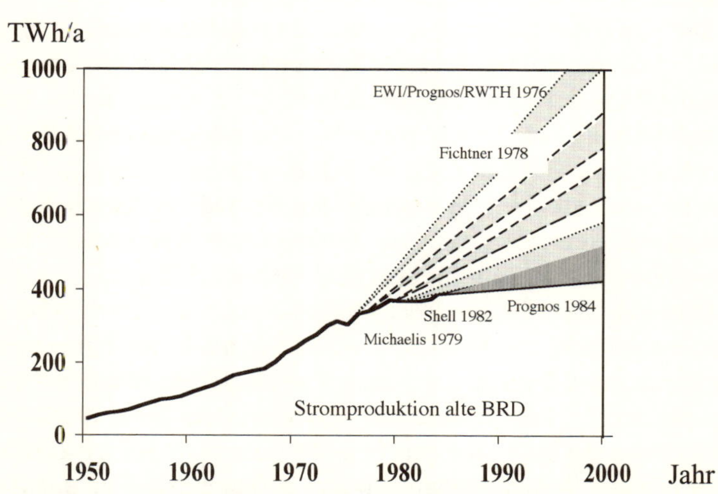

Stromverbrauchsprognosen für Deutschland bis zum Jahr 2000. In den 70er Jahren wurden einfach die Zuwachsraten der Vergangenheit fortgeschrieben. Erst in den 80er Jahren wurde den Prognostikern bewusst, dass eine dauerhafte Trendänderung erfolgt war.

ergieverbrauch aus. So die IEA, das ›Grünbuch der Europäischen Gemeinschaft zur Energieversorgung bis 2020‹ oder die letzte Ausgabe des ›US-Energy Outlook 2020‹ der amerikanischen Energiebehörde.

Enttäuschte Hoffnungen – die Kernenergie

Die Kernenergie technisch zu erschließen galt als das Nonplusultra des Fortschritts. Wer in der Welt ganz vorne mitspielen wollte, musste Nuklearforschung betreiben. Der erste und einzige Atomminister, den Deutschland jemals hatte, Franz Josef Strauß, war eine der treibenden Kräfte des Aufbaus einer deutschen Atomforschung: 1957 wurde der erste Forschungsreaktor in Garching gebaut und etwas später der in Karlsruhe. Energieforschung stand in der Prioritätenfolge ganz vorne. Kernspaltung und Kernfusion waren positiv besetzte Zukunftstechniken, die einen hohen Mitteleinsatz rechtfertigten. Es war selbstverständlich, dass die »bright young men« dieser Zeit vorwiegend Kernphysik studierten.

Anfänglich konnte übrigens die Stromwirtschaft der Atomenergie nichts abgewinnen. Sie wurde erst durch weit reichende und bis heute wirkende Anreize mit ins Boot geholt. Im Wesentlichen waren das die folgenden Zugeständnisse: Zum ersten wurde das Risiko für die Entwicklung der Nukleartechnik auf den Staat abgewälzt. Bis heute hat die deutsche Regierung ca. 15 Milliarden Euro dafür aufgewendet. Im Vergleich hierzu sind die 2 Milliarden Euro für die Entwicklung der erneuerbaren Energietechniken recht bescheiden. Zweitens wurde das Sicherheitsrisiko der Atomenergienutzung dem Staat übertragen. Kernkraftwerke können nämlich nicht auf dem freien Markt versichert werden, da man keine akzeptable Versicherungsprämie errechnen kann. Das hat zur Folge, dass das Versicherungsrisiko je Atommeiler auf 500 Millionen Euro begrenzt wurde. Für alle Schäden, die darüber liegen, haftet der Staat – und das sind wir alle. Das dritte Zugeständnis ist das bis heute ungelöste Entsorgungsproblem des Atommülls. Auch das musste der Staat übernehmen. Die Industrie engagierte sich hier nur insoweit, als ein für die Unternehmen höchst willkommener Vorsorgebeitrag auf jede Kilowattstunde verkauften Nuklearstroms erhoben werden durfte. Diese Rückstellungen für den Rückbau der Kraftwerke legte man allerdings nicht, wie sonst in der Versicherungswirtschaft aus gutem Grunde üblich, unter den wachsamen Augen eines Bundesaufsichtsamtes krisensicher und der Verfügung der Unternehmen entzogen an. Der Beitrag wurde im Wesentlichen in den Aufbau konzerneigener Reserven und in das Engagement in neue und riskante Geschäftsfelder (wie Telekommunikation und Abfallwirtschaft) investiert, um die Diversifizierung der Konzerne voranzutreiben. Das Thema Entsorgung aber blieb und bleibt Aufgabe des Staates und nicht der Industrie. Es wurde ein ganzer Industriezweig von den Folgen seines Tuns als nicht verantwortlich »freigesprochen«.

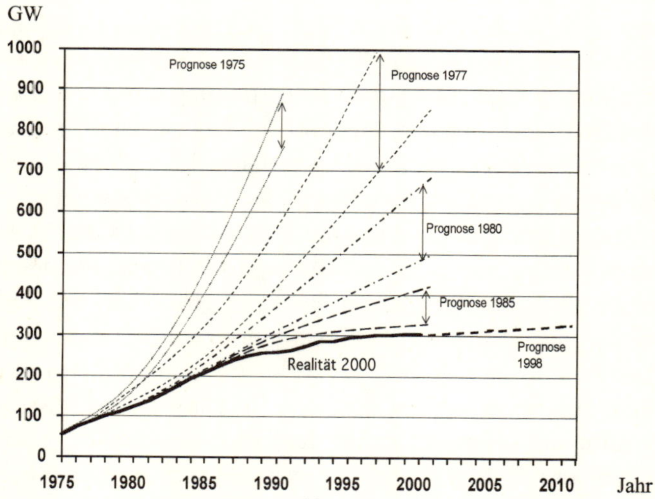

Prognosen der Internationalen Atomenergieagentur (IAEA) zum künftigen Ausbau der Kernenergie. Die tatsächliche Entwicklung blieb weit hinter den Erwartungen zurück.

Die zivile Nutzung der Atomenergie ist ohne die militärische Vorgeschichte und die engen Verflechtungen dieser Bereiche nicht denkbar. Es ist daher nicht verwunderlich, dass die beiden einzigen europäischen Nationen mit einem starken militärischen Engagement in der Nuklearrüstung, nämlich Großbritannien und Frankreich, auch die zivile Kernenergienutzung am stärksten vorangetrieben haben.

Die Atomenergie konnte jedoch die in sie gesetzten Hoffnungen nicht erfüllen. Die Unfälle in Harrisburg und Tschernobyl zeigten, dass das Unfallrisiko real ist und große Ängste in der Bevölkerung wecken. Die ungelöste Frage der Entsorgung des Atommülls, die andauernde Suche nach End- und Zwischenlagern sowie die Transporte der strahlenden Abfälle führten zu heftigen Auseinandersetzungen, und so spaltete die Kernspaltung auch die Gesellschaft. Die Anti-Atomkraft-Bewegung war wesentlicher Auslöser eines ökologischen Umdenkens und der Entstehung einer neuen Partei, der »Grünen«. Das Scheitern der Entwicklung eines Schnellen Brüters, der unbeschränkte Energie versprach, war auch das Ende der Illusion von der billigen Kernenergie.

Zementierung energiewirtschaftlicher Strukturen

Als Reaktion auf die Krisen in den 70er Jahren wurde eine unheilvolle Allianz geschmiedet: Der weitere Ausbau der Kernenergie wurde mit einer Kohlevorrangpolitik verbunden. Innerhalb der Europäischen Gemeinschaften wurde der Kernenergieausbau über die neu gegründete Vereinigung EURATOM gebündelt. Die Kohlepolitik wurde jedoch mit Vorgaben den einzelnen Staaten direkt unterstellt. So ergaben sich trotz einer einheitlichen EU-Energiepolitik unterschiedliche Gestaltungsmöglichkeiten für die einzelnen Staaten.

Am deutschen »Strommix« ab den 70er Jahren kann diese Energie- und Wachstumspolitik sehr gut zurückverfolgt werden. Bedingt durch die Ölpreiskrise ging der Erdöleinsatz zur Stromerzeugung zugunsten eines schnell steigenden Erdgaseinsatzes zurück. Die Allianz zwischen Kohle und Kernenergie kam Anfang der 80er Jahre voll zum Tragen. Erdgas verschwand wieder aus den Kraftwerken der deutschen Stromversorger, dafür nahm die Verwendung von Steinkohle und Kernenergie rapide zu. Die Nuklearindustrie saß vor allem im Süden Deutschlands, traditionell in von den C-Parteien regierten Bundesländern, die Kohleindustrie hingegen im Ruhrgebiet, in den eher von Sozialdemokraten dominierten Regionen. Über die Parteigrenzen hinweg erhielt diese Strom-Allianz eine breite Rückendeckung.

Der Kohleanteil an der Energieversorgung der europäischen Staaten wurde entgegen den Marktkräften hoch gehalten. Heimische, teure Kohleproduktion wurde durch den so genannten »Kohlepfennig« unterstützt. Diese Unterstützungsmaßnahme wurde an die Differenz zum Ölpreis gekoppelt. Solange Öl Anfang der 80er Jahre teuer blieb, war der Staat nicht sonderlich belastet. Als jedoch der Ölpreis wieder sank, mussten die Staatshaushalte die Defizite kompensieren, und das wurde teuer. Die europäischen Regierungen begannen ihre Subventionspolitik zu überdenken. In den 90er Jahren hieß dann die neue Devise: Die Kohlesubventionen müssen reduziert werden. Deutschland hat im Vergleich mit anderen europäischen Ländern diese »Kohleausstiegsbeschlüsse« am wenigsten umgesetzt und musste sich schon mehrmals gegenüber der EU-Kommission rechtfertigen.

Die Entkopplung von Wirtschaftswachstum und Energieverbrauch

Die Überwindung der Energiekrise der 70er Jahre wurde als Beweis angesehen, dass es sich nur um einen »Unfall« gehandelt hatte. Es war jedoch ein systembedingter Strukturbruch und er markierte den Eintritt in eine neue Ära. Seit dieser Phase, die fast 10 Jahre dauerte, hat sich tatsächlich etwas Grundlegendes geändert: Der Energieverbrauch nahm zwar weiter zu, aber mit wesentlich geringeren Zuwachsraten. Als Folge dieser Krisen entwickelten sich weit reichende Anstrengungen, die Abhängigkeiten zu verringern. In Amerika und Europa legte man die ersten großen Förderprogramme zur Erforschung der erneuerbaren Energien auf. Vor allem in Europa wurde das Thema der effizienten Energienutzung hoffähig und sehr schnell war man sich in Fachkreisen darüber einig, dass die Energiedienstleistungen beibehalten werden können, auch wenn der Energieeinsatz reduziert wird. Neue Begriffe entstanden wie »Rationelle Energienutzung« und vor allem »Entkoppelung des Wirtschaftswachstums vom Energieverbrauch«.

Würde man den gewohnten hohen Lebensstil nicht mit weniger energetischem Aufwand erreichen können? Doch an diese Frage schloss sich die schwierigere an, ob das wirklich möglich ist, ohne dass die individuellen Freiheiten beschränkt werden und ohne dass sich die Gesellschaft in eine »Ökodiktatur« verwandelt.

Der lange Marsch der erneuerbaren Energien

Man begann also, nachdem der Glaube an ein unbeschwertes und ewiges Wachstum ins Wanken geraten war, nach neuen Wegen zu suchen. Warum sollte der Energieverbrauch nicht prinzipiell auch mit erneuerbaren Energieträgern gedeckt werden können? Dies würde einerseits das Problem der knappen und endlichen Energierohstoffe lösen und andererseits die negativen Umweltwirkungen der fossilen und nuklearen Energienutzung vermeiden. Erneuerbare Energien bieten aufgrund ihrer vielen Formen und ihrer fast an allen Orten gegebenen Verfügbarkeit prinzipiell die Möglichkeit, sich von fossilen Energieträgern und von einer zentralisierten Stromversorgung zunehmend unabhängig zu machen. Zunächst galt es aber, die Techniken für die Nutzung der Sonnenwärme und für die Stromerzeugung erst zu entwickeln, alltagstauglich zu machen und ihre Funktionalität zu demonstrieren.

Die aus der Raumfahrt bekannte Fotovoltaik wurde auf die Erde geholt, und es entstanden die ersten Pilotanlagen in den 80er Jahren. Ebenso entwickelte man die Solarthermie und wandte sich nach einer über 100-jährigen Pause wieder der Windenergie zu.

Die Gegenpropaganda ließ nicht lange auf sich warten. Obwohl die neuen (oder auch alten) Techniken noch in den Kinderschuhen steckten, meldeten sich einerseits die Skeptiker, die einen wesentlichen künftigen Beitrag der erneuerbaren Energien grundsätzlich bezweifelten, und andererseits die etablierten Energieversorger, die eine – wenn auch entfernte – Bedrohung ihrer Marktstellung befürchteten. Dazu kam, dass der ersten Euphorie schon bald die Ernüchterung folgte, als man sich der notwendigen Zeiträume bewusst wurde. Würde es nicht sehr lange, zu lange dauern, die Energieversorgung auf neue Energietechnologien umzustellen? Zudem waren die Kosten der noch jungen Technologien astronomisch hoch. Bald machte die Behauptung die Runde, erneuerbare Technologien seien bestenfalls »additive« Energietechnologien: Mit Solarstromanlagen oder Windgeneratoren könnten keine Kraftwerke ersetzt, sondern höchstens ein bisschen Brennstoff eingespart werden. Die großen Stromkonzerne wurden nicht müde zu betonen, dass sich das alles ja nie rechnen werde und deshalb chancenlos sei. Solarenergie sei zwar im Prinzip sauber und wünschenswert, aber leider nur etwas für »eine ferne Zukunft und für ein fernes Land«. Also sinnvoll allenfalls für Entwicklungsländer weitab von den eigenen Marktinteressen. In vielen Köpfen finden sich diese Vorstellungen übrigens noch immer.

In Wirklichkeit aber hat sich viel getan. Die breit gefächerten technologischen Entwicklungen über nunmehr drei Jahrzehnte haben auf vielen Gebieten große Fortschritte gebracht. Wir sind heute wesentlich besser vorbereitet für eine nachhaltigere Energieversorgung als Anfang der 70er Jahre. Viele Dinge haben sich entwickelt und zum Teil auch schon am Markt durchgesetzt, obwohl die Rahmenbedingungen alles andere als günstig sind. Man denke nur an die niedrigen Preise der fossilen Energien.

Tatsächlich wurde im vergangenen Jahrzehnt der Grundstein für eine sich neu bildende Industrie gelegt, wovon die Windenergie als Erste bereits industrielle Größenordnung erlangt hat. Gegenüber 1990 hat sich der Marktanteil jedes der regenerativen Energieträger Wind, Solarwärme, Sonnenstrom weit mehr als verzehnfacht. Insgesamt wurden im Jahr 2005 etwa 10 Mrd. Euro investiert. Damit wurden 170 000 Arbeitsplätze gesichert, das waren 10 Prozent mehr als im Vorjahr.

Vor allem die Erschließung der Schwellenländer mit ihren großen Flächen wird in Zukunft zu einem wesentlichen Antrieb für dezentrale Stromerzeugung in zunächst regionalen Inselnetzen werden, die sich erst langsam verbinden werden. Die Kosten einer adaptiven, mit dem Verbrauch wachsenden Erschließung sind deutlich geringer als die Errichtung großer zentraler Kraftwerksblöcke mit teuren Verteilungsnetzen. All diese Kräfte werden stetig stärker und weisen immer nur in eine Richtung: weg von den konventionellen Energiestrukturen, hin zu einer dezentraleren Energiewirtschaft auf Basis erneuerbarer Energien.

Der Wandel der politischen Diskussion

Erst vereinzelt und beginnend mit dem ersten Ölpreisschock und dann von Jahrzehnt zu Jahrzehnt vermehrt, hat man an energiepolitischen Zukunftsbildern und -szenarien gearbeitet, die der Energieeinsparung und den erneuerbaren Energien eine zunehmende Rolle beimessen.

War die erste Enquete-Kommission des Deutschen Bundestages zur Energiestrategie Ende der 70er Jahre noch ganz einer Zukunft der Kernenergie und des Stromverbrauchswachstums gewidmet, so kann die Enquete-Kommission »Vorsorge zum Schutz der Erdatmosphäre« der elften Wahlperiode, die 1990 ihren Bericht vorlegte, als erste groß angelegte und fundierte Untersuchung dieser Fragen in Deutschland angesehen werden. Energieeinsparung und erneuerbare Energien waren zu einem Thema in Wissenschaft und Politik geworden.

In der politischen Praxis wurden die erneuerbaren Energien jedoch lange als Forschungsthema behandelt, und die öffentliche Förderung endete spätestens bei Demonstrationsanlagen. Doch auch das hatte vielfältige Wirkungen und änderte allmählich die öffentliche Wahrnehmung. Es war oft gesagt und von fast allen auch geglaubt worden, dass hierzulande eine ausschließliche Versorgung mit Sonnenenergie nicht möglich ist. Im Jahr 1989 legte Josef Jenni in der Schweiz in Obernburg den Grundstein für das erste Haus, das nur mit Sonnenenergie auf relativ einfachen Technologien basierend beheizt wird. Fast zeitgleich wurde 1992 in Freiburg mit Mitteln des deutschen Forschungsministeriums ein viel beachtetes Haus gebaut, das keinen Stromanschluss und keinen Gasanschluss besaß und seine Energie nur von der Sonne bezog. Dieses Haus war das ganze Jahr bewohnbar, bot allen gewohnten Komfort und war Anlass, in der Auseinandersetzung um die künftige Rolle der erneuerbaren Energien in Deutschland neu zu denken und zu handeln: Niemand konnte jetzt mehr behaupten, dass bei uns aus prinzipiellen und technischen Gründen Sonnenenergie nicht genutzt werden kann. Doch nun kam das Gegenargument: Man kann es zwar machen, aber es ist unbezahlbar.

Ein 1994 von Shell vorgestelltes Szenario über die langfristige Energieversorgung der Welt markierte einen weiteren Meilenstein in der Debatte. Erstmals wurde von der Industrie ein Energieszenario vorgestellt, das einerseits das Thema »Energiesparen« beinhaltete, andererseits aber auch davon ausging, dass die erneuerbaren Energien einen ab dem Jahr 2000 steigenden Anteil an der Energieversorgung haben werden. Bis zum Jahr 2050, so die Shell-Prognostiker, könnten die erneuerbaren Energien mehr als die Hälfte des weltweiten Energiebedarfs decken. Erstmals wurde in diesem Szenario auch dargestellt, dass die Öl- und Gasförderung nach dem Jahr 2020 zurückgehen werde.

Eine völlig neue Qualität hatte eine von der Europäischen Kommission beauftragte Studie, die vom Longterm Integration Research Team (LTI) durchgeführt wurde. Hier ging es darum, zu untersuchen, ob eine 100 Prozent erneuerbare Versorgung Europas möglich ist im Hinblick auf die erschließbaren Energiequellen, die verfügbaren Energietechniken und die wirtschaftlichen Möglichkeiten innerhalb der kommenden Jahrzehnte. Dass solche zukunftsfähigen Energiesysteme grundsätzlich machbar und auch finanzierbar sind, ist in der LTI-Studie 1998 aufgezeigt worden. Dort wurde mittels zweier Szenarien der schrittweise Übergang zu einem europäischen Energieversorgungssystem entworfen, in welchem bis zum Jahr 2050 trotz Verzichts auf die Atomenergie 80 Prozent weniger CO_2 ausgestoßen wird als im Jahr 1990. Der entscheidende Schritt wurde dann in Deutschland getan, da staatliche Hilfen für die Markteinführung gegeben wurden. Diese Programme, die Anfang der 90er Jahre langsam starteten, haben bei Solarthermie, Windkraft und in allerjüngster Zeit auch bei der Fotovoltaik zu einer dynamischen Entwicklung geführt.

Die Enquete-Kommission des Deutschen Bundestages 2000 »Nachhaltige Energieversorgung unter den Bedingungen der Globalisierung und der Liberalisierung« stellte in ihrem Abschlussbericht ein Szenario für eine 100-prozentig regenerative Versorgung Deutschlands vor. Das ist insofern von Bedeutung, als damit der Gedanke einer regenerativen Vollversorgung zum ersten Mal den Sprung in die etablierte energiepolitische Debatte in Deutschland geschafft hatte.

War die Diskussion anfänglich vorwiegend von der Frage geprägt, ob das überhaupt geht mit erneuerbarer Energie, so drehte sich die Diskussion der letzten Jahre darum, ob wir uns das leisten wollen oder leisten können und ob eine derartige Ausrichtung der Energiepolitik Arbeitsplätze vernichtet oder schafft, den Standort Deutschland stärkt oder schwächt. Die Diskussion wandte sich vom Grundsätzlichen zum Praktischen. Die im ersten Teil beschriebenen Ereignisse des Jahres 2005 und des Jahresanfangs 2006 machen inzwischen auch Politikern und Bürgern klar, dass es nicht mehr um das »Sich-leisten-wollen oder -können«, sondern um ein erzwungenes »Sich-leisten-müssen« geht. In dem Maße, wie auch die neuen Energietechnologien und deren Marktdurchdringung wahrgenommen werden, entsteht eine Aufbruchsstimmung in die neue Richtung. Allerdings gibt es noch erhebliche Widerstände, und es ist keineswegs klar, ob die verbleibende Zeit ausreicht, den Strukturbruch verträglich zu gestalten.

Potenziale einer intelligenteren Energienutzung

Das Konzept des »Sparens« von Energie, des rationellen und intelligenten Umgangs mit Energie war lange aus den Köpfen der Menschen in den Industrieländern verschwunden. Energieverbrauch stand für Befreiung von alten Zwängen und für Wachstum. Außerdem stellte Energie bis zum ersten Ölpreisschock in den meisten Industriezweigen keinen wesentlichen Kostenfaktor dar. Im Gegensatz zu den »offiziellen« Energieprognosen, die von einem stetigen Wachstum ausgingen, tauchten nun die ersten »Einsparszenarien« zunächst aus der Umweltszene auf. In den USA präsentierte Amory Lovins, anfänglich belächelt, dann als hoch bezahlter Vortragsredner auch von den Energieversorgungsunternehmen umworben, seine Energieszenarien. In ihnen wurde erstmals der Begriff »Negawatt« der verbrauchsorientierten Philosophie des »Megawatt« gegenübergestellt. Negawatt steht für nicht gebrauchte, weil eingesparte Energie. Lovins' Botschaft war: Einsparpotenziale seien gigantisch und man könne Energie einsparen, ohne auf den Nutzen verzichten zu müssen.

Auch in Deutschland kamen die »Energiewendeszenarien« zuerst von Außenseitern. 1977 wurde das Öko-Institut in Freiburg gegründet. Die Gründungsmitglieder kamen aus der Anti-Atomkraft-Bewegung und brachten neuen Wind in die Energiedebatte. Dem alten Planungsdenken wurden neue Energieszenarien gegenübergestellt, in denen man vorrechnete, dass trotz steigendem Wirtschaftswachstum und Wohlstand der Energieverbrauch nicht gleichzeitig mit ansteigen muss. Die Rechnungen waren anfänglich umstritten, aber zunehmend wurde die neue Sichtweise auch von anderen Instituten und der Industrie übernommen.

Vor allem Professor Ernst-Ulrich von Weizsäcker schuf im 1991 gegründeten »Wuppertal-Institut für Klima, Umwelt und Energie« einen Rahmen, in dem nun die Zusammenhänge zwischen Energie- und Materialaufwendungen über den gesamten Lebenszyklus von Produkten analysiert werden konnten. Durch die neuen Daten wurden die vielfältigen Verflechtungen zwischen Konsum, Umwelt- und Energieverbrauch offensichtlich und bildeten die Basis für interessante Zukunftsszenarien. Weitere wichtige Impulse gingen von den Arbeiten von Professor Friedrich Schmidt-Bleek aus. Mit seinem Konzept des »Ökologischen Rucksacks« konnten die Umweltbeeinträchtigungen quantifiziert werden, die jedes Produkt während seines Lebenszyklus verursacht. Aus seinen Untersuchungen folgerte Schmidt-Bleek, dass der Materialverbrauch ohne große Mühe um den Faktor 10 reduziert werden kann. In Abwandlung des Faktors 10 setzte sich jedoch der etwas griffigere und »großzügigere« Faktor 4 durch. Er symbolisiert, dass der Energieverbrauch bei gleichzeitiger Verdoppelung des Wohlstandsniveaus halbiert werden kann.

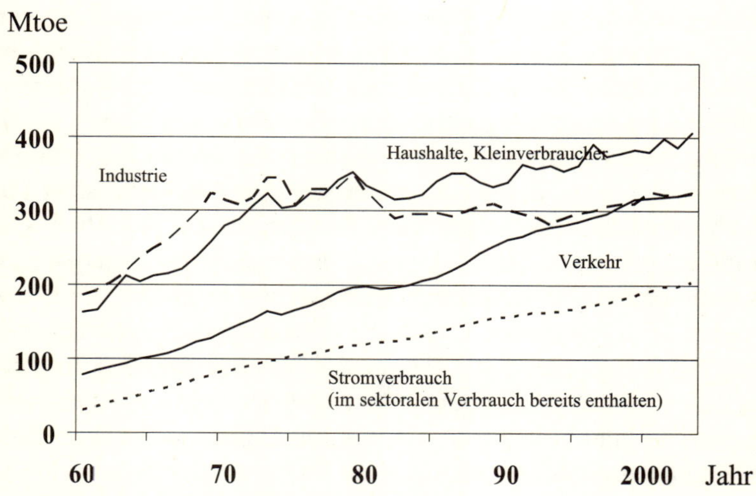

Endenergieverbrauch der 15 EU-Staaten

Die drei großen Bereiche, in denen Energie hauptsächlich verbraucht wird, sind Industrie, Verkehr und private Haushalte bzw. Kleingewerbe.

Ein großes Einsparpotenzial liegt in der Dezentralisierung der

Stromerzeugung. Es ist unsinnig, mit hohem Aufwand Strom im Kraftwerk zu erzeugen und fast zwei Drittel der eingesetzten Energie »wegzuwerfen«, nur um in einem weit weg vom Kraftwerk gelegenen Haushalt Strom bereitzustellen. Effektiver ist es, die bei der Stromerzeugung unvermeidlich entstehende Abwärme auch einer sinnvollen Verwendung zuzuführen. Dies ist jedoch bei großen zentralisierten Kraftwerken schwierig, da zwar der Strom vergleichsweise einfach transportiert werden kann, nicht jedoch die Wärme.

Eine Alternative für die sehr aufwändige Strom- und Wärmeversorgung sind kleine Kraftwerke, die im Haus selbst installiert werden. Ein Motor wird mit einem Energieträger versorgt und die entstehende Abwärme, die jetzt bei der Stromerzeugung entsteht, wird genutzt, um das Wasser für Heizung und sanitäre Zwecke aufzuwärmen. Diese Art der Strom- und Wärmeerzeugung durch Kraft-Wärme-Kopplung wird auch in größerem Maßstab, beispielsweise in den Fernwärmenetzen einiger Städte, praktiziert.

In Deutschland könnte dabei der Wirkungsgrad der Stromerzeugung, der heute etwa bei 34 Prozent liegt, deutlich gesteigert werden, wenn man einen Großteil der Abwärme zur Beheizung der Gebäude benutzen würde. Das aber setzt kleinere und dezentrale Anlagen zur Stromerzeugung voraus.

Mit der heute verfügbaren Technik könnten etwa 40 Prozent des deutschen Stroms in kleinen dezentralen Stromerzeugern mit Wärmenutzung erzeugt werden. Auf diese Weise ließen sich etwa 300 Terawattstunden (TWh) Primärenergie einsparen. Da diese Ersparnis vorwiegend im Wärmebereich anfällt, könnte man damit eine Ölmenge von etwa 30 Milliarden Liter pro Jahr oder fast 600 000 Barrel pro Tag ersetzen. Somit könnten nur über diese eine Maßnahme bereits fast 1 Prozent der weltweiten, mehr als 10 Prozent der europäischen Ölproduktion bzw. fast 20 Prozent des deutschen Ölbedarfs eingespart werden.

Ein weiteres Rechenbeispiel soll das gewaltige Potenzial, das in der Kraft-Wärme-Kopplung liegt, deutlich machen: In Deutschland gibt es etwa 20 Millionen Ein- oder Zweifamilienhäuser. Wenn man davon ausgeht, dass jedes Haus ein kleines KWK-Kraftwerk mit 5 Kilowatt (kW) elektrischer Leistung installiert hat, so ergibt das eine Gesamtleistung von ca. 100 Millionen kW oder

100 Gigawatt (GW). Das entspricht in etwa der heute in Deutschland installierten Kraftwerksleistung.

Die Frage, wie Atomkraftwerke im Falle ihrer Abschaltung ersetzt werden sollen, findet hier einen Teil ihrer Antwort: nicht durch den Bau anderer Großkraftwerke, sondern durch dezentrale Stromerzeugung.

Hausenergieversorgung

Aber auch im Bereich der Haushalte ist es zumindest zu einer Stagnation oder einem stark abgeschwächten Anstieg des Energieverbrauchs gekommen. Die neuen Haustechnologien benötigen wesentlich weniger Energie. Das fängt im Gebäudebereich an (Stichwort Hausisolierung), geht über wesentlich effizientere Heizungsanlagen und endet beim Stromverbrauch für die Haushaltsgeräte. Heutige Waschmaschinen oder Kühlschränke verbrauchen zwei Drittel bis drei Viertel weniger Energie als alte Geräte. Demgegenüber steht aber eine gegenläufige Entwicklung: Es gibt heute wesentlich mehr stromnutzende Geräte in den Haushalten. Trotz eines deutlich geringeren Stromverbrauchs der Einzelgeräte führt dies in Summe zu einem Verbrauchsanstieg. Auch Geräte mit Stand-by-Schaltungen verbreiten sich immer mehr und führen zu steigendem Energieverbrauch. Schätzungen gehen dahin, dass in Deutschland nur aufgrund der Stand-by-Bereitstellung so viel Strom verbraucht wird, wie etwa 2–3 große Kernkraftwerke bereitstellen können. In Summe hat sich dadurch der Stromverbrauch der Haushalte bis Ende 2004 um etwa 6 Prozent gegenüber dem Jahr 1996 und um 16 Prozent gegenüber 1990 erhöht.

Etwa ein Drittel der eingesetzten Endenergie wird für Raumbeheizung und weitere 5 Prozent für die Warmwasserbereitung eingesetzt. In beiden Bereichen bieten mittlerweile ausgereifte moderne Technologien enorme Einsparpotenziale. Ebenso führt die oft schlechte Isolierung von Wohngebäuden zu hohem Energieverbrauch, der mit einfachen Baumaßnahmen reduziert werden könnte. Als eine Maßzahl zur Charakterisierung dieses Energieverbrauches wird der Bedarf in Liter Öl pro Quadratmeter ausgedrückt. Diese Zahl sagt aus, wie viel Öl man zum Beheizen einer Wohnung bei sonst gleichen Bedingungen einsetzen muss.

Seit 1984 gibt es die so genannte Wärmeschutzverordnung (WSVO), die festschreibt, dass Wohnungen so gebaut sein müssen, dass sie einen bestimmten Wärmebedarf nicht überschreiten. In der ersten Fassung von 1984 war dieser Jahreswärmebedarf auf rund 15 Liter Öl pro Quadratmeter festgelegt. In der Novellierung von 1995 wurde er weiter auf höchstens 10–12 Liter pro Quadratmeter und Jahr gesenkt. Die erste Bundesregierung mit »grüner« Beteiligung reduzierte diesen Wert wiederum ein wenig nach unten. Die eigentliche Verbesserung liegt aber darin, dass sich der Wert nur noch auf den Einsatz fossiler Energien bezieht. Energieanteile, die z. B. mit Solarkollektoren gedeckt werden, müssen bei der Berechnung nicht berücksichtigt werden. Es ist also dem Bauherrn freigestellt, ob er lieber gut isoliert oder eine große Solaranlage vorsieht.

Stand der Technik ist heute, Niedrigenergiehäuser mit einem Bedarf von 4–7 Liter Heizöl pro Quadratmeter und Jahr bei kaum erhöhten Kosten bauen zu können. Hersteller von Fertighäusern werben inzwischen mit »3-Liter-Häusern«. Schon werden ganze Neubausiedlungen nach Niedrigenergiestandard geplant und, wie erstmals in Freiburg, so genannte »Nullenergie- oder Plusenergiehäuser« gebaut. Diese Gebäude verfügen über eigene Anlagen zur regenerativen Energieerzeugung, die mehr Energie bereitstellen, als die Häuser selbst brauchen. Dieser Strom wird dann ins öffentliche Netz eingespeist.

Die Vorschriften der Wärmeschutzverordnung gelten jedoch nur für Neubauten und nicht für den Bestand der Altbauten. Eine Analyse für die Stadt München ergab beispielsweise, dass es noch Altbauten gibt, die einen Wärmebedarf von bis zu 60 Liter pro Quadratmeter ausweisen. Das ist etwa zwanzigmal mehr, als mit dem heutigen Stand der Technik machbar wäre.

In einer groben Abschätzung kann man davon ausgehen, dass es keine großen technischen Probleme bereiten würde, den Wärmeenergiebedarf der alten Wohngebäude im Mittel auf 5 Liter zu reduzieren. Damit könnten in diesem Bereich mindestens zwei Drittel des Energieverbrauchs eingespart werden. Wieder auf unseren Ölverbrauch umgerechnet, würde das bedeuten, dass dies den Ölverbrauch Deutschlands um 100 Milliarden Liter jährlich oder 1,7 Millionen Barrel täglich reduzieren würde. Dies entspräche mehr als 2 Prozent der weltweiten Ölproduktion oder 70 Prozent des deutschen Ölverbrauchs. Alleine durch bessere Bauweise ließe sich der Wohnbereich fast vollständig vom Öl unabhängig machen.

Diese Zahlen sind insofern theoretisch, als nur ein geringer Anteil der bestehenden Gebäude im oben genannten Sinne in nächster Zeit renoviert werden wird und viele Gebäude bereits mit Erdgas beheizt werden. Im Mittel werden jedes Jahr etwa 2,5 Prozent aller Wohngebäude umgebaut, und die wärmetechnische Sanierung ist freiwillig und erfolgt längst nicht in dem möglichen und sinnvollen Maße. Aber selbst bei konstanter Renovierungsrate ließe sich der gesamte Wohnungsbestand in etwa 40 Jahren vollständig auf einen deutlich geringeren Wärmebedarf umrüsten. Weiter kann man davon ausgehen, dass sich durch Verordnungen oder Anreize dieser Zeitraum verkürzen lässt. Die veränderten Rahmenbedingungen der letzten Jahre zeigen bereits Auswirkungen: Gegenüber dem Jahr 1996 hat sich der Heizölverbrauch der Haushalte in Deutschland bis Ende 2004 bereits um etwa 35 Prozent verringert. Der Verbrauch an Erdgas ist dagegen leicht gestiegen und lag um mehr als 60 Prozent über dem Ölverbrauch. Der Anteil von Holz, Solarenergie und Erdwärme (Wärmepumpen) hat sich über denselben Zeitraum mehr als verdoppelt auf 6,5 Prozent. Der gesamte Heizenergieverbrauch hat sich um etwa 10 Prozent reduziert.

Industrie

Die Industrie hat am meisten aus den Ölpreiskrisen der 70er Jahre gelernt. Dort gibt es die größten Bemühungen, die Energiekosten zu reduzieren. Dies ist neben technischen Verbesserungen insbesondere die Folge eines Übergangs auf andere Formen der Energiebereitstellung in vielen Bereichen: Kohle, Öl oder Gas wurden wo immer möglich und sinnvoll durch Strom ersetzt. Damit kann die Energie viel gezielter und lokal begrenzter zugeführt werden, was erhebliche Einsparungen mit sich bringt. In den vergangenen 50 Jahren hat sich trotz gestiegener Wirtschaftsleistung der Energieverbrauchsanstieg stetig verringert und in den letzten Jahren ist er sogar leicht rückläufig, auch wenn man den letzten Effekt aufgrund der Veränderung in den neuen Bundesländern nicht überbewerten darf. Die folgende Tabelle fasst diese Entwicklung zusammen.

Tabelle 6
Durchschnittliches jährliches Wachstum von Bruttosozialprodukt und Primärenergieverbrauch in Deutschland; heute brauchen wir ein Drittel weniger Energie, um dieselbe Wirtschaftsleistung wie vor 50 Jahren zu erbringen.

	Zunahme des Bruttosozialproduktes	Zunahme des Energieverbrauchs	Rel. Energie-intensität PEV/BSP
1950–1960	~4,5 %	4,5 %	100 %
1960–1970	~4,5 %	5 %	105 %
1970–1980	~2,5 %	1,5 %	95 %
1980–1990	~ 2 %	1,5 %	86 %
1990–2000	~1,5 %	-0,5 %	67 %
2000–2005	~0,7 %	-0,6 %	66 %

Aber auch hier ist noch ein deutliches Potenzial zur Einsparung zu finden. Eine Untersuchung der Technischen Universität München kommt zu dem Ergebnis, dass noch heute in der Industrie zu wenig auf den Energieverbrauch der Geräte geachtet wird. Würden überall dem aktuellen Stand der Technik entsprechende Elektromotoren eingesetzt werden, so ließen sich allein dadurch etwa 20 Prozent des industriellen Strombedarfs einsparen. Und auch in der Industrie kann der Energiebedarf für Raumwärme noch deutlich reduziert werden.

Verkehr

Haben die Bereiche Industrie und Haushalte eine weitgehende Stagnation des Energieverbrauchs im Wesentlichen aufgrund effizienterer Technologien erreicht, so war der Verkehr der einzige Verbrauchsbereich, der in der Vergangenheit ungehemmt gewachsen ist. Erst in jüngster Zeit gibt es Anzeichen einer Umkehr dieser Entwicklung. Insbesondere in Deutschland kann man die Auswirkungen der hohen Ölpreise der vergangenen 5 Jahre durchaus erkennen. Der Energieverbrauch im Straßenverkehr hatte 1998 einen Höhepunkt und ist seitdem um fast 10 Prozent zurückgegangen, der Benzinverbrauch sogar um über 20 Prozent. Allerdings steht dem eine Zunahme des Energieverbrauchs des Luftverkehrs um mehr als 20 Prozent gegenüber.

Erneuerbare Energien

Alles Leben auf der Erde ist vollständig von der Sonne abhängig. Das geht über alle Bereiche der biochemischen und geologischen Prozesse. Ohne Sonne betrüge die Temperatur auf der Erde wie im restlichen Weltall etwa –270 °C. Sie stellt täglich zugestrahlte »arbeitsfähige« Energie mit einer Leistung von 178 000 Terawatt (TW) zur Verfügung. Sofern diese Sonnenstrahlung nicht schon von der oberen Erdatmosphäre in den Weltraum reflektiert wird, kann sie primär direkt über das Sonnenlicht oder sekundär als Wasser- und Windenergie oder über Biomasse verwendet werden. Wirtschaftlich wird die Sonnenenergie bislang nur in einem sehr begrenzten Umfang genutzt. Von dem Welt-Primärenergieverbrauch von 1990 mit einer Leistung von etwa 13 TW, was etwa einem 13 700stel der Sonneneinstrahlung oder der Körperleistung von 130 Milliarden Sklaven entspricht, werden weltweit nur etwa 1,6 TW bzw. 12 Prozent durch Biomasse und weitere 0,8 TW bzw. 6 Prozent durch Wasserkraft abgedeckt. Diese Zahlen sollten verglichen werden mit den 40 TW der Sonnenenergie (etwa dem dreifachen des Welt-Primärenergieverbrauchs), die nach heutigen Schätzungen auf den Landflächen der Erde im Mittel als Biomasse gebunden werden – also bezüglich der Gesamt-Sonnenstrahlung nur etwa 0,2 Promille. Der Löwenanteil, nämlich 82 Prozent des Welt-Primärenergieverbrauchs von 13 TW, also 10,7 TW, jedoch kommt nicht aus der Sonnenenergie, sondern basiert auf nichterneuerbaren Energieträgern. Moderne Industriegesellschaften verdanken ihre hohe Arbeitsfähigkeit und Wertschöpfung zu 77 Prozent der Ausbeutung der fossilen Energiespeicher Kohle, Erdöl und Erdgas. Durch Atomkernspaltung sind in den letzten Jahrzehnten 2 Prozent weitere, nichtsolare Energiereservoire zugänglich gemacht worden.

Im Unterschied zu den sehr alten, fossilen Brennstoffen, die über Jahrmillionen entstanden sind und innerhalb weniger Jahrhunderte aufgebraucht werden, führt uns die Sonne ständig Energie zu – wir brauchen uns um ihre Erschöpfung keine Gedanken zu machen. Der Begriff »erneuerbare Energie« oder »regenerative Energietechnologie« ist übrigens etwas ungenau, da Energie immer nur umgewandelt werden kann. Streng genommen müsste man immer »regenerative Energiewandlungstechnologien« oder etwas Vergleichbares sagen, da man ein Medium benötigt, dem die Energie zugeführt oder weggenommen wird. Energie kann niemals direkt verändert werden. In diesem Kapitel sollen einige wichtige erneuerbare Energietechniken vorgestellt werden. Einerseits sind diese Technologien noch zarte Pflänzchen, die geschützt und gefördert werden müssen, wenn sie einmal die Hauptlast unserer Energieversorgung tragen sollen. Andererseits soll dies aber auch zeigen, dass sie schon robust genug sind, um trotz noch ökonomisch schwieriger Randbedingungen einen stetig größer werdenden Anteil an der Energieversorgung zu übernehmen.

Solarthermie

Diese Technologie wandelt Strahlungsenergie der Sonne in Wärme um. Die Kollektoren auf den Hausdächern werden vor allem zur Wassererwärmung benutzt. In Deutschland kann man damit im Sommer das gesamte und über das ganze Jahr gerechnet etwa 60 Prozent des Warmwassers erzeugen, und je größer der Wärmespeicher gewählt wird, desto länger können auch Schlechtwettertage überbrückt werden. Mittlerweile gibt es Solaranlagen, die auch einen deutlichen Beitrag zur Raumerwärmung leisten können. Ein Quadratmeter sollte in Deutschland bei richtiger Planung etwa 40–60 Liter Öl jährlich einsparen.

Die Energiekrise, die Angst vor steigenden Energiepreisen und die Förderung durch Bund und Länder lösten mit dem Höhepunkt um 1980 einen Solaranlagen-Boom aus. Als der Ölpreis wieder sank, war der Sturm auf diese Technologie vorerst vorüber. Zudem wurden damals noch viele unausgereifte Produkte angeboten, die manchem Solaranlagenhersteller ein schlechtes Image bescherten und zu drastischen Markteinbrüchen in den 80er Jahren führten.

Seit den späten 70er Jahren setzen kleinere Staaten wie Österreich oder Griechenland, vor allem aber auch das kleine und sonnenreiche Israel, diese Technik ein. Eine erstaunliche Entwicklung gab es in Österreich. Vor allem in der Steiermark bildeten sich Eigeninitiativgruppen, die mit wenig Kapital preiswerte Solaranlagen bauten und installierten. Anfangs von den Firmen mit großem Misstrauen als zusätzliche Konkurrenz auf dem noch kleinen Markt bedacht, wurde schon bald klar, dass dadurch der Markt starke neue Impulse erhielt. Entgegen den Befürchtungen schlug

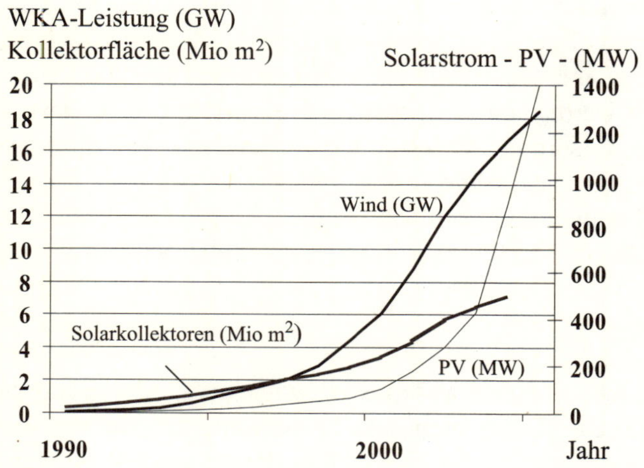

Solarstrom auf dem Niveau von Windstrom vor 10 Jahren

sich dies auch in gesteigerten Verkaufszahlen der Händler nieder. Anfang der 90er Jahre begann auch in Deutschland der Aufschwung. Beeinflusst von den Arbeiten der Enquete-Kommission »Schutz der Erdatmosphäre« wurden die Mittel für Marktanreizprogramme erhöht. Qualität und Standardisierung der Produkte haben sich wesentlich verbessert. Die steigenden Ölpreise der letzten Jahre lösten erneut eine große Nachfrage aus. Ende 2005 waren fast 20-mal so viel Solarkollektorfläche installiert als 1990. Das ist eine Steigerung des jährlichen Zubaus an Solaranlagen von über 20 Prozent.

Im Norden Europas, in Schweden und Dänemark, wurde das Konzept der solaren Nahwärmenetze entwickelt. Aufgrund des langen Winters wollte man Solarenergie das ganze Jahr über nutzbar machen. Dafür muss die Wärme des Sommers für den Winter gespeichert werden, und das gelingt umso besser, je größer die gespeicherte Energiemenge ist. Es wurden solare Nahwärmenetze von mehreren tausend Quadratmetern Kollektorfläche gebaut. Diese können bei guter Auslegung bis zu 60 oder sogar 70 Prozent der benötigten Jahreswärmemenge bereitstellen.

Fotovoltaik

Die Fotovoltaik wandelt Strahlungsenergie direkt in Strom um. Trifft die Sonnenstrahlung auf ein geeignet präpariertes Halbleitermaterial, so erzeugt sie dort Strom, der entweder zur Versorgung von Geräten abseits der elektrischen Netze eingesetzt oder in das Stromnetz eingespeist wird.

Am Anfang war die Solarstromerzeugung ein wichtiges Symbol der Solarenergie und ein Symbol gegen die Atomenergienutzung: Sie stand für Unabhängigkeit und für die Möglichkeit, sich aus der Ohnmacht gegenüber dem Monopol der Stromerzeuger zu befreien. Pioniere dieser Technologie wenden sie auch bei kleinen und leichten elektrischen Fahrzeugen an, deren Batterien mit der heimischen Solaranlage aufgetankt werden. Aber es erscheint im Augenblick eher unwahrscheinlich, dass dieser Funke auf die Mehrheit der Autofahrer überspringt.

Das Potenzial der Nutzung des Sonnenlichtes ist enorm, doch noch ist die Fotovoltaik mit Abstand die teuerste Form der regenerativen Energienutzung. Aber es gibt zunehmend Möglichkeiten, die Herstellungskosten durch technische Weiterentwicklung und industrielle Produktionsmethoden erheblich zu senken. Die Kombination aus einem eindrucksvollen Beitrag zur Energieversorgung und einem besonders hohen Kostenreduktionspotenzial ist ein guter Grund – auch für staatliche Unterstützungen.

Eine breite Förderung wurde durch das »Erneuerbare-Energien-Gesetz« Anfang 1999 angeboten: Solarstrom wird mit rund 50 Euro-Cent je kWh vergütet. Dieser Vergütungssatz verringert sich, je später eine Anlage gebaut wird. Damit geraten die Anbieter unter Druck, die Kosten ebenfalls zu senken. Wesentlich ist, dass die Mehrkosten nicht vom Stromversorger getragen werden, sondern von diesem auf alle Stromkunden umgelegt werden – im Schnitt weniger als 0,05 Cent je Kilowattstunde, ein Betrag, der wohl für keinen Stromkunden eine unzumutbare Belastung darstellt. Und dennoch sorgte dieser Effekt für einen rasanten Nachfrageanstieg.

Inzwischen ist die Branche stark gewachsen und unterhält einen eigenen Verband mit mehr als 300 Mitgliedsfirmen.

In Deutschland wurden bis Ende 2005 etwa 1400 MW Solarstromanlagen installiert, die 0,16 Prozent des Stroms bereitstellen. Weltweit lag die jährliche Zuwachsrate der Fotovoltaikindustrie lange Zeit bei 15–20 Prozent. Im Jahr 2004 wurden erstmals mehr als 1000 MW neu produziert und installiert, ein Jahr später bereits mehr als 1700 MW. Seit 2000 liegt der jährliche Zuwachs bei etwa 50 Prozent. Damit stieg die weltweit installierte Solarleistung bis Ende 2005 auf insgesamt 5,5 GW, das ist die Leistung von fünf Kernkraftwerken. In Deutschland wurde 2005 etwa so viel Solarstrom erzeugt wie Windstrom im Jahr 1996. Die Marktentwicklung von Solarstrom hat gegenüber Windstrom einen Rückstand von etwa zehn Jahren. Allerdings liegen die Zuwachsraten der letzten Jahre deutlich über denen von Windenergie zu dieser Zeit, so dass auch eine wesentlich schnellere künftige Marktdurchdringung denkbar ist.

Windenergie

Die Technik der Windenergienutzung ist wie die Wasserkraftnutzung sehr alt. Die Kraft des Windes wird über ein Rad zum Antrieb einer Drehmaschine benutzt, die dann wahlweise Wasser pumpt, Getreide zermahlt oder über einen Generator Strom erzeugt. Die Windenergienutzung in großem Stil erfolgt vor allem zur direkten Stromerzeugung, da dieser am bequemsten und universellsten weiterverwendet werden kann.

Heute umspannt der Leistungsbereich der Windräder Kleinstanlagen von etwa 60 Watt bis zu großen Windrädern mit 1–2 Millionen Watt. Ein kleines Windrad hat einen Durchmesser von weniger als einem Meter, ein 2-MW-Windrad hat fast 100 Meter Rotordurchmesser. Für den Bereich der Offshore-Anwendungen im flachen Meerwasser wagt man sich bereits an Windräder im Bereich von bis etwa 5 Megawatt heran. Je größer ein Windrad ist, desto größer ist zwangsläufig dessen Höhe. In größerer Höhe ist auch die Windgeschwindigkeit größer, da weniger Hindernisse den Wind abbremsen. So kann man deutlich mehr Energie gewinnen, denn bei höherer Geschwindigkeit nimmt der Luftdurchsatz zu und die Stromerzeugung steigt überproportional. So erzeugt dasselbe Windrad bei doppelter Windgeschwindigkeit nicht doppelt, sondern acht Mal so viel Strom. Es lohnt sich aus ökonomischen Gründen also fast immer, ein möglichst großes Windrad auf einem möglichst hohen Mast aufzustellen.

Ein großes Windrad mit 2 Megawatt Leistung – was heute Stand der Technik ist – erzeugt bei 2000 Voll-Laststunden im Jahr etwa 4 GWh Strom. Das reicht aus, um mehr als 1 000 Haushalte zu versorgen (ein Haushalt benötigt ca. 3000 kWh Strom im Jahr, eine Person benötigt etwa 1 000 kWh Strom im Jahr). An einem eher ungünstigen Standort kann man nur mit etwa 1000–1 500 Stunden Stromerzeugung im Jahr rechnen, an einem günstigen Standort etwa mit 2000–2 500 Stunden, und an einem sehr guten Standort im Offshore-Bereich der Nordsee mit etwa 3000–4000 Stunden. Ein großes 5-MW-Windrad im Offshore-Bereich könnte etwa 15–20 GWh Strom jährlich erzeugen. Das entspricht ungefähr dem jährlichen Stromverbrauch einer Kleinstadt mit 15000–20000 Einwohnern. Ein Windpark mit 100 derartigen Windrädern würde dann den Stromverbrauch einer Großstadt mit 1,5 Millionen Einwohnern abdecken können.

Die Anfänge der modernen Windenergienutzung wurden in Kalifornien und Dänemark gemacht. Nach der ersten Ölkrise förderte der kalifornische Staat die Einspeisung von Windstrom. Dadurch entstanden die beiden ersten großen Windparks mit Tausenden von kleinen Anlagen und einer Gesamtleistung von jeweils mehreren hundert Megawatt. Am meisten profitierte vom frühen Boom die dänische Windindustrie, die in dieser Zeit mit staatlichen Fördergeldern aufgebaut wurde, denn die dänische Regierung hatte eine Steuer auf Heizöl erhoben. Mit einem Teil dieses Geldes wurden die regenerativen Energietechnologien unterstützt.

Ende der 80er Jahre wurde Energie wieder billiger. In den USA wurden die günstigen Einspeisebedingungen für Windstromerzeuger durch die neue Regierung gestrichen. Die Folge war, dass der Boom ins Stocken kam und viele Windräder nicht mehr gewartet wurden. In den Folgejahren reduzierte sich die installierte Kapazität in den USA leicht und stagnierte bei etwa 1 600 MW. Seit der

Strom- und Gaskrise des Jahres 2000 steigt die installierte Leistung jedoch rasant, im Jahr 2005 waren die USA fast gleichauf mit Spanien der zweitgrößte Markt für Windenergiekonverter.

In Deutschland wurde 1989 das 100-MW-Programm für die Windenergienutzung aufgelegt: Im Rahmen dieses Programms sollten 100-MW-Windkraftanlagen aufgebaut und so weit finanziell unterstützt werden, dass ein wirtschaftlicher Betrieb gewährleistet war. Es war das erste Technologie-Einführungsprogramm für erneuerbare Energien in Deutschland, erwies sich allerdings bald als zu klein und wurde auf 250 MW erweitert. Parallel dazu wurde das erste Einspeisegesetz zur kostendeckenden Vergütung von Windstrom mit Unterstützung quer durch alle Parteien verabschiedet.

Die Erfolge waren bahnbrechend: Ähnlich wie bei der Kernenergienutzung Jahre zuvor erwiesen sich alle Prognosen als völlig falsch. Diesmal jedoch in die andere Richtung. Die Leistung wuchs wesentlich schneller, als es selbst von den Befürwortern der Windenergie jemals für möglich gehalten wurde.

In den vergangenen 15 Jahren wuchs die installierte Leistung um durchschnittlich rund 40 Prozent pro Jahr. Den Höhepunkt brachte das Jahr 2002 mit 3,2 GW Zuwachs. Insgesamt wurden bis Ende 2005 bereits 18,4 GW Windleistung installiert. Das entspricht der Leistung von 15 großen Kernreaktoren, und der produzierte Jahresstrom ist vergleichbar mit der Stromerzeugung von vier Kernkraftwerken. Damit erreicht die Windenergie einen Anteil von 4,3 Prozent an der deutschen Stromerzeugung. Es formiert sich jedoch auch Protest gegen die vielen Windanlagen. Wenn dieser Widerstand direkt aus der betroffenen Region kommt, dann ist er ernst zu nehmen. Denn wie überall in begrenzten Systemen kann es auch in der Aufstellung von Windkonvertern kein unbegrenztes Wachstum geben.

Der eigentliche Zuwachs an Windgeneratoren wird in den kommenden Jahren im flachen Meerwasser weit vor unseren Küsten erwartet. Dort können riesige Potenziale in einer Größenordnung von mehreren zig GW Stromerzeugungskapazität erschlossen werden. Die ersten Projekte befinden sich in der Planungsphase.

Doch auch außerhalb Deutschlands setzt sich die schneller werdende Verbreitung der Windenergietechnik fort. Innerhalb der Anrainerstaaten der Nord- und Ostsee beginnt man zusehends neue Standorte für Windenergieparks im flachen Küstenwasserbereich einzurichten. Aufgrund der erschwerten Bedingungen ist dies zwar eine größere technologische Herausforderung, andererseits sind hier wegen der gleichmäßig starken Winde und der großen Flächen enorme Energieerträge durch große Windparks zu erwarten.

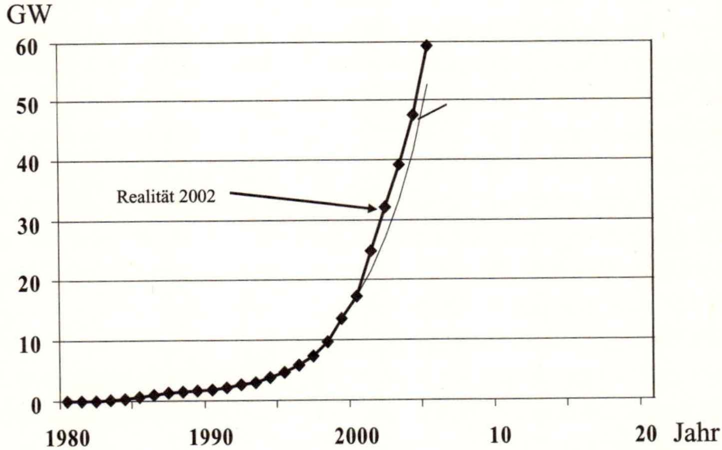

Entwicklung der weltweit installierten Windenergiekapazität und Prognosen von Greenpeace (Windforce 10) aus dem Jahr 2000

Vor allem Spanien erlebte in den letzten Jahren eine rasante Entwicklung. Spanien nimmt nach Deutschland Rang 2 weltweit ein mit 10 GW installierter Leistung (2005). Europaweit betrugen die Zuwachszahlen in den vergangenen 15 Jahren 30–40 Prozent. Heute sind in Europa etwa 40 GW installiert (das entspricht der Stromerzeugung von 10 Kernkraftwerken), diese können etwa 2,5 Prozent des Stroms innerhalb der EU bereitstellen.

In den USA erlebt die Windenergiebranche eine Renaissance. Erstmals wurden, ausgelöst durch die Strompreiskrise in Kalifornien im Winter 2000/2001, wieder große Windkrafträder gebaut. Insgesamt baute man im Jahr 2005 Anlagen mit 2,5 GW Leistung. Weltweit wurden bis Ende 2005 etwa 60 GW installiert.

Biomassenutzung

Die Zähmung des Feuers war eine bahnbrechende Leistung der Menschheit. Sie war die Voraussetzung für die Entwicklung von Zivilisation und Kultur. Das Herdfeuer zum Kochen und später der Ofen zum Wärmen der Räume waren neben Windmühlen und Wasserrädern die einzigen Techniken zur Energienutzung vor der Erschließung der Kohle. Genutzt wurden und werden Holz und Torf, Pflanzenöle, Stroh und Dung der Tiere sowie alle Arten von biogenen Reststoffen sowie dezidiert angebaute Energiepflanzen. Die mechanische Energie für die Bestellung der Felder, für alle anderen Arbeiten und für den Transport von Menschen und Gütern zu Lande wurde von Ochsen, Pferden, Eseln und Büffeln und nicht zuletzt von den Menschen selbst erbracht, die wiederum ihre Energie aus der Nahrung bezogen. Auch heute noch ist die Biomasse weltweit die wichtigste erneuerbare Energiequelle, auf die 10–15 Prozent des Energieverbrauchs fallen.

In Finnland, Italien, Schweden, Österreich und seit ein paar Jahren auch Deutschland gibt es in letzter Zeit trotz der Verfügbarkeit von Kohle und von billigem Öl und Gas eine Wiederentdeckung der Holzheizung. Die Verarbeitung von Holz zu kleinen Hackschnitzeln oder in gepresster Form zu kleinen Holzpellets ermöglicht den Bau von sehr effizienten Heizungen mit geringen Schadstoffemissionen. Der Bedienungskomfort dieser Heizungen ist dem von Ölheizungen vergleichbar. Vermehrt werden auch größere holzbefeuerte Heizzentralen installiert, die in Verbindung mit einem Nahwärmenetz Siedlungen oder ganze Dörfer versorgen. Bau und Export von innovativen Holzheizungen sind zu einem Wirtschaftszweig mit wachsender Bedeutung geworden. Im Jahr 2005 wurden in Deutschland bereits mehr als 1 Mrd. Euro in Anlagen zur Wärmeerzeugung mit Biomasse investiert. Insgesamt werden damit bereits etwa 5 Prozent des Wärmebedarfs in Deutschland gedeckt. Neben der althergebrachten Verbrennung von Biomasse haben sich neue Formen der energetischen Nutzung entwickelt. Im Zusammenhang mit der Tierhaltung ist das die Vergärung von Gülle zur Gewinnung von Biogas. Im Prinzip ist jede flüssige Form von biogenen Reststoffen für die Vergärung geeignet. Biogas hat ähnliche Eigenschaften wie Erdgas und kann zu Heizzwecken oder zum Betrieb von motorischen Blockheizkraftwerken eingesetzt werden. Die Stromerzeugung aus Biogas wird in Deutschland seit 1998 nach dem »Erneuerbare-Energien-Gesetz« gefördert. Das führte dazu, dass bis Ende 2005 bereits 3 TWh, das ist ein halbes Prozent des Stromangebots, mit Biogas erzeugt wurden.

Pflanzenöle sind ein heute intensiv genutzter Rohstoff, um Energie aus Biomasse zu gewinnen. Bei uns erfolgt dies vorwiegend durch den Anbau von Raps (weniger auch von Leinsamen), in den USA sind Sojabohnen die wichtigste Ölfrucht. Rapsöl kann weiterverarbeitet werden, und man erhält dann den sogenannten Biodiesel als Kraftstoff. Die Erzeugungspotenziale von Biodiesel sind aus einer Reihe von Gründen sehr begrenzt, und es stellt sich daher die Frage, ob es sinnvoll ist, daraus einen eigenständigen Kraftstoff zu machen, und ob es nicht besser ist, den Biodiesel dem normalen Diesel beizumischen. In Frankreich wird das so gemacht, seit kurzem hat aber auch die deutsche Bundesregierung die Gesetze dahingehend geändert.

Ethanol, also der gewöhnliche Alkohol, ist ein weiterer Energieträger aus Biomasse. Hauptquelle für die Herstellung in Europa sind die Zuckerrüben, aber auch Weizen, in anderen Gegenden der Welt ist es Zuckerrohr. Über spezielle Verfahren lässt sich auch Zellulose zu Alkohol vergären. Ethanol eignet sich ebenfalls als Kraftstoff und kann entweder rein verwendet oder dem Benzin beigemischt werden. In Brasilien spielt Ethanol seit den Ölpreiskrisen eine große Rolle.

In Hinblick auf einen wesentlichen künftigen Beitrag der Biomasse zur Kraftstofferzeugung haben sowohl Pflanzenöle wie auch Alkohole ein sehr begrenztes Potenzial. Um das energetische Potenzial möglichst vieler verschiedener Pflanzen nutzen zu können und um auch die in der gesamten Pflanze enthaltene Energie nutzbar zu machen (und nicht nur beispielsweise den Energieinhalt der Ölfrüchte), muss man neue Wege gehen. Die energetische Nutzung des gesamten Energieinhaltes ist durch die Vergasung der Biomasse bei sehr hohen Temperaturen möglich. Dabei entstehen je nach Prozesstechnik die verschiedensten flüssigen Kohlenwasserstoffe und energiereiche Gase, die jeweils weiter aufbereitet, umgewandelt und gereinigt werden müssen. Die entsprechenden Verfahren sind grundsätzlich bekannt, aber bisher nur in Pilotanlagen technisch realisiert worden. Um ein kompliziertes Thema kurz zu machen: Insbesondere zwei Verfahrensketten werden gegenwärtig untersucht und entwickelt; eine Linie führt zu flüssigen Kohlenwasserstoffen ähnlich dem heutigen Dieselkraftstoff, die andere Linie führt zu Wasserstoff, der ein als Kraftstoff geeigneter Sekundärenergieträger ist. Wasserstoff hätte den Vorteil, dass seine Verwendung im Auto möglicherweise effizienter ist, als wenn man den Weg flüssiger Biokraftstoffe ginge. Man muss sich die für die Umwandlung der Biomasse notwendigen Anlagen wie eine Art abgewandelter Raffinerie vorstellen, nur eben nicht mit Erdöl als Eingangsstoff.

Den Weg der Vergasung von Biomasse ist man bisher nicht gegangen, da Öl ausreichend und billig verfügbar war. Wenn man jedoch nach Alternativen zu Benzin und Diesel sucht und dort einen künftigen Markt sieht, dann wird man diese Wege eröffnen und die notwendigen Anlagentechnologien entwickeln. So ließen sich langfristig in Europa vielleicht zwischen 30 und 50 Prozent der heute im Verkehr verbrauchten Kraftstoffmengen bereitstellen.

Auf den ersten Blick erscheint die Nutzung der Biomasse als erneuerbare Energiequelle einerseits besonders nahe liegend und andererseits technisch einfach zu sein. In Wirklichkeit ist sie besonders vielfältig und komplex, weil sie die Eigenschaften des Lebendigen hat. Es ist auch für Fachleute nicht leicht, die verschiedenen Alternativen in ihren Wirkungen und Wechselwirkungen zu verstehen und zu bewerten. Verschiedene Regionen, unterschiedliche Böden in verschiedenen Klimazonen, verschiedene ökologische Systeme, verschiedene Pflanzen und verschiedene Fruchtfolgen in Verbindung mit unterschiedlichen Methoden und Intensitäten der Düngung und anderes mehr entziehen sich einer einfachen Beurteilung in Bezug auf Erträge und Emissionen. Dies gilt allgemein für die ökologischen Folgen einer intensivierten Nutzung der Biomasse und bedeutet, dass man diesen Weg zwar gehen soll, aber vorsichtig und behutsam.

Geothermie

Geothermienutzung stellt eine Sonderform dar, da sie nicht die Sonnenstrahlung nutzt, sondern die Wärme des Erdinneren. Man kann sie dadurch nutzen, dass man kaltes Wasser in die Tiefe pumpt und das erwärmte heiße Wasser wieder an die Oberfläche holt. Diesem heißen Wasser wird dann die Energie entzogen, indem man die Wärme in ein Fernwärmenetz einspeist oder Dampf erzeugt, eine Turbine antreibt und damit Strom erzeugt. Als regenerative Energie wird die Geothermie dann bezeichnet, wenn man nicht mehr Wärme aus dem Untergrund entnimmt, als in derselben Zeit aus anderen tieferen Bereichen der Erde nachgeliefert wird. Eine schnellere Entnahme, wie z. B. bei der »Hot-dry-rock«-Technologie, erschöpft das Wärmereservoir nach einer vorgegebenen Zeit, die in der Regel mehr als 20 Jahre beträgt. Dann kühlt der Untergrund an dieser Stelle aus und man muss entsprechend lange warten, bis wieder genügend Energie nachgeliefert wurde.

Die großen Erfahrungen der Ölkonzerne beim Bohren von tiefen Löchern lassen sie geradezu prädestiniert erscheinen, die Geothermienutzung technisch voranzutreiben. Die Bohrung ist immer der teuerste und riskanteste Teil einer geothermischen Erschließung. Es bietet sich daher an, die vielen alten Ölbohrungen (oder Gasbohrungen) von versiegten Quellen einer Zweitnutzung zuzuführen. In Deutschland werden die ersten Anlagen zur geothermischen Stromerzeugung gebaut. So wird in Unterhaching bei München neben einem Fernwärmenetz bald auch Strom mit 120° C heißem Wasser aus dem Untergrund erzeugt. Weitere Projekte sind im Entstehen und Ende 2005 waren Geothermieprojekte mit einem Volumen von etwa 3 Mrd. Euro beantragt.

Der konkrete Beitrag erneuerbarer Energietechniken

Auch eine künftige weitgehend auf erneuerbaren Energien basierende Energieversorgung wird, wie in der Vergangenheit auch, auf einem Mix mehrerer Träger beruhen. Und dennoch besitzt fast jeder der regenerativen Träger das Potenzial, allein etwa den gesamten Energiebedarf zu decken. So könnte Windenergie ebenso wie Wasserkraft ein Mehrfaches der weltweiten Stromversorgung abdecken. Die Wärmemenge, die in den drei obersten Kilometern der Erdkruste gespeichert ist, würde genügen, um den gesamten heutigen Weltenergiebedarf mehr als 100 000 Jahre zu gewährleisten.

Wie weit diese Potenziale in Zukunft ausgeschöpft werden, wird das Zusammenwirken vieler Kräfte bestimmen. Zwar ist der Energiefluss von Sonne, Wind und Wasser nach unserem Zeitempfinden unendlich, aber der Material- und Flächenverbrauch für ihre Nutzung unterliegt selbstverständlich wie jeder Materialverbrauch den Gesetzmäßigkeiten, wie sie für ein Wachstum in begrenzten Systemen immer gelten. Je intensiver die Nutzung ist, umso stärker werden sich auch hier diese Grenzen bemerkbar machen, vielleicht in einer Weise, die wir heute noch gar nicht absehen können. Und dann werden wir abermals entscheiden müssen, welchen Stellenwert wir einer energieintensiven Lebensweise im Vergleich zu einer die Umwelt respektierenden Lebensform zukommen lassen. Es ist eben nicht damit getan, nur die Energieversorgung umzustellen, denn das hat Auswirkungen auf alle Lebensbereiche, und wir müssen uns der Frage stellen: »Wie viel ist genug?« Doch noch sind diese Grenzen so weit entfernt, dass es erst einmal um die Erschließung der Potenziale geht.

Nicht nur weltweit, sondern auch regional kann der Energiehunger vollständig mit Sonnenenergie gestillt werden. Um den gesamten derzeitigen Strombedarf von Deutschland von etwa 500 TWh mit Solarstrom decken zu können, müsste man bei etwa 10 Prozent Wirkungsgrad so viele Solarmodule aufstellen, dass etwa 1,5 Prozent der Fläche Deutschlands davon bedeckt wären. Dies müssen wir damit vergleichen, dass etwa 6 Prozent der Fläche überbaut sind und 5 Prozent für Infrastruktur verbraucht wurden. Ein großer Teil dieser Fläche kann natürlich für die Aufstellung der Solarpaneele verwendet werden, seien es nach Süden ausgerichtete Hausdächer oder Fassaden oder die Überdachung von Parkzonen.

Auch in Deutschland bietet die Windenergie ein großes Potenzial der Nutzung. Heute werden fast 5 Prozent des Stroms in Deutschland durch Windenergie erzeugt. Bei Ausschöpfung des Potenzials im Meer könnte dieser Anteil auf 15–20 Prozent innerhalb der kommenden 20 Jahre ansteigen. Biomasse kann einen Anteil übernehmen, wobei deren Größe davon abhängen wird, wie viel Fläche hierfür verfügbar gemacht werden soll. Die Wasserkraftnutzung kann nur noch wenig ausgebaut werden. Insbesondere die Geothermie, mit deren Nutzung bisher noch kaum begonnen wurde, kann langfristig eine bedeutende Rolle spielen. Die

Zielvorgaben der Bundesregierung, bis 2020 etwa 20 Prozent des Stroms regenerativ zu erzeugen, werden vermutlich übertroffen werden.

Um aber ein Gefühl für diese Bereiche und Potenziale zu entwickeln, sollen im Folgenden nochmals einige einfache Abschätzungen und Berechnungen zusammengestellt werden.

Tabelle 7

Insgesamt bis Ende 2005 installierte Solarkollektorenfläche und Fläche je 1000 Einwohner in Europa; die letzte Spalte gibt die Marktveränderung von 2004 auf 2005 an.

Land	Bis Ende 2005 installierte Kollektorfläche (Mio. m²)	Kollektorfläche je 1000 Einwohner (m²/1000 Einwohner)	Marktwachstum (%)
Österreich	2,32	286	28
Griechenland	3,05	278	3
Deutschland	6,55	79	27
Dänemark	0,34	63	6
Schweiz	0,39	53	26
Schweden	0,21	23	13
Niederlande	0,30	18	–23
Portugal	0,16	15	60
Spanien	0,53	13	19
Italien	0,52	9	24
Frankreich	0,40	7	17
Belgien	0,05	5	38
Polen	0,14	4	6
Großbritannien	0,20	3	12
Finnland	0,01	2	0
Summe	15,7	37	26

Wie weiter oben beschrieben, könnte man in Deutschland den Wärmebedarf durch geeignete Maßnahmen um ca. 2,3 Millionen Barrel Öläquivalent pro Tag reduzieren (0,6 Millionen b/d durch Kraft-Wärme-Kopplungs-Anteil an der Stromversorgung von 40 Prozent anstelle der heutigen 10 Prozent; 1,7 Millionen b/d durch konsequente Hausisolierung). Damit wäre rein rechnerisch eine Halbierung des deutschen Ölverbrauchs möglich. Natürlich ist zu berücksichtigen, dass Öl vorwiegend im Straßenverkehr benutzt wird. Daher kann man so nur etwa 30 Prozent des Öls einsparen, die restliche Einsparung geht zu Lasten des Erdgasverbrauchs. Im Stromsektor könnten anhand der oben gemachten vereinfachten Ausführungen leicht 40–50 TWh eingespart werden (keine Stand-by-Schaltungen; effizientere Elektromotoren in Haushaltsgeräten; effizientere Elektromotoren in der Industrie). Das entspricht 8–10 Prozent der gesamten Stromerzeugung. In Deutschland gibt es etwa 20 Millionen Ein- und Zweifamilienhäuser. Würde jedes Haus eine Solaranlage mit 20 Quadratmetern zur Heizungsunterstützung betreiben, so könnten damit etwa 0,34 Millionen Barrel Tagesproduktion an Öl ersetzt werden. Würde für jeden Bewohner ein Quadratmeter Solarkollektor zur Warmwasserbereitung installiert, so entspräche dies weiteren 0,07 Mio. Barrel pro Tag. Würden auf jedem Ein- oder Zweifamilienhaus 10 Quadratmeter Fotovoltaik installiert, dann ließen sich damit etwa 20 TWh Strom erzeugen. Würde jedes Auto im Mittel 4 Liter pro 100 km verbrennen, dann ließe sich der Ölverbrauch im Verkehr halbieren. Zusammen mit obigen Maßnahmen könnte man also mindestens zwei Drittel des tatsächlichen Ölbedarfs einsparen. Die dann noch benötigte Energiemenge lässt sich dann leichter durch erneuerbare Energietechniken bereitstellen.

Die Befreiung des Autos vom Öl

Öl und Auto sind in ihrer Geschichte untrennbar miteinander verbunden. Der weltweite Siegeszug des Autos wäre ohne den gleichzeitigen Aufbau der Ölindustrie nicht möglich gewesen. Der überwiegende Anteil des Erdöls wird vom Verkehr verbraucht. Im Schnitt aller OECD-Staaten sind es etwa 70 Prozent. Umgekehrt ist das Auto fast vollständig auf Benzin und Diesel angewiesen, die wenigen Elektro- und Erdgasautos spielen keine Rolle. Die weitere Entwicklung des Straßenverkehrs, aber auch des Luftverkehrs hängt von einer ständig steigenden Verfügbarkeit von Erdöl ab – zu einem erheblichen Anteil wohl auch von billigem Erdöl. Auf der anderen Seite steht die Autoindustrie unter zunehmendem Druck, die CO_2-Emissionen des Verkehrs langfristig deutlich zu reduzieren. Beide Entwicklungen sind aber unvereinbar. Die Übertragbarkeit unseres westlichen Modells der Automobilität auf die ganze Welt ist weder aus Sicht der Ressourcenverfügbarkeit noch aus Klimasicht möglich. Weltweit setzt sich in der Autoindustrie die Auffassung durch, dass das beschriebene Dilemma nur durch den

Übergang auf einen anderen Kraftstoff gelöst werden kann, also durch die Befreiung vom Öl. Der Weg dorthin heißt Öffnung des Verkehrssektors für erneuerbare Energien. Nur so lassen sich einerseits die Abhängigkeit vom knapper werdenden Öl und andererseits auch die Emissionen reduzieren. In den letzten Jahren haben die Entwicklungsanstrengungen für alternative Kraftstoffe und auch für alternative Antriebe ständig zugenommen. Noch gibt es kein einheitliches Bild, doch einige Trends zeichnen sich ab.

Zunächst muss man feststellen, dass die Autoindustrie nach durchaus ernsthaften Anläufen die Hoffnung vorerst aufgegeben hat, das Elektroauto zum Erfolg zu führen. Im Prinzip wäre es der eleganteste Weg und würde auch die Nutzung erneuerbarer Energien besonders begünstigen, wenn nicht das Problem der Speicherung der elektrischen Energie in Batterien wäre. Dafür ist bisher keine befriedigende und preiswerte Lösung gefunden worden – und es ist auch keine in Sicht. Die Solarmobile mit ihrem geringen Platzangebot und ihrer geringen Reichweite werden nicht als ernsthafte Alternative zum herkömmlichen Auto gesehen. Deswegen werden andere Wege verfolgt. Insbesondere die Innovation auf dem Gebiet der Antriebstechnik durch die Brennstoffzelle verspricht einen bestimmenden Einfluss auf die weitere Entwicklung zu nehmen. Die Brennstoffzelle ist ein elektrochemischer Energiewandler, der aus Wasserstoff und Sauerstoff Strom und Wärme produziert, wobei Wasser entsteht. Dies ist die Umkehrung der bekannten Elektrolyse, bei der Knallgas entsteht. Die Brennstoffzelle ist deswegen so attraktiv, weil sie die im Wasserstoff enthaltene Energie mit sehr hohem Wirkungsgrad in Strom umwandeln kann und weil bei dieser Umwandlung keine schädlichen Emissionen entstehen. Nach nur wenigen Jahren Entwicklungszeit ist beim Brennstoffzellenantrieb bereits ein technischer Stand erreicht worden, der die Wirkungsgrade des Dieselmotors deutlich übertrifft. Dies gilt besonders für Fahrzeuge, die im Nahverkehr betrieben werden. Der Dieselmotor ist der effizienteste konventionelle Antrieb und hat eine mehr als 100-jährige Entwicklung hinter sich. Das erklärt, warum sich so viele Firmen mittlerweile mit der Brennstoffzellentechnologie beschäftigen. Sie ermöglicht im Prinzip die Realisierung eines äußerst sparsamen und sauberen Autos – so weit es den Betrieb des Autos selbst betrifft.

Wasserstoff ist allerdings nicht nur für Brennstoffzellenantriebe geeignet – wenn dafür auch besonders gut –, sondern auch für entsprechend angepasste konventionelle Verbrennungsmotoren. Auch für diese Autos gilt der Vorteil der weitgehenden Schadstofffreiheit im Betrieb. Natürlich ist die Verträglichkeit von mit Wasserstoff betriebenen Autos auch davon abhängig, wie der Wasserstoff hergestellt wird. Wasserstoff ist ein so genannter Sekundärenergieträger, er kommt in der Natur nur in gebundener Form vor und muss daher unter Einsatz von Energie erst hergestellt werden. Hier zeigen sich seine großen Vorteile als Kraftstoff für den Verkehr, denn er kann aus einer Vielzahl von Primärenergien hergestellt werden: aus fossilen Energiequellen, insbesondere Erdgas, aber auch mithilfe von erneuerbarer Energie wie Windkraft, Wasserkraft, Solarstrom, schließlich aber auch über chemische Umwandlungsprozesse aus Biomasse. Damit steht für die Herstellung dieses Kraftstoffs praktisch die gesamte Palette der erneuerbaren Energien zur Verfügung. Andererseits kann in einer Übergangszeit aus wirtschaftlichen Gründen ein Herstellungsmix realisiert werden, so dass Teile des Kraftstoffs aus fossilen Quellen und andere Teile aus erneuerbaren Energiequellen hergestellt werden. Damit ist es möglich, in Zukunft den Anteil dieser Energien an der Kraftstofferzeugung gleitend zu erhöhen.

Andere Möglichkeiten der Kraftstoffnutzung erneuerbarer Energien bestehen in der Erzeugung von flüssigen Kohlenwasserstoffen, insbesondere aus Biomasse. Deren Potenziale allein sind jedoch beschränkt und reichen nicht aus, langfristig die Kraftstoffversorgung zu übernehmen. Aussichtsreich sind daher alle Kraftstoffe, die sich auch aus Biomasse herstellen lassen, aber nicht nur daraus, sondern auch aus anderen erneuerbaren Energiequellen. Es ist in unserem Zusammenhang aber nicht wichtig, vorherzusehen, welche Antriebstechnik oder welcher Kraftstoff sich in den kommenden Jahren und Jahrzehnten auf dem Markt durchsetzen wird. Viel wichtiger ist es zu sehen, dass im Augenblick eine Vielzahl neuer Optionen eröffnet werden, die alleine oder in Kombination die Möglichkeit bieten, den Straßenverkehr und auch den Luftverkehr von der Abhängigkeit vom Erdöl zu befreien und die energiebedingten Umweltbelastungen entscheidend zu reduzieren.

Was noch vor wenigen Jahren von den meisten nur als Hirngespinst betrachtet worden wäre, beschäftigt inzwischen alle großen Automobilfirmen sowie die Mineralöl- und Energiekonzerne. Industrie und Regierung loten die notwendigen Rahmenbedingungen aus, um trotz höherer Kosten für erneuerbare Kraftstoffe eine breite und schnelle Einführung zu ermöglichen. Natürlich gibt es bei diesem Spiel die unterschiedlichsten Interessen, aber inzwischen bestreitet niemand mehr, dass dieser Weg begangen werden muss. Wasserstoff als universeller Kraftstoff erfordert allerdings den Aufbau einer vollkommen neuen Infrastruktur für Bereitstellung und Betankung. Dies stellt die größte Hürde für den Übergang dar. Nur eine gemeinsame Anstrengung von Autoindustrie, Energieindustrie und Regierung kann diese große Aufgabe bewältigen.

Die zu erwartenden Verwerfungen auf den Ölmärkten werden in Zukunft zu einer Verstärkung der Anstrengungen führen, so dass es durchaus möglich ist, dass grundsätzliche Innovationen auf dem Gebiet der Antriebstechnik und der Kraftstoffe sehr viel früher auf den Markt kommen und damit unseren Alltag bestimmen werden, als es die meisten Leute heute für wahrscheinlich halten.

Die naheliegendste Antwort auf steigende Ölpreise und die Klimaauswirkungen des Verkehrs sind natürlich sparsamere Autos und ein vernünftigerer Gebrauch der Fahrzeuge. Das ist im Ergebnis unstrittig, doch ist der Weg dorthin offensichtlich schwierig. Die Schwierigkeiten sind jedoch nicht nur technologischer Art. Dass man ein 3-Liter-Auto bauen kann, ist inzwischen erwiesen. Allein der Übergang zu sparsameren Autos könnte mittelfristig den Öldurst des Straßenverkehrs mehr als halbieren. Es bestehen also große Spielräume für Reaktionen auf der Nachfrageseite ohne einschneidende Veränderungen des Lebensstils. Sparsamere Autos und der Übergang zu Kraftstoffen aus erneuerbaren Energien sind die Lösungswege. Dabei handelt es sich nicht um ein Entweder/oder: Beides ist sinnvoll und beides muss und kann man machen.

Anhang

Glossar

Abfackeln Verbrennen von Gasgemischen, die nicht anders verwendet werden können.
Abyssische Region Region der Tiefsee (3000-10000 Meter tief, licht- und pflanzenlos).
ACG Azeri-Chirag-Guneshli, geologische Struktur in Aserbaidschan.
Agenda 21 Umfangreiches Aktionsprogramm zu Umwelt- und Entwicklungsvorhaben unter der Vorgabe einer nachhaltigen Nutzung aller natürlichen Ressourcen. Die Vereinbarungen wurden auf der UN-Konferenz für Umwelt und Entwicklung in Rio de Janeiro 1992 von über 170 Staaten unterschrieben.
Alge Niedere Wasserpflanze.
AMI Area of Mutual Interest: Vertragsklausel, die individuelle Förderaktionen in entdeckten Öl- und Gasfeldern verbietet.
Anaerob Ohne Sauerstoff lebend.
Anthropogen Vom Menschen geschaffen oder beeinflusst.
Antiklinalfalte Sattelfalte.
ASPO Association for the Study of Peak Oil.
Baath-Partei Panarabische, sozialistische Partei, 1943 in Syrien gegründet.
Bar Maßeinheit des Luftdrucks.
Barrel (b) Englisches und amerikanisches Hohlmaß, 1 Barrel = 158,987 Liter.
Biogas Gasgemisch, das aus bis zu 70 Prozent aus Methan-Kohlendioxid besteht. Es entsteht bei bakterieller Zersetzung von organischer Materie unter Luftabschluss.
Biomasse Anfallende organische Substanz.
Bionik Wissenschaft, die die Funktionsweise von Organen zum Vorbild für die Lösung technischer Probleme heranzieht.
Bitumen Braunschwarze brennbare Kohlenwasserstoffgemische wie Erdpech, Asphalt, Destillationsrückstand von Erdöl.
CERA (Cambridge Energy Research Association) amerikanische Beratungsgesellschaft.
Chirac, Jacques Französischer Premierminister.
Claude Mandil Präsident der Internationalen Energieagentur (IEA).
Club of Rome Internationaler Zusammenschluss von Persönlichkeiten aus Wissenschaft und Gesellschaft mit dem Ziel, auf der Basis von Analysen über vorhandene Rohstoffreserven Prognosen für zukünftige Entwicklungen abzugeben. 1968 in Rom gegründet.
Cooperation Council for the Arab States of the Gulf Mitgliedsstaaten: Bahrain, Kuwait, Oman, Katar, Saudi-Arabien, Vereinigte Arabische Emirate.
Decline Niedergang, Abnahme.
DoE US Department of Energy.
Ebadi, Shirin Iranische Juristin, Friedensnobelpreis 2003.

Emission Ausströmen luftverunreinigender Stoffe in die Außenluft.
Energy Outlook 2000 Untersuchung der IEA über den zukünftigen Energieverbrauch.
Erosion Auswaschung und Abtragung von Land durch Wasser und Wind.
EUR Estimated Ultimate Recovery, vermutlich insgesamt förderbare Menge.
FAO Food and Agricultural Organization (United Nations): Welternährungsorganisation.
Flöz Abbaufähige Schicht (insbesondere von Kohle).
Fossile Brennstoffe Aus der geologischen Vergangenheit stammende Energierohstoffe.
G7-Treffen Jährliches Treffen der 7 führenden Industriestaaten zu ökonomischen und politischen Fragen. Mitglieder: Frankreich, USA, Großbritannien, Deutschland, Japan, Italien, Kanada. Seit 1997 ist Russland neues Mitglied.
Gasprom Russisches, weltweit größtes Erdgasförderungsunternehmen.
Gb Gigabarrel= 1 Milliarde Barrel.
Geochemie Wissenschaft von der chemischen Zusammensetzung der Erde als Ganzes.
Geothermisch Die Erdwärme betreffend (Wärmezunahme um ca. 3° C pro hundert Meter Tiefe).
Gondwana Großer Urkontinent des Paläozoikums auf der Südhalbkugel.
Granulat Körnige Substanz.
Gravimetrische Messung Untersuchung des Schwerefeldes der Erde.
GTL Gas-to-liquids – Kraftstoff aus Erdgas.
GUS-Staaten Gemeinschaft Unabhängiger Staaten (gegründet nach dem Zusammenbruch der Sowjetunion im Dezember 1991): Armenien, Aserbaidschan, Kasachstan, Kirgisien, Moldau, Russland, Tadschikistan, Turkmenistan, Ukraine, Usbekistan, Weißrussland.
GW Gigawatt = 1 Milliarde Watt.
Gyroskop Messgerät für den Nachweis der Achsendrehung der Erde.
bin Hamad al Attiya, Abdullah Energieminister von Katar.
Haschemiten, auch: Haschimiden Von dem Propheten Mohammed abstammende arabische Herrscherdynastie im Irak und in Jordanien.
Hedscha Arabisch Hijas, Region am Roten Meer, Ort der heiligen Städte Mekka und Medina.
Hubinsel Bohrinsel, deren Plattform so weit über die Wasseroberfläche hinausragt, dass sie von den Wellen nicht erreicht werden kann.
IEA International Energy Agency, 1974 gegründet. Mitglieder sind Öl importierende Länder.
IHS Energy Group Weltführende Organisation für Informationsdienste und Beratung im Energiesektor.
IPCC Intergovernmental Panel on Climate Change, wissenschaftl. Gremium der UNO und Weltmeteorologischen Organisation zur Erforschung des Klimawandels.
IPI Erdgaspipeline von Iran nach Indien über Pakistan, in Planung.
Irak Survey Group Internationale Kommission, die nach gründlicher Recherche keine Massenvernichtungswaffen im Irak gefunden hat.
Isobathe Verbindungslinie zwischen Orten gleicher Wassertiefe (Tiefenlinie).
Kerogen Organische Substanz der Ölschiefer.
Kohlenwasserstoff Organische Verbindung, die ausschließlich aus Kohlenstoff und Wasserstoff besteht.

Koken Koks herstellen (durch Erhitzen und unter Luftabschluss aus Stein- oder Braunkohle).
Kondensat Flüssigkeit, die sich aus Dampf niedergeschlagen hat.
Kontinentalsockel, Festlandsockel Fortsetzung der Landmasse im Meer bis zu einer Tiefe von 200 Meter.
Konvektion Strömungsbewegung.
KWK Kraft-Wärme-Kopplung.
Leckage Undichte, defekte Stelle.
Leduc Ort in der Provinz Alberta, Kanada.
LNG Liquified Natural Gas, verflüssigtes Erdgas (–161,5°C).
Magmatisch Aus Magma (glühende, flüssige Masse aus dem Erdinnern).
Mangrove Laubbaum, der in Flussmündungen und Meeresbuchten wächst.
Mergel, mergelig Sediment aus Ton und Kalk.
Metagenese, metagenetisch Prozess der thermischen Zersetzung von organischer Materie.
Metamorphose Umwandlung in eine andere Gestalt.
Methangas Farb- und geruchloses brennendes Gas, wichtiger Bestandteil des Erdgases. Es entsteht aus der Zersetzung organischer Stoffe.
Methanol Farbloser, giftiger Alkohol, der als Treib-und Brennstoff verwendet wird.
Mto/Mtoe Millionen Tonnen Öl/Millionen Tonnen Öläquivalent.
Muttergestein Gestein, in dem Erdöl und Erdgas gebildet werden.
Myanmar Ehemals Birma.
Naphtha Schwerbenzin.
Negawatt Menge an eingesparter Energie.
NGL Natural Gas Liquids (Ethan, Butan, Isobutan, Propan etc.), schwere Bestandteile des Erdgases, die bei leichtem Druck und Umgebungstemperatur flüssig werden.
OAPEC Organization of Arabian Petroleum Exporting Countries. 1968 zur Unterstützung der arabischen Ölindustrie mit Sitz in Kuwait gegründet.
OECD Organization for Economic Cooperation and Development. Bedeutendste Organisation der Industrieländer zur Abstimmung ihrer Wirtschaftspolitik.
Ölförderung offshore Ölförderung in einiger Entfernung von der Küste.
Ölförderung onshore Ölförderung an Land.
Ölschiefer Dunkle, bitumenreiche tonige Gesteine.
OPEC Organization of the Petroleum Exporting Countries, 1960 gegründet. Koordination und Vereinheitlichung der Erdölpolitik der Mitgliedsländer: Algerien, Ecuador, Gabun, Indonesien, Irak, Iran, Katar, Kuwait, Libyen, Nigeria, Saudi-Arabien, Venezuela, Vereinigte Arabische Emirate.
Orimulsion Besonders schweres, chemisch aufbereitetes Öl vom Orinoco.
Permafrost Dauerfrostboden, der mindestens für zwei Jahre eine Temperatur von 0° C nicht überschreitet.
Ponton Auf dem Wasser schwimmender Hohlkörper zum Bau von Brücken etc.
Schelf Siehe Kontinentalsockel.
Scherif Titel der Nachkommen des Propheten Mohammed, oberster Hüter der Heiligtümer in Mekka.
Schiiten Anhänger Alis, Schwiegersohn des Propheten Mohammed, die nur Ali und seine Nachkommen als weltliches und religiöses Oberhaupt des islamischen Reiches anerkennen.

Schisma Kirchenspaltung.
Scholle Von Verwerfungen umgrenzter Teil der Erdkruste.
Schröder, Gerhard Deutscher Kanzler a. D., jetzt u. a. im Aufsichtsrat von Gasprom.
Schwelung Trockene Destillation von festen Brennstoffen, wodurch Teere, Gase und Koks entstehen.
Sedimentär Durch Ablagerung entstanden.
Seismisch Erdbeben betreffend.
Seismografie Aufzeichnung von Erschütterungen im Erdinnern mit Hilfe des Seismografen.
Sunniten Anhänger der Sunna, überlieferter Aussprüche und Lebensgewohnheiten des Propheten Mohammed.
Synergie Zusammenwirken von Energie für die Erfüllung gemeinsamer Aufgaben.
TAP Erdgaspipeline vonTurkmenistan nach Pakistan über Afghanistan, in Planung.
Tektonik Teilgebiet der Geologie, das sich mit dem Aufbau und der Bewegung der Erdkruste befasst.
TWh Terawattstunde (Tera = Billionenfaches einer Maßeinheit).
UN United Nations, Vereinte Nationen.
USGS United States Geological Survey, Behörde der US-amerikanischen Regierung zur Untersuchung der Verfügbarkeit von mineralischen Rohstoffen.
Verwerfung Verschiebung von Gesteinsschollen entlang einer vertikal oder horizontal verlaufenden Spalte.
Viskosität Zähflüssigkeit.
Wahhabiten Anhänger von Mohammed Ibn Abd al-Wahhab (1720–1792), puritanische Reformsekte.
WSVO Wärmeschutzverordnung seit 1982: Wohnungen müssen so gebaut werden, dass sie einen bestimmten Wärmebedarf nicht überschreiten.
WTO World Trade Organization, Welthandelsorganisation.
WWI World Watch Institute, amerikanische Stiftung zur Beobachtung des ökologischen Zustandes der Welt.
Zoroastrismus Von dem persischen Propheten Zarathustra (600 v. Chr) gegründete Religion (Parsismus).

Literaturhinweise

BP Statistical Review of World Energy, British Petroleum, London, 2002

Energie und Klima, *Studienprogramm »Internationale Konvention zum Schutz der Erdatmosphäre sowie Vermeidung und Reduktion energiebedingter klimarelevanter Spurengase«, herausgegeben von der Enquete-Kommission »Vorsorge zum Schutz der Erdatmosphäre« des Deutschen Bundestages,* Economica Verlag, Bonn, Verlag C. F. Müller, Karlsruhe, 1990, ISBN 3-926831-93-6

The Global 2000 Report to the President, herausgegeben vom Council on Environmental Quality und dem U.S.-Außenministerium, U.S. Government Printing Office, 1980; deutsche Ausgabe: *Global 2000 – Der Bericht an den Präsidenten,* Zweitausendeins, Frankfurt, 1980

IPCC 2001: *Climate Change 2001: The Scientific Basis. Contribution to the Third Assessment Report of the Intergovernmental Panel on Climate Change,* Cambridge University Press, Cambridge, 2001, ISBN 0-521-80767-0

Long Term Integration of Renewable Energy Sources into the European Energy System, The LTI-Research Group, Editor, Publication Series of the Centre for European Economic Research (ZEW), Physica-Verlag, Heidelberg, New York, 1998, ISBN 3-7908-1104-1

Petroleum Economics & Policy Solutions, IHS Energy Group, London, Genf, Houston, 2002

Reserven, Ressourcen und Verfügbarkeit von Energierohstoffen, Bundesanstalt für Geowissenschaften und Rohstoffe, Hannover, 1998

U.S. Geological Survey World Petroleum Assessment 2000, Washington, 2000

Alt, Franz: *Krieg um Öl oder Frieden durch die Sonne,* Riemann Verlag, München, 2002

Alt, Franz/Alt, Brigitte: *Die Sonne schickt uns keine Rechnung,* Piper Verlag, München, 2004

Altvater, Elmar: *Das Ende des Kapitalismus, wie wir ihn kennen,* Verlag Westfälisches Dampfboot, Münster, 2005

Améry, Carl/Grefe, Christiane/Scheer, Hermann: *Klimawechsel – von der fossilen zur solaren Kultur,* Kunstmann Verlag, München, 2001

Barudio, Günter: *Tränen des Teufels,* Klett-Cotta, Stuttgart, 2001, ISBN 3-608-91680-6

Campbell, Colin J.: *The end of cheap oil,* Petroconsultants, Genf, 1998

Campbell, Colin J./Laherrere, Jean H.: *The world's oil supply* 1930–2050, Petroconsultants, Genf, 1995

Deffeyes, Kenneth S.: Hubbert Peak: *The impending Peak of Oil Production,* Princeton University Press, 2001, ISBN 0-691-09086-6

Deffeyes, Kenneth S.: *Beyond Oil. View from Hubbert's Peak,* Hill & Wang, New York, 2005

Dürr, Peter: *Für eine zivile Gesellschaft,* München, 2000, ISBN 3-423-36177-8

Fell, Hans-Josef/Pfeiffer, Carsten: *Chance Energiekrise – der solare Ausweg aus der fossil-atomaren Sackgasse,* Solarpraxis Verlag, Berlin, 2006

Gründinger, Wolfgang: *Die Energiefalle, Rückblick auf das Erdölzeitalter,* Verlag C.H. Beck, München, 2006

Heinberg, Richard: *The Party's over,* Riemann Verlag, München, 2004

Heinberg, Richard: *Powerdown – Options and Actions for a Post-Carbon World,* New Society Publishers, Gabriola, Canada, 2004

Hennicke, Peter u. a.: *Weltmacht Energie,* S. Hirzel Verlag, Stuttgart, 2005

Kronberger, Hans: *Blut für Öl – Der Kampf um die Ressourcen,* Uranus Verlag, Wien, 1998

Laherrere, Jean H./Perrodon, Allan/Campbell, Colin J.: *The world's gas potential,* Petroconsultants, Genf, 1996

Lovins, Amory B./E. Kyle Datta, Odd-Even Bustnes/Koomey, Jonathan G./ Glasgow, Nathan J.: *Winning the Oil Endgame,* Rocky Mountain Institute, Snowmass, Colorado, 2006

Meadows, Dennis/Meadows, Donella/Zahn, Erich/Milling, Peter: *Die Grenzen des Wachstums, Bericht des Club of Rome zur Lage der Menschheit,* Deutsche Verlags-Anstalt GmbH, Stuttgart, 1972, ISBN 3-499-16825-1

Meadows, Donella/Randers, Jorgen/Meadows, Dennis: *Limits to Growth – The thirty year update,* Chelsea Green Publishing Company, Vermont, 2004

Perrodon, Allan/Laherrere, Jean H./Campbell, Colin J.: *The world's non conventional oil and gas,* The Petroleum Economist Ltd., London, 1998

Rebhan, Eckhard (Herausgeber): *Energiehandbuch,* Springer Verlag, Berlin, Heidelberg, Düsseldorf, 2002, ISBN 3-540-41259-X

Rifkin, Jeremy: *Die H2-Revolution,* Campus Verlag, Frankfurt, New York, 2002

Scheer, Hermann: *Energieautonomie. Eine neue Politik für erneuerbare Energien,* Kunstmann Verlag, München, 2005

Schindler, Jörg/Zittel, Werner: *Fossile Energiereserven (nur Erdöl und Erdgas) und mögliche Versorgungsengpässe aus Europäischer Perspektive,* Vorstudie im Auftrag des Deutschen Bundestages, des Ausschusses für Bildung, Technik und Technikfolgenabschätzung, Ottobrunn, 2000

Schindler, Jörg/Zittel, Werner: *Energieversorgung am Wendepunkt,* Heft 8/9/2004 der Schriftenreihe des Club Niederösterreich, Wien, 2004

Schindler, Jörg/Zittel, Werner: *Alternative World Energy Outlook 2006,* in: Advances in Solar Energy: An Annual Review of Research and Development, Bd. XVII, herausgegeben von der American Solar Energy Society, James + James/Earthscan, 2006

Seifert, Thomas/Werner, Klaus: *Schwarzbuch Öl,* Zsolnay Verlag, Wien, 2005

Simmons, Matthew R.: *Wenn der Wüste das Öl ausgeht. Der kommende Ölschock in Saudi-Arabien* – Chancen und Risiken, Finanzbuch Verlag, München 2006

Tugendhat, Christopher: *Erdöl,* Rowohlt Verlag, München, 1968

Weizsäcker, Ernst-Ulrich von/Lovins, Amory B./Lovins, Hunter L.: *Faktor Vier. Doppelter Wohlstand – halbierter Naturverbrauch. Der neue Bericht an den Club of Rome,* Droemer Knaur, München, 1995, ISBN 3-426-77286-8

Yergin, Daniel/Joseph, Stanislaw (Contributor): *The Price: The Epic Quest for Oil, Money and Power,* 1993, ISBN: 0-671-79932-0

Zischka, Anton: Ölkrieg – *Wandlung der Weltmacht Öl,* Goldmann Verlag, Leipzig, 1939

Unter www.energiekrise.de betreuen die Autoren eine Internetseite zum Thema. Informationen zur »Association for the Study of Peak Oil« sind unter http://www.isv.uu.se/iwood2002/ erhältlich.

Register